电子信息工程概论
（第3版）

杨 杰 主编

张中洲 副主编

电子工业出版社
Publishing House of Electronics Industry
北京·BEIJING

内 容 简 介

本书在《电子信息工程概论》(第 2 版)的基础上作了修改和完善，内容主要包括电子信息技术发展史、传感器技术、电子技术基础、信号的分析及处理技术、信息传输技术、信息交换及网络技术、计算机科学与技术和自动控制技术；另外，还介绍了新一代信息技术所包含的下一代通信网络、物联网技术、新型平板显示技术、高性能集成电路技术、大数据与云计算、3D 打印技术、机器人技术等内容；最后，介绍电子信息工程专业的培养目标与人才素质要求。

本书可作为信息类专业的专业导论课程和非信息类专业公共选修课程的教材，也可作为普及电子信息技术的科普型读物，可供高中以上文化程度的人员阅读、参考。

未经许可，不得以任何方式复制或抄袭本书之部分或全部内容。
版权所有，侵权必究。

图书在版编目 (CIP) 数据

电子信息工程概论 / 杨杰主编. —3 版. —北京：电子工业出版社，2020.1
ISBN 978-7-121-33007-0

Ⅰ. ①电⋯ Ⅱ. ①杨⋯ Ⅲ. ①电子信息－高等学校－教材 Ⅳ. ①G203

中国版本图书馆 CIP 数据核字 (2019) 第 287311 号

责任编辑：刘小琳　　特约编辑：陈　童
印　　刷：天津嘉恒印务有限公司
装　　订：天津嘉恒印务有限公司
出版发行：电子工业出版社
　　　　　北京市海淀区万寿路 173 信箱　邮编：100036
开　　本：787×1092　1/16　印张：14.5　字数：372 千字
版　　次：2010 年 9 月第 1 版
　　　　　2020 年 1 月第 3 版
印　　次：2025 年 8 月第 14 次印刷
定　　价：49.00 元

凡所购买电子工业出版社图书有缺损问题，请向购买书店调换。若书店售缺，请与本社发行部联系，联系及邮购电话：(010) 88254888，88258888。
质量投诉请发邮件至 zlts@phei.com.cn，盗版侵权举报请发邮件至 dbqq@phei.com.cn。
本书咨询联系方式：liuxl@phei.com.cn，(010) 88254538。

前　　言

人类历史中，信息技术的发展经历了五次革命。第一次是语言的产生；第二次是文字的产生，标志着人类信息的存储与传播取得了重大突破；第三次是造纸术和印刷术的发明；第四次是电报、电话、广播电视的发明与普及；第五次是计算机技术与通信技术的快速发展与广泛应用。信息技术（Information Technology，IT）是以微电子和光电技术为基础，以计算机和通信技术为支撑，以信息处理技术为主题的技术系统的总称，是一门综合性的技术。

信息技术是指应用信息科学的原理与方法，有效地实现信息的获取、存储、传递、处理等功能的技术，它主要包括传感器技术、通信技术、计算机技术和控制技术等；信息技术在信息处理环节上分为信息采集技术、信息传递技术和信息处理技术。信息技术能够延长或扩展人的信息功能。信息技术可能是机械的，也可能是激光的；可能是电子的，也可能是生物的。本书以电子信息技术为核心，介绍电子信息技术中的传感器技术、电子技术基础、信号处理技术、通信技术、自动控制技术和计算机技术等。

本书是针对刚入大学校门的信息类专业新生开设的一门专业导论课程和非信息类专业的学生开设的公共选修课程而编写的。为了使新生对信息技术领域所包含的各个学科、各个领域有一个整体的、较为全面的了解，对信息技术各个主要学科方向的发展历史、发展现状及发展趋势等有一个比较全面的认识，使学生对电子技术、传感器技术、信号处理技术、通信技术、自动控制技术、计算机技术以及新一代信息技术等有一个比较明确的概念，作者在总结多年教学实践的基础上编写了本书。

本书注重选材，内容丰富，层次分明，通俗易懂。在清楚阐述基本概念、基本原理和基本分析方法的同时，更加注重知识在实际生活中的应用，以大量图或表的形式来展现知识结构的原理和关系，列举了一些信息技术在工业、农业、国防中应用的典型例子。

由于作者水平有限，书中难免存在缺点和疏漏之处，恳请读者批评指正。

编　者

目 录

第 1 章 电子信息技术发展史 ... 1
1.1 电的发现与发展 ... 1
1.1.1 电的发现 ... 1
1.1.2 电的效应 ... 4
1.1.3 欧姆定律实验 ... 7
1.1.4 电磁波的发现 ... 7
1.2 电子线路元件的发展 ... 9
1.2.1 电子的发现 ... 9
1.2.2 电子管 ... 10
1.2.3 晶体管 ... 11
1.2.4 集成电路 ... 12
1.3 通信技术的发展 ... 12
1.3.1 早期通信方式 ... 12
1.3.2 近代通信技术 ... 13
1.3.3 现代通信技术 ... 19
1.3.4 通信技术发展方向 ... 19
1.4 计算机的发展 ... 20
1.4.1 机械计算机的发明 ... 20
1.4.2 电子计算机诞生 ... 21
1.4.3 晶体管计算机的发展 ... 22
1.4.4 集成电路计算机的发展 ... 22
1.4.5 电子计算机智能化趋势 ... 23
1.5 自动控制理论的发展 ... 24
1.5.1 经典（自动）控制理论 ... 24
1.5.2 现代控制理论的形成和发展 ... 28
1.5.3 控制理论几个重要分支 ... 29
本章结束语 ... 30

第 2 章 传感器技术 ... 31
2.1 传感器基础 ... 31
2.1.1 传感器的基本概念 ... 31

	2.1.2 传感器的作用	32
	2.1.3 传感器的分类	34
2.2	传感器的数学模型	35
	2.2.1 静态模型	35
	2.2.2 动态模型	35
2.3	传感器的基本特性	36
	2.3.1 静态特性	36
	2.3.2 动态特性	39
2.4	传感器的应用	39
	2.4.1 力传感器	39
	2.4.2 磁电式传感器	40
	2.4.3 温度传感器	41
	2.4.4 光传感器	42
	2.4.5 红外线传感器	43
	2.4.6 生物传感器	43
	2.4.7 汽车导航	44
2.5	传感器的发展趋势	45
本章结束语		47
第3章 电子技术基础		**48**
3.1	电路基础	48
	3.1.1 电路和电路模型	48
	3.1.2 基尔霍夫定律	50
	3.1.3 电路中的常用定理	51
3.2	模拟电子线路技术	51
	3.2.1 PN 结工作原理	52
	3.2.2 半导体二极管	54
	3.2.3 半导体三极管	56
	3.2.4 场效应管	57
	3.2.5 模拟电子电路的基础应用	60
3.3	数字电路技术	62
	3.3.1 数字电路的基本概念与特征	62
	3.3.2 数字电路分类	62
	3.3.3 基本逻辑电路	63
	3.3.4 数字电路的应用	64
3.4	集成电路技术	65
	3.4.1 集成电路的分类	66
	3.4.2 集成电路设计流程	67

        3.4.3 集成电路芯片制造工艺 68
　3.5 微电子系统设计 70
        3.5.1 设计方法分类 70
        3.5.2 门阵列 71
        3.5.3 可编程阵列逻辑（PAL） 72
        3.5.4 通用阵列逻辑（GAL） 72
        3.5.5 现场可编程门阵列（FPGA） 72
        3.5.6 专用集成电路（ASIC） 73
        3.5.7 片上系统（SoC）设计 73
　本章结束语 74

第4章 信号的分析及处理技术 75
　4.1 信号分析基础 75
        4.1.1 信号的定义与描述 75
        4.1.2 信号分析和处理的目的及方法 76
        4.1.3 信号的分类 79
        4.1.4 典型信号及其基本特性 82
        4.1.5 系统的概念 82
        4.1.6 系统的分类 83
　4.2 语音信号处理 84
        4.2.1 语音信号处理的基本内容 85
        4.2.2 语音信号处理的应用及发展方向 88
　4.3 数字图像处理 88
        4.3.1 数字图像处理的基本内容 89
        4.3.2 数字图像处理的特点 92
        4.3.3 数字图像处理的应用 93
　4.4 盲信号处理 96
        4.4.1 盲源分离的方法 97
        4.4.2 盲源分离的应用 97
　4.5 计算机视觉 98
        4.5.1 计算机视觉的基本研究内容 99
        4.5.2 计算机视觉的应用 101
        4.5.3 计算机视觉的挑战及发展方向 104
　本章结束语 105

第5章 信息传输技术 106
　5.1 信息传输基础 106
        5.1.1 通信的定义 106

		5.1.2 通信系统一般模型	107
		5.1.3 通信系统分类	109
		5.1.4 多路复用技术	113
	5.2	信号的编码与解码	115
		5.2.1 信源编码	116
		5.2.2 信道编码	117
	5.3	信号的调制与解调	119
		5.3.1 调制与解调	119
		5.3.2 模拟调制	121
		5.3.3 数字调制	122
	5.4	信号的传输通道	124
		5.4.1 有线传输	125
		5.4.2 无线传输	127
	本章结束语		133

第6章 信息交换及网络技术 134

6.1	信息交换基础	134
6.2	信息交换方式	136
	6.2.1 电路交换	136
	6.2.2 报文交换	137
	6.2.3 分组交换	138
	6.2.4 ATM 交换	139
	6.2.5 光交换	140
6.3	计算机网络	141
	6.3.1 计算机网络系统的组成	141
	6.3.2 计算机网络分类	142
6.4	计算机网络体系结构	144
	6.4.1 网络中数据的传递过程	145
	6.4.2 OSI 参考模型	146
6.5	局域网和广域网	147
6.6	网络的硬件设备	148
	6.6.1 主体设备	148
	6.6.2 连接设备	149
	6.6.3 网络软件系统	151
6.7	局域网架构	152
本章结束语		153

第 7 章 计算机科学与技术 154

7.1 计算机科学基础 154
7.2 计算机系统的组成结构 155
7.2.1 计算机的硬件系统 155
7.2.2 计算机的软件系统 158
7.2.3 计算机的主要性能指标 159
7.3 软件工程 159
7.3.1 软件的发展 159
7.3.2 软件危机 160
7.3.3 软件工程的概念 160
7.3.4 软件工程的三要素 161
7.3.5 软件生命周期 161
7.4 计算机应用技术 166
7.4.1 指令系统 166
7.4.2 计算机语言 167
7.4.3 计算机操作系统 169
7.4.4 计算机的应用领域 169
7.5 未来计算机的发展 171
本章结束语 173

第 8 章 自动控制技术 175

8.1 自动控制系统基础 175
8.1.1 自动控制的基本方法 176
8.1.2 自动控制系统的设计流程 178
8.2 自动控制系统的分类 179
8.2.1 按输入信号特征分类 179
8.2.2 按所使用的数学方法分类 180
8.3 自动控制理论的研究内容及方法 181
8.3.1 研究内容 181
8.3.2 研究方法 181
8.4 自动控制系统的性能指标 182
8.4.1 系统的稳定性 182
8.4.2 系统的稳态性能指标 183
8.4.3 系统的动态性能指标 183
8.5 自动控制技术的应用 184
本章结束语 186

第9章 新一代信息技术 187

- 9.1 概述 187
- 9.2 下一代通信网络 188
- 9.3 物联网技术 189
- 9.4 新型平板显示技术 192
- 9.5 高性能集成电路技术 194
- 9.6 大数据与云计算 197
- 9.7 3D打印技术 199
- 9.8 机器人时代 201
- 9.9 新一代信息技术的发展 204
- 本章结束语 206

第10章 电子信息工程专业的培养目标与人才素质要求 207

- 10.1 电子信息工程专业的历史演变 207
- 10.2 电子信息工程专业的学科内涵 208
- 10.3 电子信息工程专业的培养目标 208
  - 10.3.1 培养目标 208
  - 10.3.2 培养要求 208
  - 10.3.3 学科与方向 209
- 10.4 电子信息工程专业的知识体系 209
  - 10.4.1 教育内容和知识体系 209
  - 10.4.2 基础知识体系及内容 210
  - 10.4.3 主要课程 211
  - 10.4.4 主要实践性教学环节 211
  - 10.4.5 与相近专业的关系 211
- 10.5 电子信息工程专业对所培养人才的素质要求 212
- 10.6 高等院校的教学计划 214
  - 10.6.1 高等院校的培养任务 214
  - 10.6.2 高等院校的教学特点 215
- 本章结束语 216

参考文献 217

第1章 电子信息技术发展史

人们在生产劳动和日常生活中，每天都离不开"电"和"电子信息技术"。夜间，电流通过电灯，发出光亮，照亮了千家万户，照耀着城乡大地；人们坐在电视机前，欣赏着精彩的文艺演出，观看激动人心的体育比赛，了解世界各地发生的新闻；在钢铁厂、石化厂、自来水厂等各种工厂里，电流使各种机器运转，生产出各种生产和生活用品；电气化列车满载着乘客或货物，行驶在四通八达的城乡铁路网上……如果没有"电"和"电子信息技术"，世界将会是一片黑暗，人们可能仍然生活在"刀耕火种"的原始状态。

从电子信息技术的发展历程中，我们可以感受到科学技术发展的艰辛及科学技术对社会发展的巨大推动力。

1.1 电的发现与发展

1.1.1 电的发现

1. 摩擦起电

"电"一词在西方是从希腊文琥珀一词转意而来的，是能的一种形式，它包括了许多种由于电荷的存在或移动而产生的现象，自然界的闪电就是其中一种。最早关于电的记载可追溯到公元前6世纪，在公元前585年，希腊哲学家泰勒斯记载了用木块摩擦过的琥珀能够吸引碎草等轻小物体。后来又有人发现摩擦过的煤玉也具有吸引轻小物体的能力。在以后的两千多年中，这些现象被看成与磁石吸铁一样，属于物质具有的性质。

1600年，英国物理学家吉伯发现，不仅琥珀和煤玉摩擦后能吸引轻小物体，相当多的物质经摩擦后也都具有吸引轻小物体的性质（见图1-1），他注意到这些物质经摩擦后并不具备磁石那种指南北的性质。为了表明与磁性的不同，他采用琥珀的希腊字母拼音把这种性质称为"电的"。

大约在1660年，马德堡的盖利克发明了第一台摩擦起电机。他用硫黄制成形如地球仪的可转动球体，用干燥的手掌摩擦转动球体，使之获得电。盖利克的摩擦起电机经过不断改进，在静电实验研究中起着重要的作用，直到19世纪霍耳茨和推普勒分别发明感应起电机（见图1-2）后才被取代。

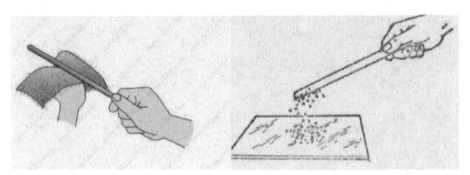 

图 1-1　摩擦起电　　　　　　　图 1-2　感应起电机

2. 伽伐尼青蛙实验

1780 年，意大利的解剖学家伽伐尼偶然观察到与金属相接触的蛙腿发生抽动。伽伐尼（见图 1-3）在实验室解剖青蛙，把剥了皮的蛙腿，用刀尖碰蛙腿上外露的神经时，蛙腿剧烈地痉挛，同时出现电火花（见图 1-4）。后来他多次实验研究发现，在动物体内存在着某种电，如果使神经和肌肉与两种不同的金属接触，再使这两种金属相接触，这种电就会被激发出来。进一步的实验使伽伐尼认为蛙的神经中有电源，很可能是从神经传到肌肉的特殊的"电流质"引起的"动物电"。每根肌纤维就是一个小电容器，放电时便产生收缩。青蛙腿上的神经受到了电刺激，产生新的生物电，后者沿神经传导到肌肉，引起了肌肉的紧张收缩，发出了电流，人们把这种电流称为"伽伐尼电流"。

 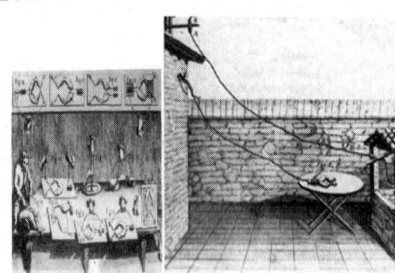

图 1-3　意大利解剖学家伽伐尼　　　　图 1-4　伽伐尼的青蛙实验

3. 库仑扭秤

很久以前，人们已经知道电荷只有两种，同种电荷互相排斥，异种电荷互相吸引。但是这种相互排斥或吸引的力非常小，难以测量，两千多年来人们始终无法了解这种力的规律。1785 年，库仑（见图 1-5）设计了精巧的扭秤实验（见图 1-6），利用有弹性的细小纤维扭转变形，测量微小的力，发现了它们遵循的规律。这种相互吸引或排斥的力，与两个小球所带电量的乘积成正比，与两个小球之间距离的平方成反比。库仑用自己发明的扭秤建立了静电学中著名的库仑定律，为了纪念这位探索电的先驱，人们把电量的单位称为"库仑"。

图 1-5　法国物理学家库仑　　　　　　图 1-6　库仑扭秤

4．莱顿瓶与伏打电堆

1745 年，荷兰莱顿大学的物理学教授穆申布鲁克发明了能保存静电的莱顿瓶。莱顿瓶是一个玻璃瓶，瓶的外面和瓶内均贴上像纸一样的银箔，把摩擦起电装置所产生的电用导线引到瓶内的银箔上面，而把瓶外壁的银箔接地，这样就可以使电在瓶内聚积起来（见图1-7）。如果用一根导线把瓶内的银箔和瓶外壁的银箔连接起来，则产生放电现象，引起电火花，发出响声，并伴随着一种气味。莱顿瓶的发明，为科学界提供了一种储存电的有效的方法，为进一步深入研究电的现象提供了一种新的强有力的手段。

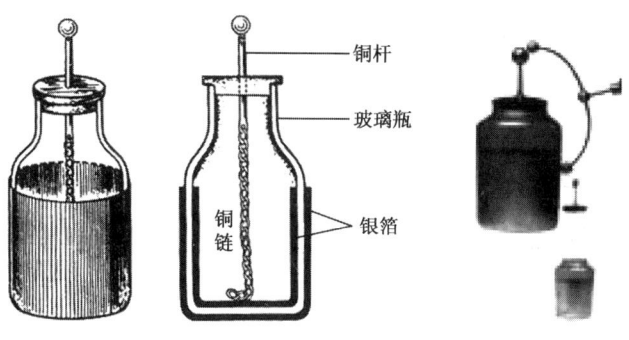

图 1-7　莱顿瓶

18 世纪后期电学的另一个重要的发展是意大利物理学家伏打（见图 1-8）发明了电池，在这之前，电学实验只能用摩擦起电机的莱顿瓶进行，而它们只能提供短暂的电流。1792 年，伏打对伽伐尼青蛙实验进行了仔细研究之后，认为蛙腿的抽动是一种对电流的灵敏反应。电流是两种不同金属插在一定的溶液内并构成回路时产生的，而肌肉提供了这种溶液。基于这一思想，1799 年，他制造了第一个能产生持续电流的化学电池，其装置为一系列按同样顺序叠起来的银片、锌片和用盐水浸泡过的硬纸板组成的柱体，叫做伏打电堆（见图 1-9）。他在一封写给皇家学会会长班克斯（1743—1820）的著名信件中介绍了他的发明，用的标题是"论不同导电物质接触产生的电"。电堆能产生连续的电流，它的强度的数量级比从静电起电机得到的电流大，由此开始了一场真正的科学革命。为了纪念这位杰出的科学家，人们把电压的单位定为"伏特"。伏特简称伏，符号是 V。伏打电堆可以说是伏打赠给 19 世纪的宝贵礼物。他的这个发明为电流效应的应用开创了前景，并很快成为进行电磁学和化学研究的有力工具。

图 1-8　意大利物理学家伏打

图 1-9　伏打电堆

5．富兰克林风筝实验

莱顿瓶的发明使物理学第一次有办法得到很多电荷，并对其性质进行研究。1746 年，英国伦敦一名叫柯林森的物理学家，通过邮寄向美国费城的本杰明·富兰克林赠送了一只莱顿瓶，并在信中向他介绍了使用方法，这直接导致了 1752 年富兰克林著名的费城实验。他做了一个把风筝放到雷雨云里去的实验。他用金属丝把一个很大的风筝放到云层里去，金属丝的下端接了一段绳子，另外金属丝上还挂了一串钥匙。当时富兰克林一只手拉住绳子，用另一只手轻轻触及钥匙。于是他立即感到一阵猛烈的冲击（电击），同时还看到手指和钥匙之间产生了小火花（见图 1-10）。这个实验表明：被雨水湿透了的风筝的金属线变成了导体，把空中闪电的电荷引到手指与钥匙之间，这在当时是一件轰动一时的大事。

为什么富兰克林的这一实验会引起这样的轰动？因为当时社会上对于雷电有一种恐惧心理，大多数人认为雷电是"上帝之火"，是天神发怒的表现。富兰克林在美国费城的实验惊动了教会，他们斥责他冒犯天威，是对上帝和雷公的大逆不道。然而，他仍然坚持不懈，而且在一年后制造出世界上第一个避雷针，终于制服了天电。由于教堂高高耸立的塔尖常被雷电所击，教会为了保护教堂，最终也不得不采用了这个"冒犯天威"的装置。富兰克林的这个实验，不仅在美国有很大的影响，也影响到世界其他国家。

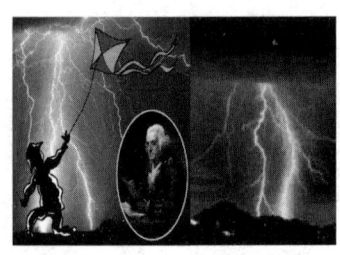

图 1-10　富兰克林的风筝实验

1.1.2　电的效应

1. 奥斯特电流磁效应

丹麦物理学家、化学家奥斯特（见图 1-11）根据已发现一些电可能会发生磁的迹象，坚信电磁间有联系，并开展电是否能产生磁的研究。1820 年 4 月的一天，奥斯特在一次讲演快结束的时候，抱着试试看的心情又做了一次实验。他把一条非常细的铂导线放在一根用玻璃罩罩着的小磁针上方，接通电源的瞬间，发现磁针跳动了一下（见图 1-12）。这一跳使有心的奥斯特喜出望外，竟激动得在讲台上摔了一跤。以后的两个月里，奥斯特闭门不出，设计了几十个不同的实验，都证实了通电导线周围存在磁场。同年 7 月，奥斯特发表了《关于磁体周围电冲突的实验》论文，向学术界宣布了电流的磁效应，整个物理学界都震惊了。

图 1-11　丹麦物理学家奥斯特

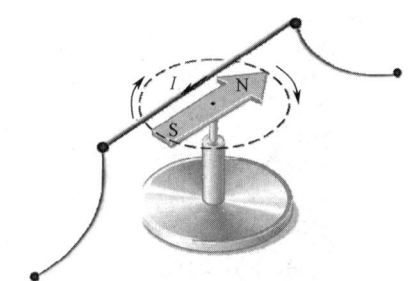

图 1-12　电流磁效应

2. 安培电流磁效应与分子电流假说

1820 年 7 月，奥斯特发表关于电流磁效应的论文后，法国化学家安培（见图 1-13）报告了他的实验结果：通电的线圈与磁铁相似。9月25日，他报告了两根载流导线存在相互影响，相同方向的平行电流彼此相吸，相反方向的平行电流彼此相斥（见图 1-14），并进一步发现了通电螺线管与条形磁铁的等效性（见图 1-15）。通过一系列经典的和简单的实验，他认识到磁是由运动的电产生的。他用这一观点来说明地磁的成因和物质的磁性。他提出分子电流假说（见图 1-16）：电流从分子的一端流出，通过分子周围空间由另一端注入；非磁化的分子的电流呈均匀对称分布，对外不显示磁性；当受外界磁体或电流影响时，对称性受到破坏，显示出宏观磁性，这时分子就被磁化了。

图 1-13　法国化学家安培

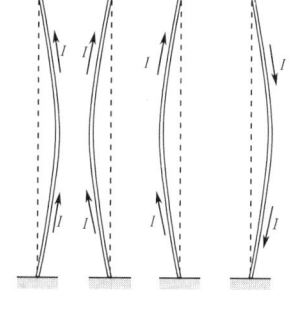

图 1-14　载流直导线相互作用

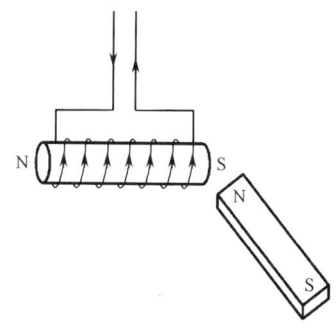

图 1-15　载流螺线管与条形磁铁等效

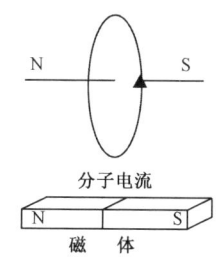

图 1-16　安培分子电流假说

为了进一步说明电流之间的相互作用，1821～1825 年，安培做了关于电流相互作用的 4 个精巧的实验，并根据这 4 个实验导出两个电流元之间的相互作用力公式。1827 年，安培将他的电磁现象的研究综合在《电动力学现象的数学理论》一书中，这是电磁学史上一部重要的经典论著，对以后电磁学的发展起了深远的影响。为了纪念安培在电学上的杰出贡献，电流的单位安培是以他的姓氏命名的。

在科学高度发展的今天，安培的分子电流假说已成为认识物质磁性的重要依据。

3. 法拉第电磁感应

英国著名物理学家、化学家法拉第（见图 1-17）经过近 10 年的努力，于 1831 年发现了电磁感应现象。他把磁产生电的现象称为"电磁感应"，并且概括了可以产生感应电流的几种途径：

图 1-17　英国著名物理学家、化学家法拉第

电流变化、磁场变化、流过恒定电流的导线空间位置变化、磁场运动及使导体在磁场中运动。这里的关键技术是：产生感应电流的回路都是处在一个变化的磁场中，一旦磁场变化停止，感应电流就消失（见图1-18）。

实际上，法拉第已经告诉了人们发电的5种方法，其中第5种已经成为今天全世界共同采用的发电方式，目前人们使用的电主要用这种方法得到。电磁感应现象的应用例子如图1-19和图1-20所示。

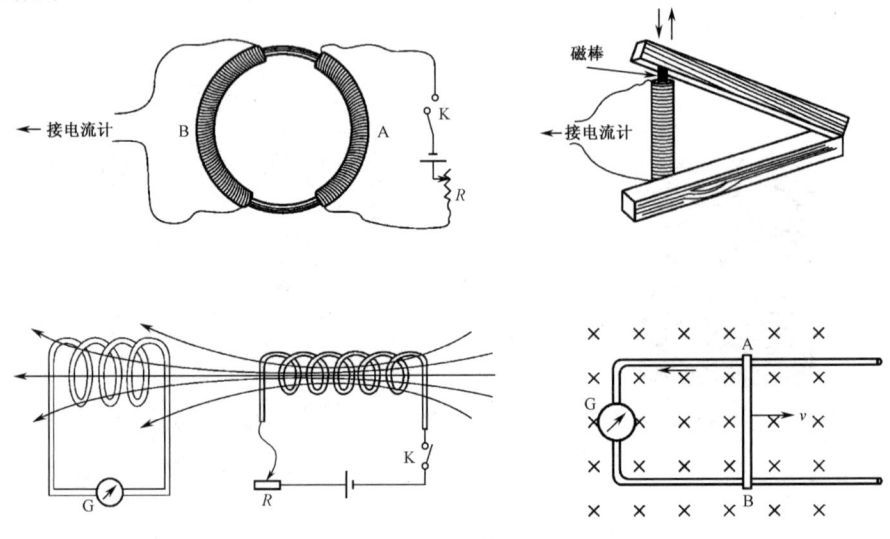

图1-18 产生感应电流

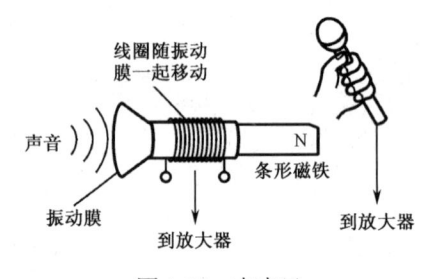

图1-19 麦克风

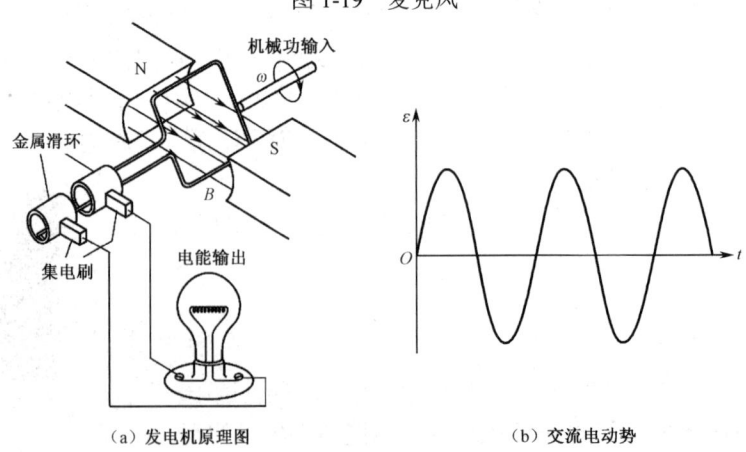

图1-20 发电机原理

1.1.3　欧姆定律实验

1825 年 5 月，德国物理学家欧姆（见图 1-21）研究探讨了电流产生的电磁力的衰减与导线长度的关系，其结果在他的第一篇科学论文中发表，在这个实验中，他碰到了测量电流强度的困难。在德国科学家施威格发明的检流计启发下，他把奥斯特关于电流磁效应的发现和库仑扭秤方法巧妙地结合起来，设计了一个电流扭力秤，用它测量电流强度。欧姆从初步的实验中证实，电流的电磁力与导体的长度有关。随后，在实验中改变电路上的电动势中，他发现，电荷在导体中流动遵从一种十分简单的规律：电流和电压成正比。电压和电流之间的比例系数称作电阻，它表示导体对电荷流动所呈现的"阻力"（见图 1-22）。电动势与电阻之间的依存关系，就是欧姆定律。欧姆定律的发现奠定了电路研究的基础，但当时德国学术界不承认他的成果，拒绝发表他的研究报告，权威们认为"电学中没有如此简单的规律，而且欧姆只不过是一名中学教员"。直到 1841 年，欧姆的工作才引起德国学术界的重视。两年之后，他离开了人世。人们为了纪念他，把电阻的单位定为"欧姆"，"欧姆"已经成为今天电学中使用频率最高的词汇之一。

图 1-21　德国物理学家欧姆

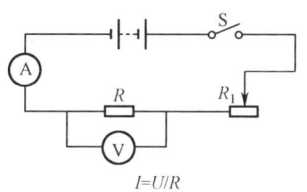

图 1-22　欧姆定律实验电路图

1.1.4　电磁波的发现

1．麦克斯韦方程组

法拉第无疑是一位伟大的实验家，有丰富的想象力，但他的一系列观点还缺乏严格的数学形式，在理论上不够严密。加上当时在学术界中，"超距作用"的传统观念还很深，所以当时学术界对法拉第的学说表示出冷漠、甚至非议。可是年轻的麦克斯韦却有与众不同的眼光，他体会到了"场"的引入的革命性意义。他被法拉第的成果所吸引。在 1856 年以后，他致力于用数学语言翻译和表述电磁场的运动规律。

麦克斯韦（见图 1-23）通过对前人的发现和成果加以总结和升华，以及结合位移电流概念的引入，创造性地提出了变化电场可在周围激发磁场的假设，把物理与数学紧密结合，利用类比方法建立了描写电磁场运动规律的麦克斯韦方程组（见图 1-24）。由麦克斯韦方程组出发，根据交变的电场（或磁场）可在周围产生交变磁场（或电场），预言了电磁波。他认为这种交变电磁场可不断由振源向远处传播开来，电磁振荡在空间的传播就形成了电磁波（见图 1-25）。

麦克斯韦的电磁理论首次综合和发展了前人工作，给出了一个描写"电磁场"运动的完美的统一方程；充分反映了电场与磁场及时间空间的对称性；数学形式简单优美，充分体现了物理学的"美"及数学的重要性；更重要的是，科学家正是利用数学方法从庞杂的经验事实中找出自然界普遍的高于感性经验的客观规律。

图 1-23　英国物理学家麦克斯韦

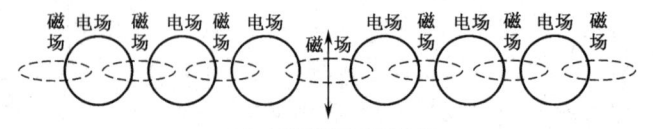
图 1-24　麦克斯韦方程组

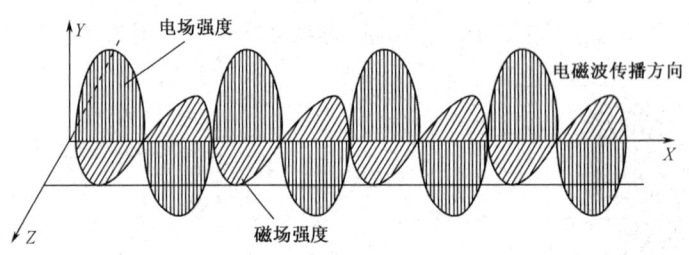

(a) 电磁波的形成和传播

(b) 沿X方向传播的简谐平面电磁波

图 1-25　电磁波

2. 赫兹实验

1873 年，德国物理学家赫兹（见图 1-26）用实验第一次证明了电磁波的存在。他自制了一个能够产生电磁振荡的仪器，产生出电磁波，在离它三公尺的地方，赫兹用一个简单的接收器接收到了这台仪器发出的电磁波。图 1-27 是赫兹实验验证原理图。图的左方是由感应圈、金属杆 A、B 组成的电磁波发射器。A、B 金属杆两个金属球之间留有间隙，把两金属杆接到感应圈 C 的两极。感应圈是一个特殊的变压装置，它可以把低电压变成高电压。当两球之间的电压足够高时，空气被击穿，在两球间隙中发生火花放电。每跳一次火花，电荷在两球的间隙间往复多次，形成高频振荡电流。火花放电是间断性的，跳过一次火花之后，接着跳过第二次火花，这样就间断性地发出电磁波。图 1-27 的右方是电磁波接收器，它是一个金属圆环，也留有一个间隙，在间隙处的两端带有金属球。当电磁波传到接收器时，电磁波使环的两个金属球间产生电动势。这个电动势足够高时，在两球间隙也会发生火花放电。

图 1-26　德国物理学家赫兹

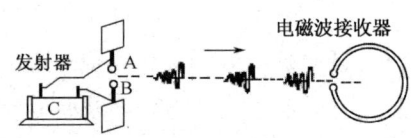
图 1-27　赫兹实验

赫兹在实验时曾指出，电磁波可以被反射、折射和如同可见光、热波一样被偏振。由他的振荡器所发出的电磁波是平面偏振波，其电场平行于振荡器的导线，而磁场垂直于电场，且两者传播方向均垂直。1889 年在一次著名的演说中，赫兹明确地指出，光是一种电磁现象。此外，赫兹还发现电磁波可以毫无困难地通过墙壁，不过它能被大金属挡住；镜子可以反射电磁波。赫兹还测出电磁波的波长，由此计算出电磁波的传播速度，结果发现，电磁波的传播速度和光速完全相同。

第一次以电磁波传递信息是 1896 年意大利的马可尼开始的。1901 年，马可尼又成功地将信号送到大西洋彼岸的美国。20 世纪无线电通信更有了异常惊人的发展。赫兹实验不仅证实麦克斯韦的电磁理论，更为无线电、电视和雷达的发展找到了途径。电的真正魅力在于，它为人类提供了一种传输和控制能量最理想的方式，使人类获得了一种以光速传输信息的载体。

1.2 电子线路元件的发展

即将告别 19 世纪的时候，科学家发现了物质世界最小的微粒——电子。发明家开始探索应用电子的途径，大约经过 100 年的努力，人类开始步入信息时代。

1.2.1 电子的发现

电子的发现过程，始于人们对气体放电的研究。当气体放电发生时，电子很容易脱离原子的束缚呈现许多新奇现象。它们引导科学家探寻隐藏其中的奥秘，从而找到电子；而应用电子的构想，则源于白炽灯的发明。白炽灯灼热的灯丝，不仅持续地发出明亮的光，而且源源不断地发射电子；这些电子在没有空气的环境里能够自由地飞行，借助电和磁的作用，人们可以控制它们的运动，这成为各类电子技术发明共同的基础。

1897 年，英国科学家汤姆孙（见图 1-28）对阴极射线进行更加精确的实验研究时发现，阴极射线是一种带负电的微粒，与气体成分或阴极材料无关，它存在于一切物质之中。汤姆孙用"电子"一词命名他确认的这种带电微粒，图 1-29 就是汤姆孙的原子模型。科学史家将人类发现电子的时间定为 1897 年。

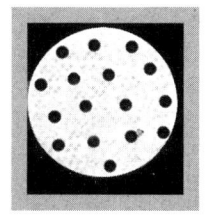

图 1-28　英国科学家汤姆孙　　　　　　图 1-29　汤姆孙的原子模型

电子是一种基本粒子，目前无法再分解为更小的物质。其直径是质子的 0.001 倍，重量为质子的 1/1836。电子围绕原子的核做高速运动。电子通常排列在各个能量层上。当原子互相结合成为分子时,在最外层的电子便会由一原子移至另一原子或成为彼此共享的电子。在汤姆孙的原子模型中,原子是一个球体;正电核均匀分布在整个球内,而电子镶嵌在原子里面。

1.2.2 电子管

1904年,英国工程师弗莱明(见图1-30)发明了人类第一只电子管。电子管的诞生,是人类电子文明的起点。弗莱明真空二极管的发明得益于爱迪生发现的"爱迪生效应"。弗莱明采用在真空中利用电流加热灯丝的方法,轻而易举地获得逸出物体的自由电子,并用它做成了一种效率很高的无线电信号检测器——真空二极管(见图1-31)。真空二极管可使频率很高的无线电信号被整流检波成人们需要的信息。

图1-30 英国工程师弗莱明

图1-31 真空二极管(1904年)

1906年,另一位美国发明家德福雷斯特(见图1-32)致力于能放大电信号的真空管的研究,他在真空二极管的阳极与阴极之间靠近阴极的区域安置了一个栅网状电极——控制栅极。这样一来,从阴极发射出来的奔向阳极的电子数目就将受到加在栅极上的电信号的控制。于是,能放大电信号的第一代电子器件——真空三极管问世了。真空三极管(见图1-33)是一种能量转换装置,就好像电信号的加油站。这项看似简单的发明,翻开了电子技术发展史新的一页。

图1-32 美国发明家德福雷斯特

图1-33 真空三极管

真空三极管的发明,使无线广播迅速成为一种大众传媒,收音机成为一种时尚家电。利用真空三极管,可以产生功率强大的高频无线电信号,同时使声音变成的电信号叠加在上面,向幅员辽阔的地域播送语音信息;真空三极管产生的高频电信号可使人体某些组织发热,从而改善血液循环,有助于医生治疗疾病;它还可用来熔炼金属,对金属材料进行淬火处理,改善工具、机器零部件的性能等。无线电电子学技术开始跨出通信系统,进入人类活动的更多领域。作为电子学装置的核心器件,真空三极管一直推动着电子技术前进,直到1947年,三位美国科学家发明晶体管,它才逐渐退出历史舞台。

1.2.3 晶体管

为了克服电子管的局限性，第二次世界大战结束后，贝尔实验室加紧了对固体电子器件的基础研究。肖克莱等人决定集中研究硅、锗等半导体材料，探讨用半导体材料制作放大器件的可能性。

1945年秋天，贝尔实验室成立了以肖克莱为首的半导体研究小组，成员有布拉顿、巴丁等人（见图1-34）。布拉顿早在1929年就开始在这个实验室工作，长期从事半导体的研究，积累了丰富的经验。他们经过一系列的实验和观察，逐步认识到半导体中电流放大效应产生的原因。布拉顿发现，在锗片的底面接上电极，在另一面插上细针并通上电流，然后让另一根细针尽量靠近它，并通上微弱的电流，这样就会使原来的电流产生很大的变化。微弱电流少量的变化，会对另外的电流产生很大的影响，这就是"放大"作用。布拉顿等人还想出有效的办法来实现这种放大效应。他们在发射极和基极之间输

图1-34　晶体管的三位发明人——巴丁、肖克莱、布拉顿

入一个弱信号，在集电极和基极之间的输出端，就放大为一个强信号了。

巴丁和布拉顿最初制成的固体器件的放大倍数为50左右。不久之后，他们利用两个靠得很近（相距0.05mm）的触须接点，来代替金箔接点，制造了"点接触型晶体管"。1947年12月，这个世界上最早的实用半导体器件终于问世了（见图1-35），在首次试验时，它能把音频信号放大100倍，它的外形比火柴棍短，但要粗一些。

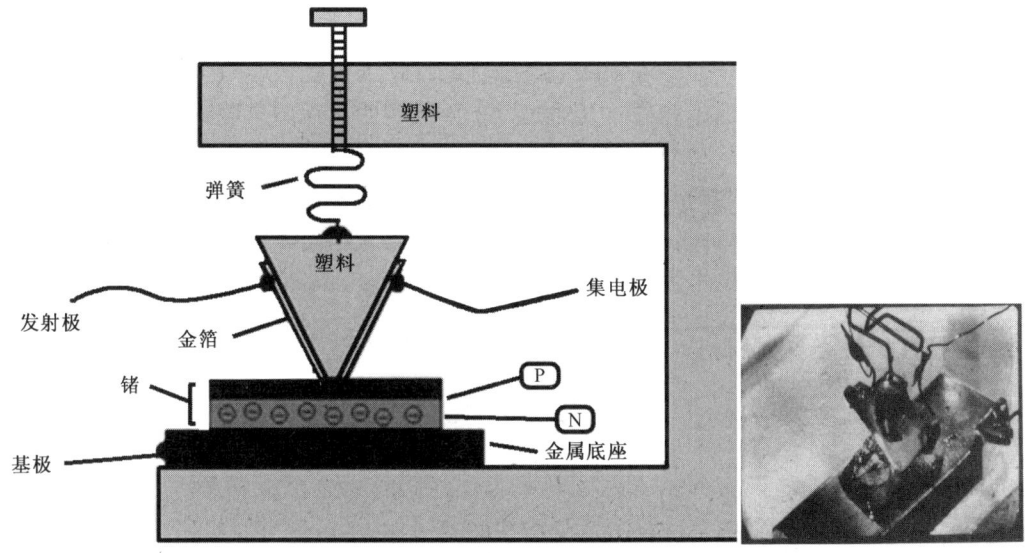

图1-35　晶体管的早期模式和第一个晶体管

在为这种器件命名时，布拉顿想到它的电阻变换特性，即它是靠一种从"低电阻输入"到"高电阻输出"的转移电流来工作的，于是取名为trans-resister（转换电阻），后来缩写为transister，中文译名就是晶体管。

晶体管是 20 世纪最伟大的发明，它为集成电路的出现拉开了序幕，晶体管的发明奠定了现代电子技术的基础，揭开了微电子技术和信息化的序幕，开创了人类的硅文明时代。

1.2.4 集成电路

大约在 1956 年，英国的德马就从晶体管原理预想到了集成电路的出现。1958 年美国提出了用半导体制作全部电路元器件实现集成电路化方案。当年，美国得州仪器公司的基尔比（Jack.s.kilby）在研究微型组件时，为实现电路的微型化，提出了用同一种材料做出电子元器件的设想，并在一个玻璃板上焊接锗晶体管芯片等元件，成功地研究出了微小型锗振荡器，这就是世界上的第一块集成电路。1961 年，开始批量生产集成电路。集成电路示例见图 1-36。

（a）第一块集成电路

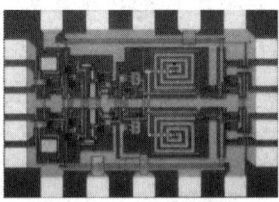
（b）集成电路芯片显微照片

（c）各种封装好的集成电路

图 1-36　集成电路示例

集成电路并不是一个一个的电路元器件连接成的电路，而是把具有某种功能的电路"埋"在半导体晶体管里的一种器件。它易于小型化和减少引线端，所以具有可靠性高的优点。

集成电路的发明，是电子产品工艺技术的一次革命，进一步减小了电子设备的体积，由此，它们变得更轻、更小。由于不同的电子元件大部分可以在同一块硅片上制造，相互紧密连接在一起，因而减少了元件失效和引线断裂的可能性，提高了电子设备的可靠性，也降低了电子产品制造的成本。为充分体现集成电路的优越性，人们竞相改进工艺，努力在同样尺寸的硅片上制造越来越多的电子元件。20 世纪 60 年代初期，人们只能制作一块硅片包含几十个元件的小规模集成电路；20 世纪 70 年代后期，人们已经能够在面积 30mm^2 的一块硅片上集成 13 万个晶体管；20 世纪 90 年代以来，超大规模集成电路技术迅速发展，人们已经能在一块指甲盖大小的硅片上制作包含 500 万个晶体管的集成电路。集成电路的发明促进了电子技术发展的飞跃，使电子技术进入了微电子技术的新阶段。

1.3　通信技术的发展

随着社会的不断进步，人类在科学与技术领域取得一系列重大突破，人类通信技术的力量如沉睡的巨龙，破壳而出，在近一百多年的时间里取得了前所未有的进步，对人类的生活方式和生活质量产生了深远的影响。

1.3.1 早期通信方式

自从有了人类就有了通信，通信是随人类社会的产生而产生的，同人类社会的发展而发展的。图 1-37 是早期人们表达和传播消息的几种形式。如原始社会,人们通常以聚猎为生,当一人发现猎物,就会以特有的叫喊方式向同伴发出信号,呼唤同伴的到来。到商周后期,人们已习惯了定居生活,为了防止敌人的入侵,就在边境筑起城墙和烽火台,当哨兵发现敌人来犯时,就燃起滚滚狼烟,以烽火狼烟的形式告诫境内的民众。历史上曾经还因此发生了"烽火戏诸侯"的趣闻。而信鸽和驿站则是在我国相当长的一段历史时期内起着传播消息作用的工具。

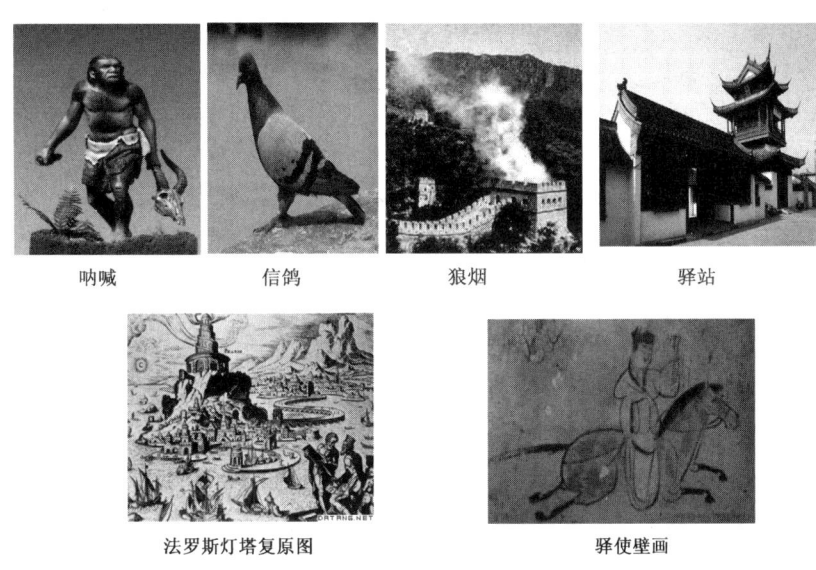

图 1-37　早期消息传播形式

1.3.2　近代通信技术

自 19 世纪初电通信技术问世以来,短短的一百多年时间里,通信技术的发展可谓日新月异。通信的发展经历着由模拟到数字、由系统到网络、由窄带到宽带、由人工到智能、由单业务到多业务的过程。在过去的半个世纪里,电信领域发生了翻天覆地的变化,取得了前所未有的惊人成就。而电的介入是通信技术发生革命性突破的关键。下面简单介绍早期电通信的发展历史。

1. 莫尔斯发明有线电报

1832 年,莫尔斯(见图 1-38)在旅欧学习途中,对电磁学产生了兴趣,由此萌发了把电磁学理论用于传输的念头。用什么符号代替 26 个英文字母呢?莫尔斯苦苦思索。他画了许多符号:点、横线、曲线、正方形、三角形。最后,他决定用点、横线和空白共同承担起发报机的信息传递任务。他为每一个英文字母和阿拉伯数字设计出代表符号,这些代表符号由不同的点、横线和空白组成。这是电信史上最早的编码,后人称它为"莫尔斯电码"。两年后,莫尔斯发明了用电流的"通"和"断"来编制代表数字和字母的电码——莫尔斯电码(见图 1-39),并于 1837 年制作成了莫尔斯电报机(见图 1-40)。当按下莫尔斯电键时,电路接通,有电流通过右边的电磁铁线圈,电磁铁的磁性吸下抄报装置的杠杆,杠杆的另一端连接一个笔尖。这时笔尖就压触在不断移动的抄报纸上。它就是用这种不同的或间接互异的电码组成要传递的信息。莫尔斯带领一批人在华盛顿和巴尔的摩两地之间，架设了人类有史以来的第一条电报线路。

1844年5月24日，在华盛顿举行了一次有历史意义的试验。莫尔斯用一系列"嘀哒嘀哒"的电报符号发出信息，这信息只有简单的一句话："上帝创造了何等奇迹！"在巴尔的摩城守候在收报机旁的助手立即收译出"上帝创造了何等奇迹！"人们惊住了，科学创造了何等奇迹！从此开创了人类通信的新纪元。我国最早的有线电报是在1879年大沽口炮台至天津之间敷设的军用电报线路。1881年12月28日，我国第一个民用电报局开始营业，这是于1881年4月至12月敷设成功的天津与上海之间全长3 075华里的电报线。为了庆祝我国第一个电报局开幕，当时有一个有趣的规定：在开始营业的一个月内，所有民间电报一律免费。

图1-38 美国发明家莫尔斯

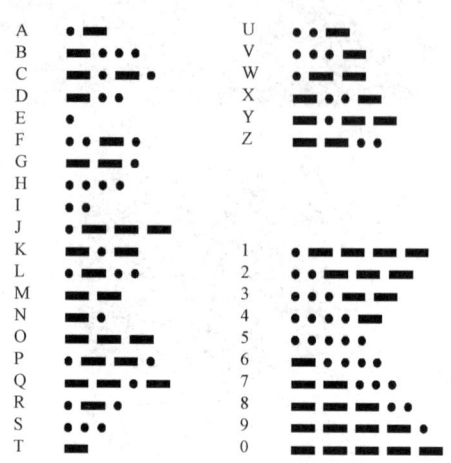
图1-39 莫尔斯电码

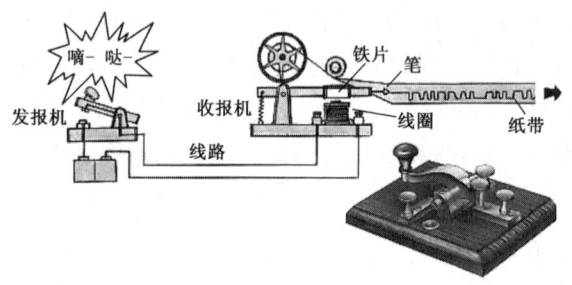

图1-40 莫尔斯电报机

2. 贝尔的奇思遐想

1847年，贝尔出生在英国苏格兰。贝尔的祖父和父亲渊博的知识使得这位发明家在少年时代就受到良好的家庭教育。贝尔最初研究的是如何使聋人听到（看到）声音的方法，他在实验中发现一个有趣的现象：当开启或切断铜线圈中的电流时，线圈由于振动而发出了声音。

"电流可以使线圈振动而发出声音，那么能否利用电流来传输人说话的声音呢？"正是这一奇思遐想引导贝尔去发明电话。贝尔要将声音转变成电流发明了如图1-41所示的话筒装置：弹性振动膜片随着声波频率而上下振动，膜片的振动将小盒中的碳粒压紧，这时电阻减小；当弹性振动膜片向上振动时，金属小盒中的碳粒呈疏松状态，这时电阻增大。因此，电阻完全随声波的频率而发生起伏变化。根据欧姆定律，电压不变的情况下，电流随电阻的变化而变化。贝尔发明的电话声波由左方的话筒注入，振动内部的铁制振动膜片，导线将信号送到右方的收话机。电话的实验原理如图1-42所示。

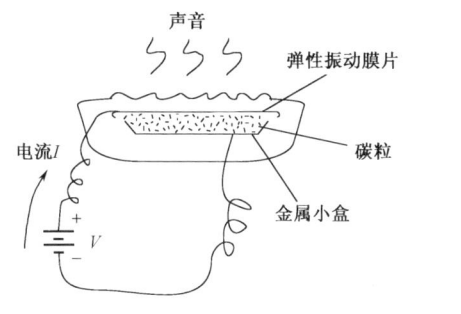
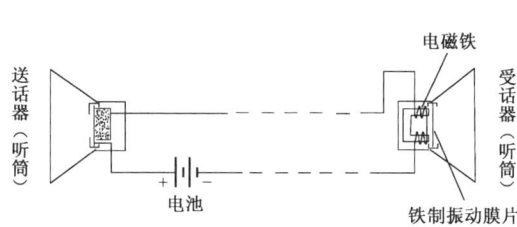

图 1-41　话筒的原理图　　　　　　　　　图 1-42　电话的实验原理

图1-42中，右边是受话器，即现在的耳机或听筒，它内部也有一片铁制的振动膜片，安置在一块蹄形电磁铁上。当送话器中产生的振动电流流过受话器中的电磁铁线圈时，由于受到电磁铁的吸力，铁制振动膜片随着电流的振动频率而发生振动，并激起周围空气的振动，因而还原成送话器那边说话人的声音。

1876年3月10日，贝尔的实验成功了，他为人类实现了顺风耳的梦想。人们为了纪念这位伟大的发明家，就用贝尔的名字作为声学计量功率等级的单位。在实际测量中，"贝尔"这个单位显得过大，所以人们常用贝尔的1/10——分贝，作为声强等级单位，也作为声压等级单位。

图1-43为电话的实验装置，图1-44为1892年贝尔在纽约至芝加哥的电话线路开通仪式上。

图 1-43　电话的实验装置　　　图 1-44　1892年贝尔在纽约至芝加哥的电话线路开通仪式上

3. 电磁波的特性

电磁波是能量的一种，凡是高于绝对零度的物体，都会释放电磁波。就像人们一直生活在空气中而眼睛却看不见空气一样，除光波外，人们也看不见无处不在的电磁波。变化的电场和变化的磁场相互联系，形成一个不可分割的统一体——电磁场。电场和磁场只是电磁场这个统一体的两种具体表现形式。根据麦克斯韦电磁场理论，电场和磁场将相互激发，由近及远向周围空间传播出去，形成电磁波（见图1-45）。

麦克斯韦推导出了电磁波在真空中的传播速度为式（1-1），并由此推断光就是电磁波。电磁波频率低时，主要借由有形的导电体才能传递。原因是在低频的电振荡中，磁电之间的相互变化比较缓慢，其能量几乎全部返回原电路而没有辐射出去；电磁波频率高时既可以在自由空间内传递，也可以束缚在有形的导电体内传递。在自由空间内传递的原因是在高频率的电振荡中，磁电互变甚快，能量不可能全部返回原振荡电路，于是电能、磁能随着电场与磁场的周期变化以电磁波的形式向空间传播出去，不需要介质也能向外传递能量，这就是一种辐射。按照波长或频率的顺序把这些电磁波排列起来，就是电磁波谱（见图 1-45）。如果把每个波段的频率由低至高依次排列的话，它们是工频电磁波、无线电波、红外线、可见光、紫外线、X 射线及 γ 射线。以无线电的波长最长，宇宙射线的波长最短。

$$\upsilon_{真空} = c（光速）= \frac{1}{\sqrt{\varepsilon_0 \mu_0}} = \frac{1}{\sqrt{8.854 \times 10^{-12} 库仑^2/（牛顿 \cdot 米^2） \times 4\pi \times 10^{-7} 牛顿/安培^2}} \quad (1-1)$$

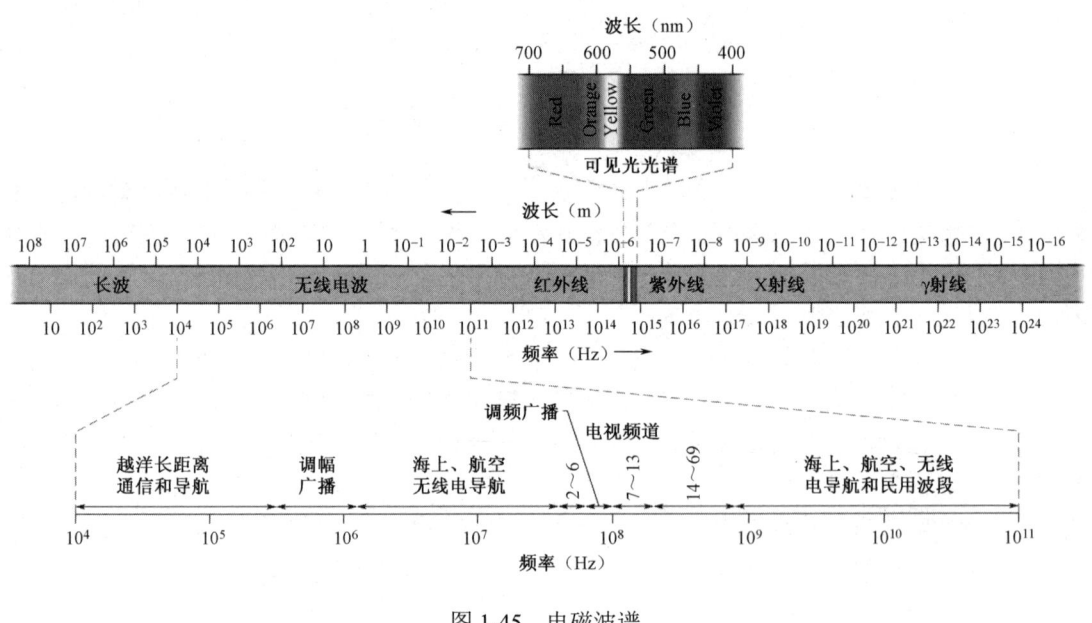

图 1-45　电磁波谱

4．马可尼的幻想

少年的马可尼就喜欢奇思遐想。他经常随母亲漂洋过海去英国探亲。旅途中，当船只航行在碧海蓝天、一望无际的海面上时，他常常幻想：如果不用敷设线路就能使遥隔千里的两地互通音信，那该多好啊！久久的幻想在马可尼的脑海里逐渐形成了一种无形的"机构"，一旦外界机遇来临时，这个"机构"就能立即运转起来，焕发人类智慧的灵光。

经马可尼的悉心研究，1895 年夏天，他在实验室与 1.7 千米远的山丘之间成功地进行了通报实验。马可尼第一个实验用的无线电报发报装置如图 1-46 所示，当按下发报机中的莫尔斯电键时，就会在两金属球之间产生连串放电火花。因为在按下电键的瞬间，线圈两端出现了较高的感应电压，从而在两小球的间隙迸发出一连串电火花。这些电火花所产生的振荡通过发射天线向外界发射出电磁波。这里马可尼将一根很长的导线挂在竹竿上，作为接收电磁波的天线。天线的一端与一个称为粉末检波器的东西相连接，后者的另一端接地。

当电磁波传播到接收地点时（见图 1-47），根据电磁感应原理，接收天线周围空间迅速变化的电磁场将在天线上激起感应电动势，这时粉末检波器将成为导电体，因而在与电池串接的电报机中将有电流流过，并开始工作——在自动移动的纸带上画出电码段。

无线电报为人类的通信技术开辟了一个崭新的领域。1895 年，马可尼发明无线电报器（图 1-48），开创了无线电通信发展的道路。

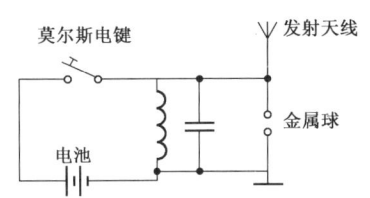 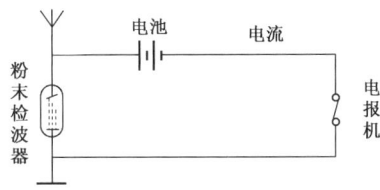 

图 1-46　无线电报发报装置　　　图 1-47　无线电报收报装置　　　图 1-48　马可尼发明无线电报器

5．广播与电视的发明

1906 年 12 月 24 日圣诞节前夕，在美国新英格兰海岸附近穿梭往来的船只上，一些听惯了"嘀嘀嗒嗒"莫尔斯电码声的报务员们，忽然听到耳机中传来了人的说话声和乐曲声——朗读《圣经》故事、演奏小提琴和播放亨德尔的《舒缓曲》唱片，最后还听到了亲切的祝福声。报务员们听到的就是人类历史上第一次实验性的无线电广播，它是由加拿大出生的物理学家费森登（见图 1-49）主持和组织，并从他的实验室里播出的。

费森登是最早研究无线电广播的先驱者之一。1900 年，他为美国国家气象局进行无线电实验时，初次萌生了用无线电传达人声的设想。两年以后，在两位金融家的赞助下，他在美国马萨诸塞州布兰特岩城建立了专门的实验室，研究如何将人的声音加到无线电波中去。他想要播出的，不是莫尔斯电码的"嘀嗒"声，而是现实世界中的各种声音。费森登花了整整4 年时间才完成他的第一套简易的广播发射装置，做成了特殊的高频交流发射机，并设计出了一种系统，用来调制电波的振幅，使它能携带各种声音信号，这样，这种"调幅波"就能载着声音开始展翅飞翔了。这就是将人的语音通过话筒转变成音频电流后，加到产生高频振荡电流的振荡电路中去。历史上第一座无线电广播站如图 1-50 所示，无线电广播的工作过程如图 1-51 所示。

图 1-49　物理学家费森登　　　　　图 1-50　历史上第一座无线电广播站

20 世纪初期，无线电技术广泛运用于通信和广播以后，人们希望有一种能够传播"现场实况"的电视机。世界上许多科学家都在着手研究。1906 年，18 岁的英国青年贝尔德（见图 1-52）雄心勃勃，开始研究电视机。贝尔德家境贫寒，没有钱购置研究器材，只得就地取材，把一只盥洗盆与从旧货摊觅来的茶叶箱相连，作为实验的基础设备。箱子上安放着一台旧电动机，用它来转动"扫描圆盘"。这个扫描圆盘是用马粪纸做成的，四周戳着一个个小孔，可以把场景分成许多明暗程度不同的小光点发射出去。这样，一台最原始的、只值几英镑的电视机便问世了。1925年10月2日，贝尔德的实验有了突破，他将一个人的图像发射到了屏幕上，而且十分逼真，眼睛、嘴巴甚至眉毛和头发都清晰可见。一架有实用意义的电视机宣告诞生了（见图1-53）。

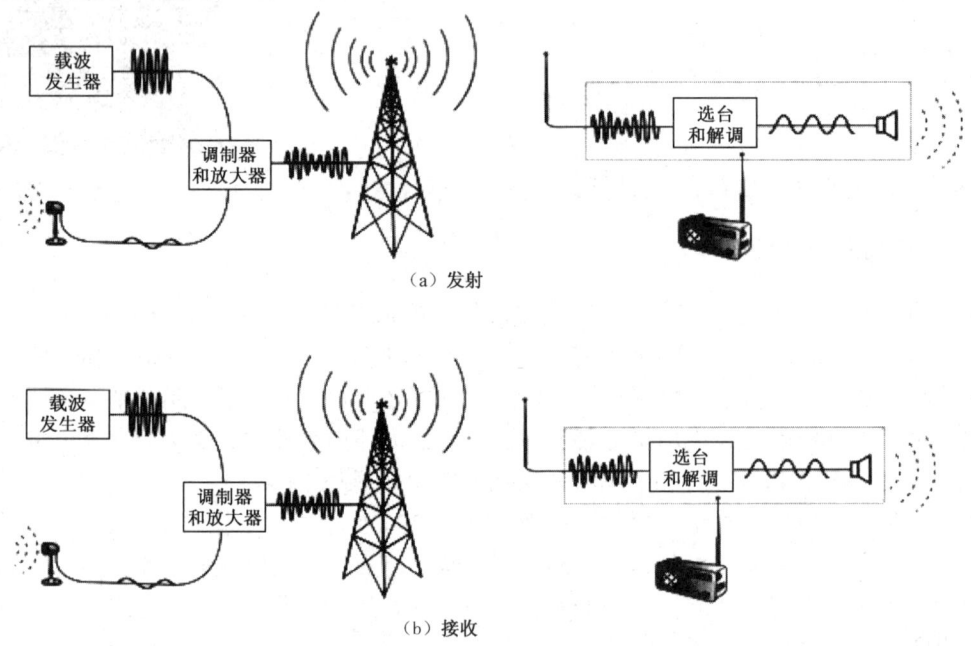

图1-51 无线电广播的工作过程

1927年，英国广播公司试播了30行机械式电视，从此便开始了电视广播的历史。1935年，英国广播公司用电子扫描式电视取代了贝尔德发明的机械扫描式电视，这标志着一个新时代由此开始。

图1-54所示为贝尔德1930年在英国制造的第一台向公众出售的电视机。

图1-52 电视机发明人贝尔德　　图1-53 人类第一台电视机　　图1-54 第一台向公众出售的电视机

电视图像信号的传输过程为：首先由摄像机将图像变成电信号，加到高频载波上，由天线发射；然后由接收端电视机利用天线将调制信号接收下来，最后通过解调由显像管还原成图像（见图1-55）。

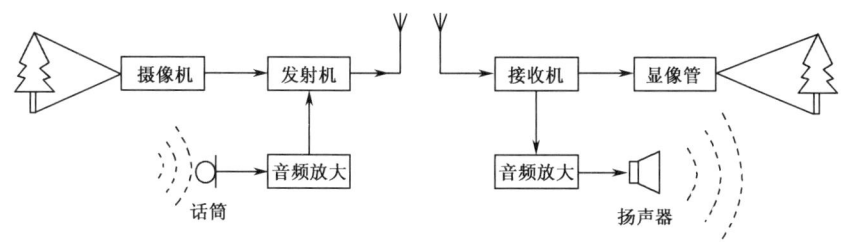

图 1-55 电视信号的传输过程

1.3.3 现代通信技术

通信技术实际上就是通信系统和通信网的技术。通信系统是指传递信息所需要的一切技术设备和传输媒介,而通信网是由许多通信系统组成的多点之间能相互通信的全部设施。现代的主要通信技术有数字通信技术、程控交换技术、信息传输技术、通信网络技术、数据通信与数据网、ISDN 与 ATM 技术、宽带 IP 技术、接入网与接入技术。

数字通信即传输数字信号的通信,已经成为现代通信网中最主要的通信技术基础,广泛应用于现代通信网的各种通信系统;程控交换技术是指人们用专门的电子计算机根据需要把预先编好的程序存入计算机后完成通信中的各种交换,随着电信业务从以话音为主向以数据为主转移,交换技术也相应地从传统的电路交换技术逐步转向分组的数据交换和宽带交换,以及适应下一代网络基于 IP 的业务综合特点的软交换方向发展;信息传输技术主要包括光纤通信、数字微波通信、卫星通信、移动通信及图像通信;通信网主要分为电话网、支撑网和智能网;数据通信是将数据信号在数据传输信道上传输,到达接收地点后再正确地恢复出原始发送的数据信息的一种通信方式。在通信领域,信息一般可分为语音、数据和图像三大类型。数据是具有某种含义的数字信号的组合,如字母、数字和符号等,传输时这些字母、数字和符号用离散的数字信号逐一表达出来。数据通信网是一个由分布在各地的数据终端设备、数据交换设备和数据传输链路所构成的网络,在通信协议的支持下完成数据终端之间的数据传输与数据交换。

ISDN(Integrated Services Digital Network)综合业务数字网是一个数字电话网络国际标准,是一种典型的电路交换网络系统;ATM 是一项数据传输技术,它是一种为了多种业务设计的、通用的、面向连接的传输模式;宽带 IP 网络是分层的,物理承载可以是 IP over DWDM、IP over SDH、IP over ATM 等多种方式;接入网是指骨干网络到用户终端之间的所有设备,接入网的接入方式包括铜线(普通电话线)接入、光纤接入、光纤同轴电缆(有线电视电缆)混合接入、无线接入和以太网接入等几种方式。

1.3.4 通信技术发展方向

通信技术在 20 世纪得到飞速发展,21 世纪的通信技术将向着宽带化、智能化、个人化的综合业务数字网技术的方向发展。

1. 全程数字化

全程数字化是指在通信网中任何一部分(交换、传输、终端)所有信号都是数字信号。

所有信息，无论声音、文字还是图像，都全部变成数字化信息以后再入网通信，网络中不再存在模拟信号。全程数字化是实现综合业务数字网的基础。

2. 宽带化

为了区分现在的通信网与高速通信网，称通信速率小于或等于 64kb/s（或 2Mb/s）数据的通信网为"窄带通信网"，而把那些不仅能传输低速的窄带信息，还能传输高速信息（如电影等）的通信网称为"宽带通信网"。

3. 智能化

通信网智能化，也称智能网。它不仅能传送和交换信息，还能存储、处理和灵活控制信息。它能使通信网在各种条件下以最优化的方式处理和传递信息，如同一位精明能干的秘书，会根据不同的情况，处理不同的文件。在智能网中，如果需要增加新业务，可不用改造交换机，只要在大型数据库中增加一个或几个模块即可，并且不会对正在运营的业务产生任何影响。

4. 个人化

通信个人化，就是指通信要真正实现到个人。它的目标被人们简称为 5W，即个人通信的基本概念是，无论任何人（Whoever），在任何时候（Whenever）和任何地方（Wherever），都能自由地与世界上其他任何人（Whomever）进行任何形式（Whatever）的通信。能提供这种通信服务的通信网，就叫"个人通信网"（Personal Communication Network，PCN）。

5. 综合化

通信网的综合化有两个含义：一是技术的综合，即全程数字化，实现网络技术一体化；二是业务的综合，即把各项通信业务（如电话、传真、电子信箱、会议电视等）综合在同一通信网中传送、交换和处理。

1.4 计算机的发展

中国古代发明的算盘（见图 1-56）被认为是计算机的鼻祖，在大约六七百年前，中国人开始用算盘处理数据计算问题，通过固定的口诀，利用拨弄算珠的方法，可以直接计算出结果，并一直沿用至今；在 17 世纪，人们先后发明了各种可处理简单数值计算的机械计算机；1946 年，世界上第一台数字电子计算机——ENIAC（Electronic Numerical Integrator And Computer）研制成功，开创了人类的电子计算机时代。

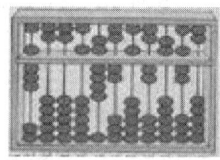

图 1-56　算盘

1.4.1　机械计算机的发明

1614 年，苏格兰人纳皮尔发表了一篇论文，其中提到他发明了一种可以计算四则运算和方程运算的精巧装置。1623 年,谢卡特制作了一个能进行六位以内数加减法,并能通过铃声输出答案的"计算钟",通过转动齿轮来进行操作。1625 年,奥特雷德发明计算尺。

1642—1643 年,帕斯卡(Blaise Pascal)为了帮助做收税员的父亲,发明了齿轮式加减器;1673 年,德国数学家莱布尼兹(G.N.Won Leibniz)在帕斯卡的齿轮加减器上增加了乘、除法,制成了能进行四则运算的机械式运算器(乘法计算机);1822 年和 1834 年,英国数学家 Charles 巴贝奇先后设计了差分机与分析机。所设计的差分机专门用于航海和天文计算。这是最早采用寄存器来存储数据的计算机,体现了早期程序设计思想的萌芽;而差分机与现代计算机的设计思想几乎完全相同。巴贝奇分析机采用了三个具有现代意义的装置:保存数据的寄存器(齿轮式装置);从寄存器取出数据进行运算的装置,并且机器的乘法以累次加法来实现;控制操作顺序、选择所需处理的数据及输出结果的装置。这一设计思想构成了当今计算机硬件系统的基本框架——输入、处理、存储、输出及控制 5 个基本组成部分。

1888 年,美国人赫尔曼·霍勒斯发明了制表机,它采用穿孔卡片进行数据处理,并用电气控制技术取代了纯机械装置。1890 年,美国人口普查全部采用了霍勒斯制表机。在 1900 年美国人口普查中,由于采用了制表机,全部统计处理工作只用了 1 年零 7 个月时间。此后霍勒斯根据自己的发明成立了自己的制表机公司,并最终演变成为 IBM 公司。

早期的机械计算机如图 1-57 所示。

(a)六位以内数加减法　(b)机械加法器　(c)乘法计算机　(d)差分机　(e)分析机　(f)霍勒斯制表机

图 1-57　早期的机械计算机

1.4.2　电子计算机诞生

在以机械方式运行的计算器诞生百年之后,随着电子技术的突飞猛进,计算机开始了真正意义上的由机械向电子时代的过渡,电子器件逐渐演变成为计算机的主体,而机械部件则渐渐处于从属位置,最终促使电子计算机正式诞生。

1938 年,德国科学家朱斯制造出 Z-1 计算机,这是第一台采用二进制的计算机。在接下来的 4 年中,朱斯先后研制出采用继电器的 Z-2 和 Z-3。Z-3 使用了 2 600 个继电器。1943 年,英国科学家研制成功第一台"巨人"计算机,专门用于破译德军密码。"巨人"算不上真正的数字电子计算机,但在继电器计算机与现代电子计算机之间起到了桥梁作用。第一台"巨人"有 1 500 个电子管,5 个处理器并行工作,每个处理器每秒处理 5 000 个字母。第二次世界大战期间共有 10 台"巨人"在英军服役,平均每小时破译 11 份德军情报。

1944 年,霍华德·艾肯(Howard Aiken)等研制出了机电式自动顺序控制计算机 MARK-1,这是世界上最早的通用型自动机电式计算机之一,它取消了齿轮传动装置,以穿孔纸带传送指令。MARK-1 的外壳用钢和玻璃制成,长 15m,高 2.4m,自重 31.5t,使用了 15 万个元件和 800km 电线,每分钟进行 200 次运算。

1946年2月15日，世界上第一台通用数字电子计算机 ENIAC 研制成功。ENIAC 长 30.48m，宽 1m，占地面积 170m²，有 30 个操作台，约相当于 10 间普通房间的大小，重达 30t，耗电量 150kW，造价 48 万美元。它使用 18 000 个电子管，70 000 个电阻，10 000 个电容，1500 个继电器，6000 多个开关，每秒执行 5000 次加法或 400 次乘法，是继电器计算机的 1000 倍、手工计算的 20 万倍。

第一代（1946—1956）电子计算器都以真空管为主要组件，运算速度达到每秒几万次。电子计算机的演进如图 1-58 所示。

  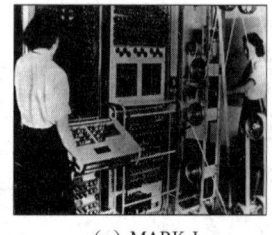 

（a）Z-3形计算机 　　（b）"巨人"（Colossus）　　（c）MARK-I　　（d）ENIAC

图 1-58　电子计算机的演进

1.4.3　晶体管计算机的发展

1948 年，晶体管的发明大大促进了计算机的发展，晶体管代替了体积庞大的电子管，电子设备的体积不断减小。1956 年，晶体管在计算机中使用，晶体管和磁芯存储器促进了第二代计算机（1959—1965）的产生。第二代计算机体积小、速度快、功耗低、性能更稳定。首先使用晶体管技术的是早期的超级计算机，主要用于原子科学的大量数据处理，这些机器价格昂贵，生产数量极少。

图 1-59　第二代计算机 TRADIC

第二代计算机采用半导体晶体管作为逻辑开关元件，内存采用磁芯存储器，其容量达几十万字节，外存采用磁盘、磁带，运算速度达几十万次每秒。软件方面出现了一系列的高级程序设计语言（如 FORTRAN、COBOL 等），有了系统软件（监控程序），提出了操作系统的概念，且提出了多道程序设计、并行处理和可变的微程序设计思想。1955 年，贝尔实验室研制出世界上第一台全晶体管计算机 TRADIC（见图 1-59），装有 800 只晶体管，仅 100W 功率，占地也只有 3 立方英尺。

1.4.4　集成电路计算机的发展

虽然晶体管比起电子管是一个明显的进步，但晶体管还是产生大量的热量，这会损害计算机内部的敏感元件。1958 年得州仪器的工程师 Jack Kilby 发明了集成电路（IC），将三种电子元件结合到一片小小的硅片上。科学家使更多的元件集成到单一的半导体芯片上。1961年，美国得克萨斯仪器公司与美国军方合作，研制出第一台以试验型半导体集成电路作为主要电子器件的集成电路电子计算机。1964 年，美国 IBM 公司生产出了由混合集成电路制成的 IBM350 系统，这成为第三代计算机（1965—1971）的主要里程碑。1964 年，IBM 研制成功第一个采用集成电路的通用电子计算机系列 IBM 360 系统，如图 1-60 所示。随着固体物理技术的发展，集成电路工艺已可以在几平方毫米的单晶硅集成电路片上集成由十几个甚至上百个电子元器件组成的逻辑电路。它的运算速度每秒可达几十万次到几百万次，体积越来越小，价格越来越低，软件越来越完善，在监控程序的基础上发展形成了操作系统，使得计算机在中心程序的控制协调下可以同时运行许多不同的程序。

图 1-60 IBM 360 系统

1.4.5 电子计算机智能化趋势

1971 年美国 Intel 公司生产了第一块单片微处理器 Intel 4004，同时 Intel 公司用其组成了世界上第一台微机 MSC-4，这标志着第四代计算机的产生。由于集成电路不断提高，集成度也越来越高，大规模集成电路与超大规模集成电路相继出现，中央处理器 CPU 高度集成是这一代微机的主要特征。从 Intel 4004 到目前的 P4，芯片集成了上千万只晶体管。处理速度每秒可执行几亿条指令，微机的主存扩展到 512MB；并且存储技术从 SDRAM 到 DDR 到 RDRAM，光盘存储容量从 650MB 到几个 GB。由于相应技术的不断提高，促使计算机的性能飞跃前进。随着计算机性能的进步，各种应用软件也相继推出。软件的丰富，计算机性能的不断提高，特别是个人计算机（PC）进入家庭，将计算机的应用变得空前普及。这几年来，计算机技术与通信技术结合而出现的网络技术，使世界变成了"地球村"。网络、微机、多媒体成为当今计算机技术发展的主流。

目前各种形式的计算机如图 1-61 所示。

（a）微型化计算机　　　　（b）超级计算机（CRAY-Ⅱ）　　　（c）中国超级计算机银河Ⅱ

图 1-61 各种形式的计算机

为适应未来社会信息化的要求，科学家们提出了第五代计算机，它与前四代计算机有着本质的区别，是计算机发展史上的一次重要变革。第五代电子计算机是智能电子计算机，它是一种有知识、会学习、能推理的计算机，具有能理解自然语言、声音、文字和图像的能力，并且具有说话的能力，使人机能够用自然语言直接对话，它可以利用已有的和不断学习到的知识，进行思维、联想、推理，并得出结论，能解决复杂问题，具有汇集、记忆、检索有关知识的能力。智能计算机突破了传统的冯·诺伊曼式机器的概念，舍弃了二进制结构，把许多处理机并联起来，并行处理信息，速度大大提高。它的智能化人机接口使人们不必编写程序，只需发出命令或提出要求，计算机就会完成推理和判断，并且给出解释。

1.5 自动控制理论的发展

从 1868 年至今的短短一百多年中，自动控制理论对人类社会产生了巨大的影响。从瓦特的蒸汽机、阿波罗登月到海湾战争，无处不显示着控制技术的威力。控制理论的产生和发展主要经历了经典（自动）控制理论、现代控制理论和鲁棒控制理论几个发展时期。

1.5.1 经典（自动）控制理论

1. 萌芽阶段

古代人类在长期的生产和生活中，为了减轻自己的劳动，逐渐产生利用自然界动力代替人力、畜力，以及用自动装置代替人的部分繁重的脑力活动的愿望。经过漫长岁月的探索，他们各自造出一些原始的自动装置。

公元前 14 世纪~前 11 世纪，中国、埃及和巴比伦出现了自动计时装置——漏壶，为人类研制和使用自动装置之始。中国的漏壶最初使用泄水型漏壶，后来采用受水型漏壶，经过不断改进，又发展成三级漏壶（见图 1-62）。1135 年，中国的燕肃在一种名叫莲化漏的三级漏壶中采用了自动装置调节液位。

在中国的三国时期，使用了自动指向的指南车（见图 1-63），又称司南车。与指南针利用地磁效应不同，它是利用差速齿轮原理，通过齿轮传动系统，根据车轮的转动，由车上的木人指示方向。不论车子转向何方，木人的手始终指向南方，"车虽回运而手常指南"，就是一种开环自动调节系统。指南车是我国古代伟大的发明之一，也是世界上最早的控制论机械之一。用英国著名科学史专家李约瑟的话说，中国古代的指南车"可以说是人类历史上迈向控制论机器的第一步"。

（a）铜漏壶

（b）三级漏壶

图 1-62 自动计时装置——漏壶

图 1-63 指南车

指南车的车箱里装着非常巧妙而复杂的机械，是一种双轮独辕车，图 1-64 是指南车模型。它的中央有一个大平轮，木头人就竖立在上面。在大平轮两旁装着很多小齿轮。如果车子向左转，右边的车轮就会带动小齿轮，小齿轮再带动大平轮，使大平轮相反地向右转；如果车子向右转，同样，大平轮则向左转。因此，只要指南车开动以前，先让木头人的右手指向南方，以后车子无论向左转还是向右转，木头人的右手就总是指向南方。指南车是利用齿轮的原理造成的。这种齿轮传动类似于现代汽车用的差动齿轮，相当于汽车中差动齿轮的逆向使用原理。这种指南车，可以说是世界上最早的自动化设备。从自动控制原理来看，指南车是利用扰动补偿原理的开环定向自动调节系统，被控制量是木人的指向。车子转弯时，车轮带动齿轮系使木人沿着与车子转动方向相反的方向转动，恰好补偿车子的转角。图1-65所示为方向调节系统框图。

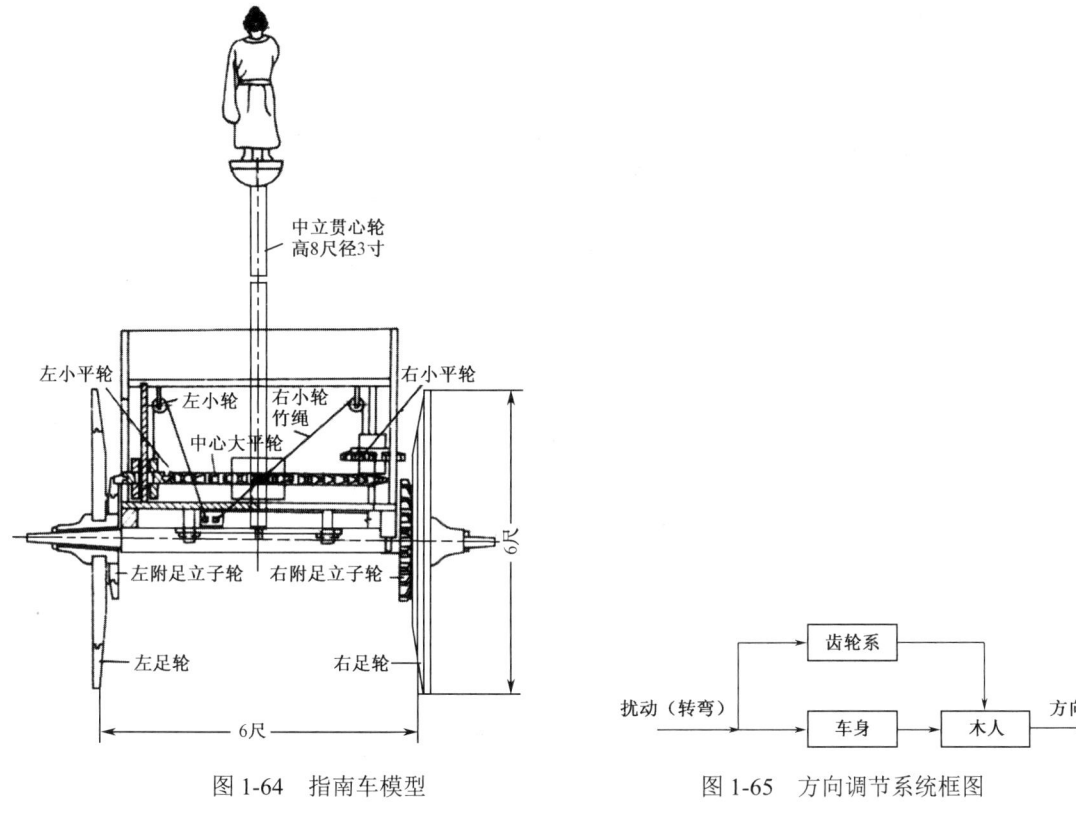

图1-64 指南车模型　　　　　图1-65 方向调节系统框图

公元1086—1089年（北宋哲宗元祐初年），我国发明的水运仪象台，就是一种闭环自动调节系统。两千年前中国就有了自动控制技术的萌芽。水运仪象台是我国古代一种大型的天文仪器，由宋朝天文学家苏颂等人创建。它是集观测天象的浑仪、演示天象的浑象、计量时间的漏刻和报告时刻的机械装置于一体的综合性观测仪器，实际上是一座小型的天文台。

整个水运仪象台高12m，宽7m，共分3层，相当于一幢四层楼的建筑物。最上层的板屋内放置着1台浑仪，屋的顶板可以自由开启，平时关闭屋顶，以防雨淋，这已经具有现代天文观测室的雏形；中层放置着一架浑象；下层可分成五小层木阁，每小层木阁内均安排了若干个木人。5层共有162个木人，它们各司其职：每到一定的时刻，就会有木人自行出来打钟、击鼓或敲打乐器、报告时刻、指示时辰等。在木阁的后面放置着精度很高的两级漏刻和一套机械传动装置，可以说这里是整个水运仪象台的"心脏"部分。用漏壶的水冲动机轮，驱动传动装置、浑仪、浑象和报时装置便会按部就班地动作起来。图1-66所示为水运仪象台结构示意图。

这台仪器的制造水平堪称一绝，充分体现了我国古代人民的聪明才智和富于创造的精神。

复原的水运仪象台结构图，原为北宋元祐三年（1088年）苏公布韩公廉等制作

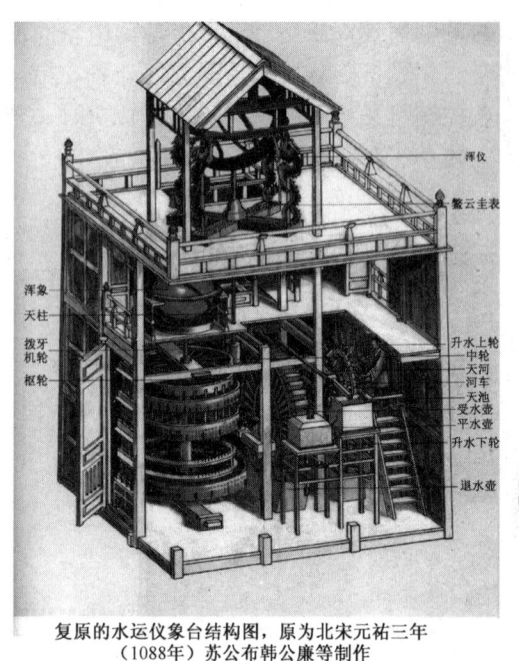

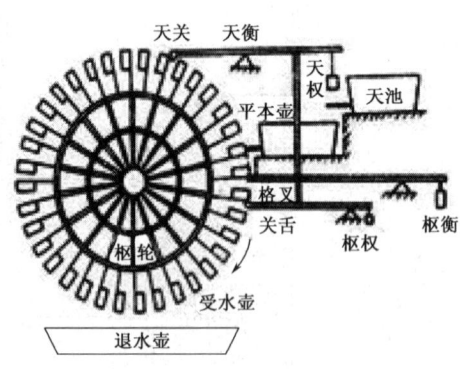

图 1-66　水运仪象台结构示意图

2．起步阶段

公认的自动化技术的起源，是 18 世纪前后（大约在 1788 年）。随着工业革命在英国的出现，对动力的需求大增，其中最卓越的代表是瓦特发明的蒸汽机离心调速器（见图 1-67），加速了第一次工业革命的步伐。我们都知道，蒸汽机的作用是将煤燃烧产生的热能转换为机械动能；它既可以作为轮船、火车的动力，也可以作为煤矿抽水的动力，还可以作为纺织机的动力。瓦特在他发明的蒸汽机上使用了离心调速器，解决了蒸汽机的速度控制问题（见图 1-68），引起了人们对控制技术的重视。经过瓦特不断的努力，蒸汽机的效率大大得到提高，而且性能优良、切合实用。瓦特由此博得了第一部现代蒸汽机——高效率瓦特蒸汽机的发明者称号。

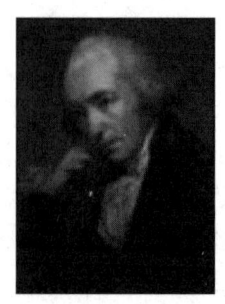

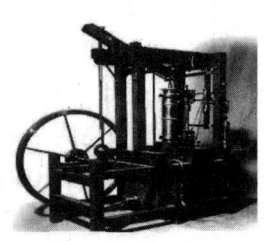

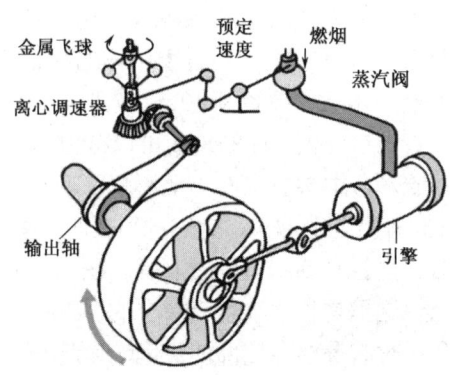

图 1-67　英国科学家瓦特和他所发明的蒸汽机

图 1-68　蒸汽机调速原理图

人们在使用蒸汽机的时候发现，有的蒸汽机的飞球调速器投入运行后，蒸汽机的转速就产生周期性的大幅度波动，无法正常工作。用现在的话来说，就是系统不稳定。那个时候，人们还没有系统的概念，也没有反馈的概念，无法从理论上解释这种不稳定现象。人们反复地在蒸汽机的制造工艺上盲目地摸索，努力减小摩擦、调整弹簧，等等。这种情况持续了大约一个世纪之久，直到 19 世纪末，自动控制理论诞生以后，自动控制技术才得以在科学理论的指导下发展和提高。

3．发展阶段

1868 年，马克斯韦尔（J.C.Maxwell）解决了蒸汽机调速系统中出现的剧烈振荡的不稳定问题，他通过系统分析发表了反馈控制系统的稳定性的研究论文，提出用特征方程的系数来判断系统稳定性。Maxwell 的工作开创了控制理论研究的先河。1895 年，劳斯（Routh）与赫尔维茨（Hurwitz）把马克斯韦尔的思想扩展到高阶微分方程描述的更复杂的系统中，各自提出了两个著名的稳定性判据——劳斯判据和赫尔维茨判据。1892 年，俄罗斯数学力学家 A.M.Lyapunov 发表了其具有深远历史意义的博士论文"运动稳定性的一般问题"，他提出了为当今学术界广为应用且影响巨大的李亚普诺夫方法，该方法不仅可用于线性系统而且可用于非线性时变系统的分析与设计，已成为当今自动控制理论课程讲授的主要内容之一。

1932 年，美国物理学家奈奎斯特（H.Nyquist）研究了长距离电话线信号传输中出现的失真问题，运用复变函数理论建立了以频率特性为基础的稳定性判据，奠定了频率响应法的基础。随后，伯德（H.W.Bode）和尼柯尔斯（N.B.Nichols）在 20 世纪 30 年代末和 40 年代初进一步将频率响应法加以发展，形成了经典控制理论的频域分析法，为工程技术人员提供了一个设计反馈控制系统的有效工具。

第二次世界大战期间，反馈控制方法被广泛用于设计研制飞机自动驾驶仪、火炮定位系统、雷达天线控制系统，以及其他军用系统。这些系统的复杂性和对快速跟踪、精确控制的高性能追求，迫切要求拓展已有的控制技术，促使了许多新的见解和方法的产生。同时，还促进了对非线性系统、采样系统及随机控制系统的研究。

1948 年，美国科学家伊万斯（W.R.Evans）创立了根轨迹分析方法，为分析系统性能随系统参数变化的规律性提供了有力工具，被广泛应用于反馈控制系统的分析、设计中。

以传递函数作为描述系统的数学模型，以时域分析法、根轨迹法和频域分析法为主要分析设计工具，构成了经典控制理论的基本框架。到 20 世纪 50 年代，经典控制理论发展到相当成熟的地步，形成了相对完整的理论体系，为指导当时的控制工程实践发挥了极大的作用。

4．标志性阶段

从 20 世纪 40 年代到 50 年代末，经典控制理论的发展与应用使整个世界的科学水平出现了巨大的飞跃，几乎在工业、农业、交通运输及国防建设的各个领域都广泛采用了自动化控制技术（可以说工业革命和战争促使了经典控制理论的发展）。

1948 年，美国数学家维纳（见图 1-69）出版了《控制论——关于在动物和机器中控制与通讯的科学》，书中论述了控制理论的一般方法，推广了反馈的概念，为控制理论这门学科奠定了基础。它标志着控制论的正式诞生。这本书的出版被认为是自动控制科学的一个里程碑。

我国著名科学家钱学森（见图1-70）将控制理论应用于工程实践，于1954年出版了《工程控制论》。工程控制论的目的是把工程实践中经常运用的设计原则和实验方法加以整理和总结，取其共性，提高成科学理论，使科学技术人员获得更广阔的眼界，用更系统的方法去观察技术问题，去指导千差万别的工程实践。

图1-69　美国数学家维纳（N.Weiner）　　　　图1-70　中国科学家钱学森

1.5.2　现代控制理论的形成和发展

1956年苏联数学家庞特里亚金 Л.C.提出极大值原理。同年，美国数学家贝尔曼（Bellman）创立动态规划。极大值原理和动态规划为最优控制提供了理论工具。动态规划还包含了决策最优化的基本原理，并发现了维数灾难问题。1959年美国数学家卡尔曼 R.E.提出著名的卡尔曼滤波器。卡尔曼滤波器可直接从信号模型出发，用递推的方法求最优线性滤波器的结构和最优增益，得到动态跟踪系统。卡尔曼滤波器适合于用电子计算机来解决随机最优控制问题。1960年卡尔曼提出能控性和能观测性两个结构概念。揭示了线性系统许多属性间的内在联系。卡尔曼还引入状态空间法，提出具有二次型性能指标的线性状态反馈律，给出最优调节器的概念。这些新概念和新方法的出现标志着现代控制理论的诞生。

20世纪60~70年代，现代控制理论得到很大的发展，确立了许多与状态空间相联系的新概念，并引入许多新的数学方法，形成各种新的学派。60年代时域法在空间技术上获得卓有成效的应用，但用到工业过程控制上却遇到了障碍。其主要原因是难以得到受控对象的精确的数学模型，性能指标不能以明确的形式表达出来，直接采用最优控制和最优滤波的综合方法所得到的控制器往往结构过于复杂，甚至无法实现。于是恢复了对频域法的兴趣。60年代中期卡尔曼就提出用频域法描述最优控制问题。1969年英国曼彻斯特大学教授罗森布罗克发表著名论文《用逆奈奎斯特阵列法设计多变量控制系统》，开创了现代频域法的新纪元。逆奈奎斯特阵列法（INA）的基本思想是：先在受控对象前面或后面加一个预补偿器，来削弱各回路间的关联作用，使系统的开环传递函数矩阵成为对角优势矩阵，因而系统的设计可简化为若干单回路系统的补偿设计问题。1973年英国曼彻斯特大学教授 D.Q.梅恩根据罗森布罗克的设计思想，结合波德的回差概念，提出序列回差法（SRD）。序列回差设计方法的特点是顺序地每次闭合一个回路，用经典频域法计算反馈对整个闭环传递函数的影响，根据回差概念，顺序迭代进行，逐步完成整个系统的设计。它不要求加预补偿器，进行对角优势处理，因而简便直观。

1973年英国学者 D.H.欧文斯把经典控制理论和状态空间法结合起来提出并矢展开法，并用这种方法成功地分析了核反应堆模型。并矢展开法是用控制器直接补偿受控对象的特征传递函数，因而控制器结构简单，易于实现。但此法有一定的局限性。1975年英国曼彻斯特大学教授麦克法兰把经典控制理论中的波德—奈奎斯特法和状态空间法结合起来，提出特征轨迹法。这种方法是通过变换求出特征传递函数和特征方向，用经典控制理论中的奈奎斯特稳定判据，由开环的特征轨迹判定闭环系统的稳定性和整体特性，由特征方向判定系统的关联程度。因此这是一种比较完整的分析设计法，也是一种试凑法，设计者的经验非常重要。现代频域法已成功地用于石油、化工、造纸、原子反应堆、飞机发动机和自动驾驶仪等设备中多变量系统的分析和设计中，取得了令人满意的结果。在控制系统计算机辅助设计程序包中，现代频域法也占有重要地位。

现代控制理论的迅速发展，使控制理论与数学紧密地联系在一起，成为应用数学的一个分支。1969年，卡尔曼等人用模论创立了代数系统理论。1974年，加拿大数学家W.M.旺纳姆引入不变子空间的概念，创立了几何系统理论。赫尔斯特朗等人提出的量子力学系统理论则具有完全不同的形式，很可能应用到激光那样的系统中。现代控制理论变得相当复杂，使它的应用一度受到限制。因而从20世纪60年代末到70年代初开始出现控制系统计算机辅助设计（CADCS）。控制工程师可以利用CADCS软件包、借助于电子计算机，在短时间内设计出优良的控制系统。

罗森布洛克（H.H.Rosenbrock）、欧文斯（D.H.Owens）和麦克法轮（G.J.MacFarlane）研究了用于计算机辅助控制系统设计的现代频域法理论，将经典控制理论传递函数的概念推广到多变量系统，并探讨了传递函数矩阵与状态方程之间的等价转换关系，为进一步建立统一的线性系统理论奠定了基础。20世纪70年代，奥斯特隆姆（瑞典）和朗道（法国，L.D.Landau）在自适应控制理论和应用方面作出了贡献。与此同时，关于系统辨识、最优控制、离散时间系统和自适应控制的发展大大丰富了现代控制理论的内容。

1.5.3 控制理论几个重要分支

科学技术的发展给现代控制理论的发展准备了两个重要的条件——现代数学和数字计算机。现代数学，如泛函分析、现代代数等，为现代控制理论提供多种多样的分析工具；而数字计算机则为现代控制理论的发展提供了应用的平台。20世纪70年代末，控制理论向着"大系统理论"、"智能控制理论"和"复杂系统理论"的方向发展，形成了多个重要的分支。

1. 大系统理论

大系统控制理论是一种过程控制与信息处理相结合的动态系统工程理论，研究的对象具有规模庞大、结构复杂、功能综合、目标多样、因素众多等特点。它是一个多输入、多输出、多干扰、多变量的系统。

人体就可以看做一个大系统，其中有体温的控制、情感的控制、人体血液中各种成分的控制，等等。大系统控制理论目前仍处于发展阶段。随着生产的发展和科学技术的进步，出现了许多大系统，如电力系统、城市交通网、数字通信网、柔性制造系统、生态系统、水源系统和社会经济系统等。这类系统都具有规模庞大、结构复杂、目标多样、影响因素众多，且常带有随机性等特点。因此造成系统内部各部分之间通信的困难，提高了通信的成本，降低了系统的可靠性。大系统理论就是用控制和信息的观点，研究各种大系统的结构方案、总体设计中的分解方法和协调等问题的技术基础理论。

2. 智能控制理论

智能控制技术是近年来新发展起来的一种控制技术，是人工智能在控制上的应用。它的指导思想是，依据人的思维方式和处理问题的技巧，解决那些目前需要人的智能才能解决的复杂的控制问题。智能控制理论是研究与模拟人类智能活动及其控制与信息传递过程的规律，研制具有某些拟人智能的工程控制与信息处理系统的理论。智能控制以控制理论、计算机科学、人工智能、运筹学等学科为基础，扩展了相关的理论和技术，其中应用较多的有模糊逻辑、神经网络、专家系统、遗传算法等理论和自适应控制、自组织控制、自学习控制等技术。图1-71和图1-72是智能控制的例子。

3. 复杂系统理论

复杂系统理论是系统科学中的一个前沿方向，它是复杂性科学的主要研究任务。复杂性科学被称为21世纪的科学，它的主要目的是揭示复杂系统的一些难以用现有科学方法解释的动力学行为。与传统的还原论方法不同，复杂系统理论强调用整体论和还原论相结合的方法分析系统，把系统的研究拓展到开放复杂巨系统的范畴，以解决复杂系统的控制为目标。图1-73是复杂控制系统的例子。

图1-71 洗衣机（模糊控制）　　图1-72 铆接机器人（智能控制）　　图1-73 航天器（复杂控制）

回顾控制理论的发展历程可以看出，它的发展过程反映了人类由机械化时代进入电气化时代，并走向自动化、信息化、智能化时代。

本章结束语

本章简要介绍了电的发现与发展、电子线路元件的发展过程、通信技术方式的变化、计算机的发展和自动控制理论的发展等。从电和电子技术早期的发展历史可以看到，科学发明和创造是一个非常艰难的过程，不可能因偶然的机遇而得来。如果说科学上的发现有什么偶然的机遇的话，那么这种"偶然的机遇"只能给那些艰苦探索、具有锲而不舍的精神而且善于独立思考的人。科学研究是一项十分严肃的事情，需要求真务实的科学精神。在大学学习期间，应当自始至终把培养独立思考和独立判断的能力放在首位，如果掌握了学科的基础理论，并且学会了独立地思考和工作，则必定会为以后的职业生涯打下良好的基础。

第 2 章　传感器技术

面临未知的世界，人们不断地探索。"探测"是人们探索、学习、掌握知识的基础。所以，测试是人类认识自然、掌握自然规律最主要的实践途径之一，是科学研究中获得感性材料、接受自然信息的途径，是形成、发展和检验自然科学理论的实践基础。在人类进入信息时代的今天，人们的一切社会活动都是以信息获取与信息转换为中心的，传感器作为信息获取与信息转换的重要手段，是信息科学最前端的一个阵地，是实现信息化的基础技术之一。以传感器为核心的检测系统就像神经和感官一样，源源不断地向人类提供宏观与微观世界的各种信息，成为人们认识自然、改造自然的有力工具。

2.1　传感器基础

2.1.1　传感器的基本概念

何谓传感器（Transducer Sensor）？生物体的感官就是天然的传感器，如人的眼、耳、鼻、舌、皮肤，分别具有视、听、嗅、味、触觉。图 2-1 是人与机械设备获取外界信息方式的比较。

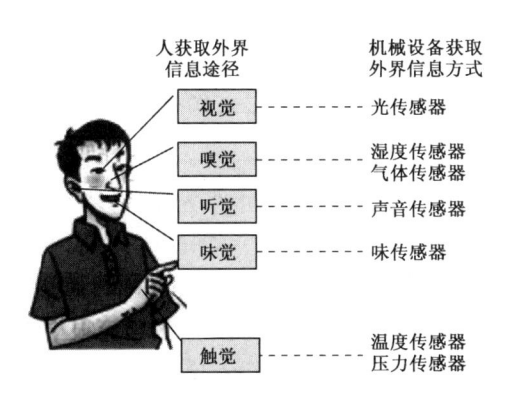

图 2-1　人与机械设备获取外界信息方式的比较

在工程科学与技术领域里，可以认为：传感器是人体"五官"的工程模拟物。国家标准（GB/T 7765—87）把它定义为：能感受规定的被测量量（包括物理量、化学量、生物量等）

并按照一定的规律转换成可用信号的器件或装置，通常由敏感元件（Sensing Element）、转换元件（Transduction Element）和信号调节转换电路等部件组成，如图 2-2 所示。敏感元件是直接感受被测非电量并按一定规律转换成与被测量有确定关系的其他量的元件；转换元件是将敏感元件感受到的非电量直接转换成电参量的器件；信号调节转换电路则是把转换元件输出的电信号转换为便于显示、记录、处理和控制的有用电信号的电路，常用的电路有电桥、放大器、变阻器、振荡器等；辅助电路通常包括电源等。

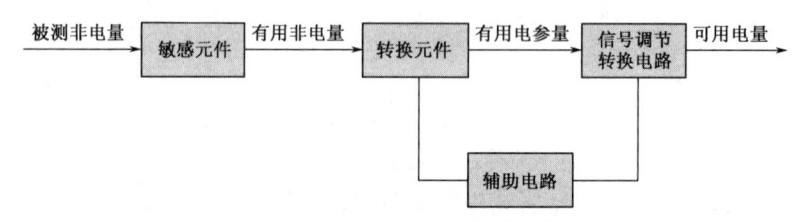

图 2-2　传感器的典型组成及功能框图

应当指出，当今电信号最易于处理和便于传输，因此，可把传感器狭义地定义为：能把外界非电信息转换成电信号输出的器件或装置。可以预料，当人类跨入光子时代，光信息成为更便于快速、高效地处理与传输的可用信号时，传感器的概念将随之发展成为能把外界信息或能量转换成光信号或能量输出的器件或装置。

传感器技术是一门涉及测量技术、功能材料、微电子技术、精密与微细加工技术、信息处理技术和计算机技术等，由其相互结合形成的密集型综合技术。

2.1.2　传感器的作用

从生产技术发展的角度看，人类社会已经或正在经历着手工化—机械化—自动化—信息化……的发展历程。在这个发展历程中的每个历史时代，都有其代表性的生产方式作为标志，这就是：

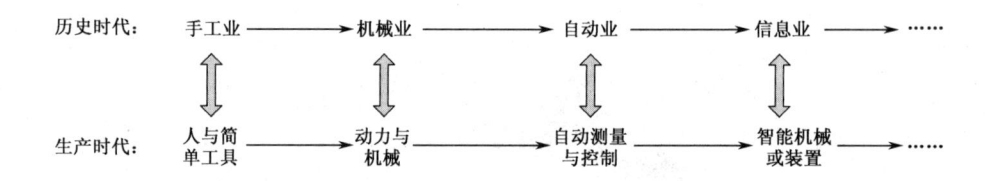

历史时代：手工业 → 机械业 → 自动业 → 信息业 → ……

生产时代：人与简单工具 → 动力与机械 → 自动测量与控制 → 智能机械或装置 → ……

而每种生产方式，又要以相应的科学技术水平为支柱。很显然，科技进步的重要作用在于，不断用机（仪）器来代替和扩充人的体力劳动（第一次产业革命）和脑力劳动（第二次产业革命），以大大提高社会生产力。为此目的，人们在不懈地探索着机器与人之间的功能模拟——人工智能，并不断地创制出拟人的装置——自动化机械，乃至智能机器人。

图 2-3 所示是人与机器的功能对应关系，作为模拟人体感官的"电五官"，传感器是系统从外界获取信息的"窗口"。从广义上讲，传感器是系统之间实现信息交流的"接口"，它为系统提供着赖以进行处理和决策所必需的对象信息，它是高度自动化系统乃至现代尖端技术必不可少的关键组成部分。现代传感器既是高科技的结晶，又在高科技中起着举足轻重的作用。传感器的发明也极大地推动了科学向高尖端领域方面的研究。下面举几个实际应用的例子。

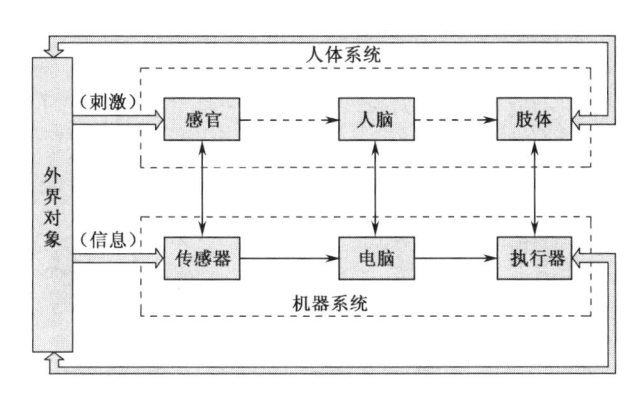

图 2-3 人与机器的功能对应关系

图 2-4 是美国"阿波罗"登月飞行器，其上所安装的各种传感器多达 3 200 个。现代的飞机、汽车甚至家用电器也是如此。一辆现代化的汽车，其所用的传感器种类达数十种。

在工业国防领域，传感器更有它的用武之地。在以高技术对抗和信息战为主要特征的现代战争中，在高度自动化的工厂、设备、装置或系统中，可以说是传感器的大集合地。例如：工厂自动化中的柔性制造系统（FMS）或计算机集成制造系统（CIMS），几十万千瓦的大型发电机组，连续生产的轧钢生产线，无人驾驶的自动化汽车，大型基础设施工程（如大桥、隧道、水库、大坝等），多功能武备攻击指挥系统等，均需要配置大量的、数以千计的传感器，用以检测各种各样的工况参数或对象信息，以达到识别目标和运行监控的目的。图 2-5 是传感器在生产车间中用于对产品检测的例子。

图 2-4 "阿波罗"登月飞行器

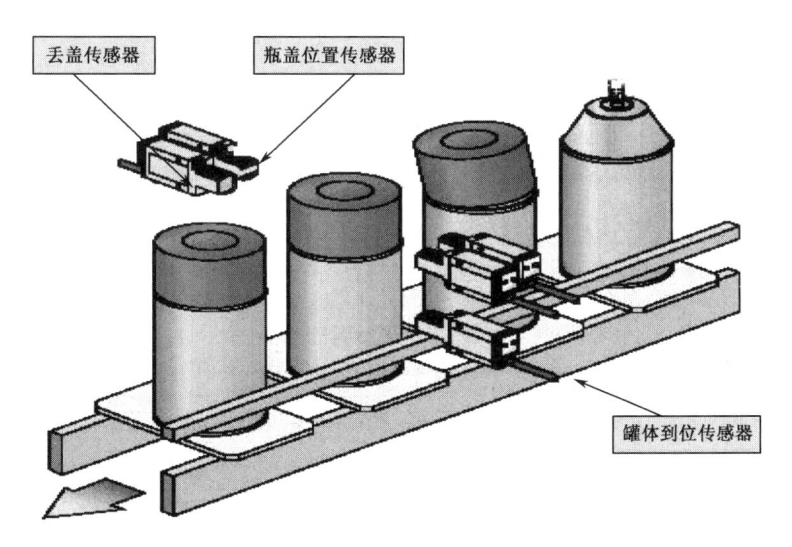

图 2-5 传感器在工业检测中的应用

当传感器技术在工业自动化、军事国防和以宇宙开发、海洋开发为代表的尖端科学与工程等重要领域广泛应用的同时，它正以自己的巨大潜力，向着与人们生活密切相关的各个方面渗透。生物工程、医疗卫生、环境保护、安全防范、家用电器、网络家居等方面的传感器已层出不穷，并在日新月异地发展，如图 2-6 所示。据新近国外一家技术市场调查公司预测：未来 5 年，用嵌入大量微传感器的计算机芯片做成的服装、饰物将风行世界市场。

图 2-6 传感器网络在生活中的应用

可见，从茫茫太空，到浩瀚海洋；从各种复杂的工程系统，到日常生活的衣食住行，几乎每项现代化内容都离不开各种各样的传感器。有专家感言："没有传感器支撑，现代文明的科学技术就不可能发展。"日本业界更声称："支配传感器技术就能够支配新时代！"为此，日本把传感器技术列为国家重点发展的十大技术之首。美国早在 20 世纪 80 年代就宣称：世界已进入传感器时代。在涉及国家经济繁荣和国家安全至关重要的 22 项重大技术中，传感器技术就有 6 项；而涉及保护美国武器系统质量优势至关重要的关键技术中，有 8 项为无源传感器。

2.1.3 传感器的分类

用于不同科技领域或行业的传感器种类繁多。一种被测量，可以用不同的传感器来测量；而同一原理的传感器，通常又可分别测量多种被测量。因此，传感器分类的方法可谓五花八门。例如：根据物理和化学等学科的原理、规律和效应进行分类；根据输入物理量的性质进行分类；根据制造传感器所使用的材料进行分类；根据能量观点分类；按用途、学科、功能和输出信号的性质等进行分类。表 2-1 列出了目前一些传感器的分类。

表 2-1 传感器的分类

分 类 法	类 型	说 明
按基本效应分	物理型、化学型、生物型等	分别以转换中的物理效应、化学效应等命名
按传感机理分	结构型（机械式、感应式、电参量式等）	以敏感元件结构参数变化实现信号转换
	物性型（压电、热电、光电、生物、化学等）	以敏感元件物性效应实现信号转换
按能量关系分	能量转换型（自源型）	传感器输出量能量直接由被测能量转换而得
	能量控制型（外源型）	传感器输出量能量由外源供给，但受被测输入量控制

续表

分 类 法	类 型	说 明
按作用原理分	应变式、电容式、压电式、热电式等	以传感器对信号转换的作用原理命名
按功能性质分	力敏、热敏、磁敏、光敏、气敏等	以被测量的敏感性质命名
按功能材料分	固态（半导体、半导瓷、电介质）、光纤、膜、超导等	以敏感功能材料的名称或类别命名
按输入量分	位移、压力、温度、流量、气体等	以被测量命名（即按用途分类法）
按输出量分	模拟式、数字式	输出量为模拟信号或数字信号

除上述表中所列分类法外，还有按与某种高技术、新技术相结合而得名的，如集成传感器、智能传感器、机器人传感器、仿生传感器等，不胜枚举。

2.2 传感器的数学模型

从系统角度看，一种传感器就是一种系统。而一个系统总可以用一个数学方程式或函数来描述。即用某种方程式或函数表征传感器的输出和输入的关系和特性，从而用这种关系指导对传感器的设计、制造、校正和使用。通常从传感器的静态输入—输出关系和动态输入—输出关系两方面建立数学模型。

2.2.1 静态模型

静态模型是指在输入信号不随时间变化的情况下，描述传感器的输出量与输入量的一种函数关系。如果不考虑蠕动效应和迟滞特性，传感器的输入量 x 与输出量 y 之间的关系通常可用如下的多项式表示：

$$y = a_0 + a_1 x + a_2 x^2 + \cdots + a_n x^n \tag{2-1}$$

式中，a_0——输入量 x 为零时的输出量；

a_1，a_2，…，a_n——非线性项系数。各项系数决定了特性曲线的具体形式。

2.2.2 动态模型

传感器的动态模型是指输入量随时间变化时传感器的响应特性，它描述了输出和输入信号的一种数学关系。由于传感器的惯性和滞后，当被测量随时间变化时，传感器的输出往往来不及达到平衡状态，处于动态过渡过程之中，所以传感器的输出量也是时间的函数。动态模型通常采用微分方程和传递函数描述。

1. 微分方程

大多数传感器都属于模拟系统之列。描述模拟系统的一般方法是采用微分方程。在实际的模型建立过程中，一般采用线性常系数微分方程来描述输出量 y 和输入量 x 的关系。其通式如下：

式中，$a_n, a_{n-1}, \cdots, a_0$ 和 $b_m, b_{m-1}, \cdots, b_0$ 为传感器的结构参数。除 $b_0 \neq 0$ 外，一般取 $b_1, b_2, \cdots, b_m$ 为零。

$$a_n \frac{d^n y}{dt^n} + a_{n-1} \frac{d^{n-1} y}{dt^{n-1}} + \cdots + a_1 \frac{dy}{dt} + a_0 y \\ = b_m \frac{d^m x}{dt^m} + b_{m-1} \frac{d^{m-1} x}{dt^{m-1}} + \cdots + b_1 \frac{dx}{dt} + b_0 x \tag{2-2}$$

2. 传递函数

如果 $y(t)$ 在 $t \leq 0$ 时，$y(t)=0$，则 $y(t)$ 的拉氏变换可定义为：

$$Y(s) = \int_0^\infty y(t) e^{-st} dt \tag{2-3}$$

式中，$s = \sigma + j\omega$，$\sigma > 0$。对微分方程两边取拉氏变换，则得：

$$Y(s)(a_n s^n + a_{n-1} s^{n-1} + \cdots + a_0) = X(s)(b_m s^m + b_{m-1} s^{m-1} + \cdots + b_0) \tag{2-4}$$

定义输出 $y(t)$ 的拉氏变换 $Y(s)$ 和输入 $x(t)$ 的拉氏变换 $X(s)$ 的比为该系统的传递函数 $H(s)$，则

$$H(s) = \frac{Y(s)}{X(s)} = \frac{b_m s^m + b_{m-1} s^{m-1} + \cdots + b_0}{a_n s^n + a_{n-1} s^{n-1} + \cdots + a_0} \tag{2-5}$$

对 $y(t)$ 进行拉氏变换的初始条件是 $t \leq 0$ 时，$y(t)=0$。对于传感器被激励之前，所有的储能元件如质量块、弹性元件、电气元件等均符合上述的初始条件。

显然 $H(s)$ 与输入量 $x(t)$ 无关，只与系统结构参数有关，因而 $H(s)$ 可以简单而恰当地描述传感器输出与输入的关系。

2.3 传感器的基本特性

在工程应用中，任何测量装置性能的优劣总要以一系列的指标参数衡量，通过这些参数可以方便地知道其性能。这些指标又称为特性指标。传感器的特性主要是指输出与输入之间的关系，它通常根据输入量（传感器所测量的量）的性质来决定采用何种指标体系来描述其性能。

当被测量（输入量）为常量或变化极慢时，一般采用静态指标体系，其输入与输出的关系为静态特性；当被测量（输入量）随时间较快变化时，则采用动态指标体系，其输入与输出的关系为动态特性。

2.3.1 静态特性

1. 线性度

线性度指输出量与输入量之间的实际关系曲线偏离直线的程度，又称非线性误差。可用下式表示：

$$\gamma_{L} = \pm \frac{\Delta_{max}}{y_{FS}} \times 100\%$$ (2-6)

式中，Δ_{max}——输出量与输入量实际曲线与拟合直线之间的最大偏差；
y_{FS}——输出满量程值。

传感器的静态模型有三种特殊形式（见图 2-7）。

（1）理想的线性特性［见图 2-7（a）］
$$y = a_1 x$$ (2-7)

（2）仅有偶次非线性项［见图 2-7（b）］
$$y = a_0 x + a_2 x^2 + a_4 x^4 + \cdots$$ (2-8)

（3）仅有奇次非线性项［见图 2-7（c）］
$$y = a_1 x + a_3 x^3 + a_5 x^5 + \cdots$$ (2-9)

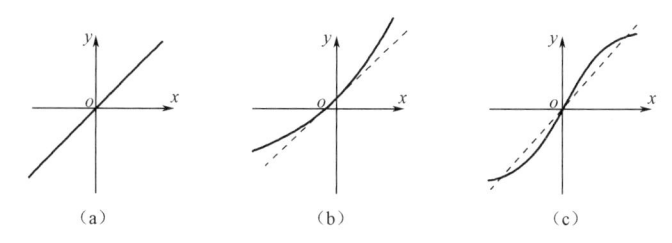

图 2-7 三种特殊形式的特性曲线

2．灵敏度

灵敏度是传感器静态特性的一个重要指标。其定义是输出量增量 Δy 与引起输出量增量 Δy 的相应输入量增量 Δx 之比。用 S 表示灵敏度，如式（2-10）所示，它表示单位输入量的变化所引起传感器输出量的变化。很显然，灵敏度 S 值越大，表示传感器越灵敏，如图 2-8 所示。

$$S = \frac{\Delta y}{\Delta x}$$ (2-10)

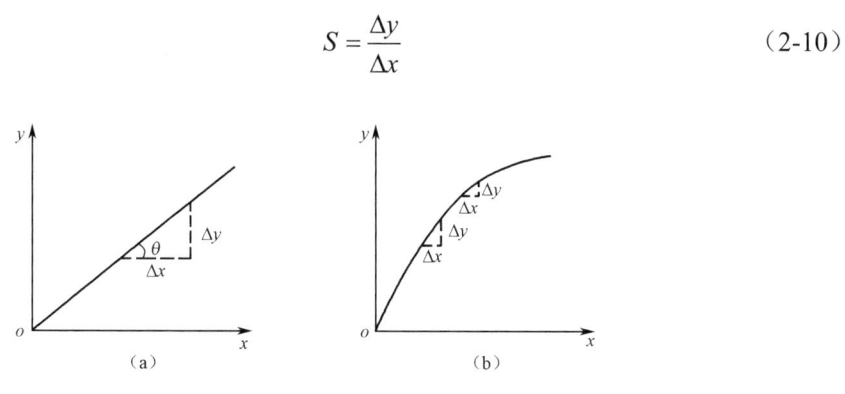

图 2-8 灵敏度

对线性传感器，灵敏度就是其静态特性的斜率；非线性传感器灵敏度是一个变量，只能表示传感器在某一工作点的灵敏度。

3. 重复性

重复性指输入量按同一方向进行全程多次测试时，所得特性曲线不一致的程度（见图 2-9）。

$$\gamma_R = \pm \frac{\Delta R_{max}}{y_{FS}} \times 100\% \quad (2-11)$$

4. 迟滞（回差滞环）特性

迟滞特性表明传感器在正向行程和反向行程期间，输出—输入特性曲线不重合的程度（见图 2-10）。对于同一大小的输入信号 x，在 x 连续增大的行程中，对应某一输出量 y_i，与在 x 连续减小的行程中，对应输出量为 y_d，y_i 和 y_d 二者不相等，这种现象称为迟滞现象。在整个测量范围内产生的最大滞环误差用 ΔH_{max} 表示，它与满量程输出值的比值称为最大滞环率：

$$\gamma_H = \pm \frac{\Delta H_{max}}{y_{FS}} \times 100\% \quad (2-12)$$

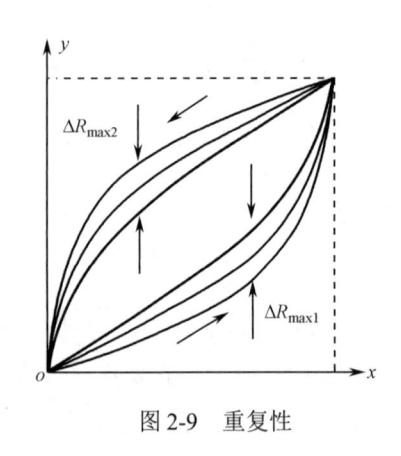

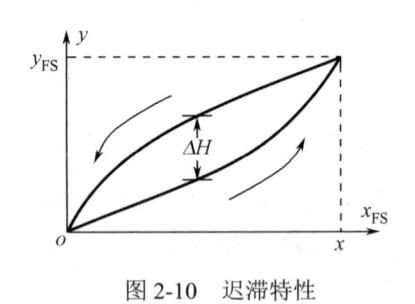

图 2-9　重复性

图 2-10　迟滞特性

5. 分辨率与阈值

分辨率指传感器在规定的范围所能检测输入量的最小变化量。阈值是使传感器的输出端产生可测变化量的最小被测输入量值，即零点附近的分辨率。

6. 稳定性

稳定性指在室温条件下，经过相当长的时间间隔，传感器的输出与起始标定时的输出之间的差异。

7. 漂移

漂移指在外界的干扰下，输出量发生与输入量无关的、不需要的变化。漂移包括零点漂移和灵敏度漂移。零点漂移和灵敏度漂移又可分为时间漂移和温度漂移。时间漂移是指在规定的条件下，零点或灵敏度随时间的缓慢变化；温度漂移为环境温度变化而引起的零点或灵敏度漂移。

8. 静态误差（精度）

静态误差指传感器在其全量程内任一点的输出值与其理论输出值的偏离程度。求静态误差时，把全部校准数据与拟合直线上对应值的残差看成是随机分布，求出其标准偏差 σ，取 2σ 或 3σ 值即为传感器的静态误差。或用相对误差表示：

$$\gamma = \pm \frac{(2\sim 3)\sigma}{y_{FS}} \times 100\% \qquad (2-13)$$

也可以由非线性误差、迟滞误差、重复性误差这几个单项误差综合而得，即

$$\gamma = \sqrt{\gamma_L^2 + \gamma_H^2 + \gamma_R^2 + \cdots} \qquad (2-14)$$

2.3.2 动态特性

如图 2-11 所示，用一只热电偶测量某一容器的液体温度 T，若环境温度为 T_0，把置于环境温度之中的热电偶立即放入容器中（若 $T>T_0$）。在动态的输入信号情况下，输出与输入之间的差异即为动态误差。

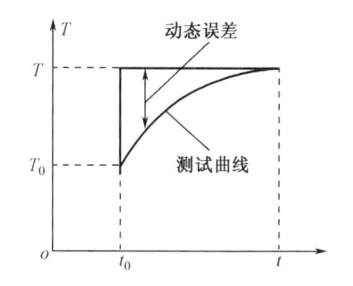

图 2-11 热电偶测温过程

2.4 传感器的应用

2.4.1 力传感器

我们在高速公路的检验站或收费站附近经常可以看到这样的标语"前方进入测重路段，请减速行驶"，而这时司机并没有将车开到某测量设备上进行测量，只是将速度放慢而已。那么车辆是如何被测量重量的呢？答案其实很简单，交警将一些测重仪器安装在检验站或收费站附近的路段上，当行驶车辆压驶过这些仪器时，仪器就会测出行驶车辆的载重，并将测重数据传给数据中心，以判断该车辆是否超载。这些仪器的核心部件就是压力传感器，如图 2-12 所示。

力传感器最常用的就是应变片。其工作原理是：将应变片粘贴在装备的受压形变部位，当装备受压后，其形变部位会产生一定的形变，而贴附在其上的应变片也会跟着发生形变。应变片发生形变后会发生阻值的变化，阻值变化又会影响到连接应变片电路的电压或电流的变化（见图 2-13），而根据电压或电流变化的大小就可以推算出受到压力的大小，从而得出待测重量。图 2-14 是日常使用较多的几种力传感器实物图。

力传感器的优点是结构简单，可靠性高，使用方便，价格低廉，读数直观。但也有待改进，如弹性形变不宜过大，否则会产生线性误差等；此外，由于放大和指针环节多为机械传动，不仅受间隙的影响，而且惯性大，固有频率低，只宜用于检测缓变或静态被测量。

力传感器的典型应用有：用于测力或称重的环形测力计、弹簧秤等；用于测量流体压力的波纹膜片、波纹管等；用于测量温度的双金属片等。

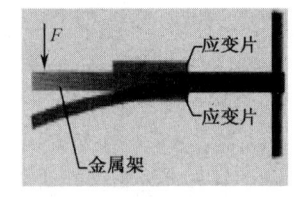

图 2-12 压力传感器　　　　　图 2-13 应变片测力原理

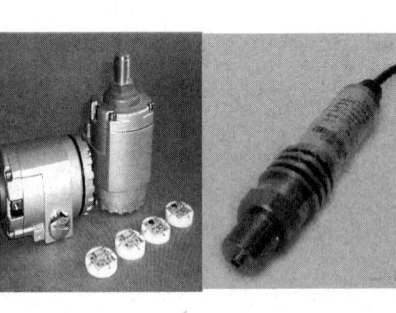

(a) 扩散硅压力传感器　(b) 陶瓷压力传感器　(c) 蓝宝石压力传感器

图 2-14 几种常见力传感器实物图

2.4.2 磁电式传感器

在大型场所或会所，人们总是喜欢拿着话筒讲话，以使自己的声音足够洪亮。我们知道话筒会将讲话者的声音信号转换成电流信号传递给扩音器，然后扩音器将电流信号放大，再经扬声器发出放大的声音。那么话筒是如何将声音信号转换成电流信号的呢？这其实用到了磁电式传感器。图 2-15 是动圈式话筒的内部构造。

动圈式话筒是利用电磁感应现象制成的，当声波使金属膜片振动时，连接在膜片上的线圈（叫做音圈）会随着一起振动。音圈在永久磁铁的磁场里振动，就会产生感应电流（电信号），感应电流的大小和方向会不断地变化，变化的振幅和频率由声波决定。

磁电式传感器是利用电磁感应原理将被测量（如振动、位移、转速等）转换成电信号的一种传感器。它不需要辅助电源就能把被测对象的机械量转换成易于测量的电信号，是有源传感器。由于它输出功率大且性能稳定，具有一定的工作带宽（10～1 000Hz），所以得到普遍应用。

日常生活中另一个较常见的磁电式传感器的应用是智能验钞机，如图 2-16 所示。其原理是：在印刷纸币时使用了能感应磁性的特殊磁性油墨，在验钞机的磁场中，放置磁阻元件，则随着纸币的移动磁阻元件的阻值依次发生变化，因而检测这个变化波形就能测定纸币的真伪。纸币的自动读取也基于这个原理。

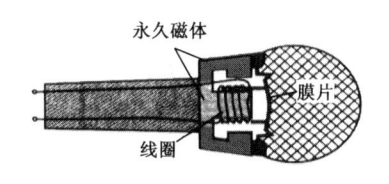

图 2-15　动圈式话筒内部构造　　　　　图 2-16　智能验钞机

磁电式传感器的典型应用有：用于振动感测的动铁式振动传感器、圈式振动速度传感器等；用于测量扭矩的磁电式扭矩传感器；用于测量转速的磁电式转速传感器。图 2-17 是一些常见的磁电式传感器实物图。

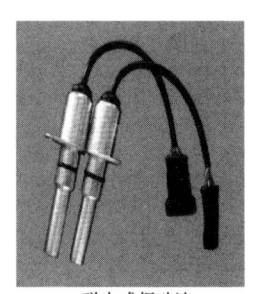

铁路专用无源　　磁电式车速　　磁电式振动速
磁电式传感器　　传感器　　　　度传感器

图 2-17　常见磁电式传感器实物图

2.4.3　温度传感器

电饭锅是现代社会生活中一种必备的厨具，如图 2-18 所示。因为它操作使用简单，深受现代人的喜爱，几乎是每个家庭的必备品。其简单之处就在于我们只需向锅内添加适量的米和水，它就能自动将饭做好，并具有保温作用。

电饭锅的工作原理也比较简单，就是当饭熟后，水分被大米吸收，锅底温度就会升高，当温度升至"居里点 103℃"时，感温磁体失去铁磁性，在弹簧作用下，永磁体被弹开，触点分离，切断电源，从而停止加热。图 2-19 是电饭锅内部结构图。

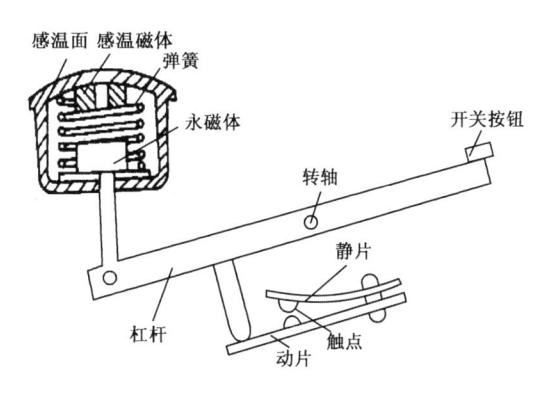

图 2-18　电饭锅　　　　　图 2-19　电饭锅内部结构图

电饭锅中的核心器件——感温磁体就是温度传感器的一种。温度传感器的另一个应用是测温仪，其原理是：金属线和半导体的电阻值会随温度的变化而变化，或加热不同金属线的节点时，会产生电动势，因此，通过测定电阻和电动势就可以换算出温度。

温度传感器的典型应用有：用于家电产品中的室内空调、干燥器、电冰箱、微波炉等；用于控制汽车发动机，如测定水温、吸气温度等；用于监控仪器的核心部件，如计算机的 CPU 等；还有用于检测化工厂的溶液和气体的温度等。图 2-20 是一些常用的温度传感器。

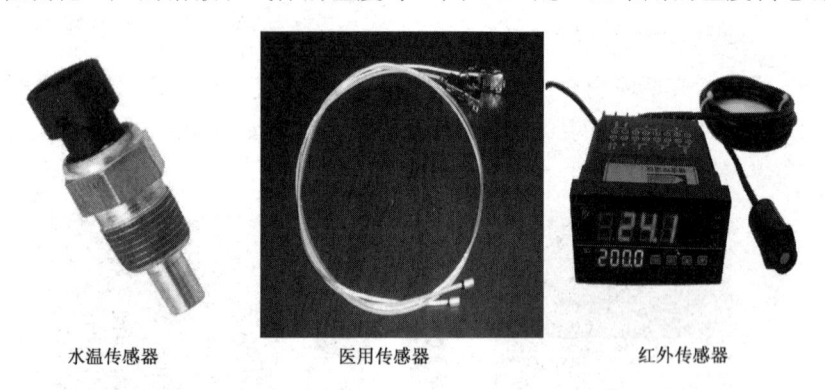

水温传感器　　　　医用传感器　　　　红外传感器

图 2-20　常用温度传感器

2.4.4　光传感器

我们在学校或公共场所经常会看到如图 2-21（a）所示的装置，即火警报警器装置。当它感测到烟雾时，就会发出警报。

火警报警器的工作原理是：在没有发生火灾时，光电三极管收不到 LED 发出的光，呈现高电阻状态；当发生火灾时，产生大量烟雾，烟雾进入罩内后对光有散射作用，使部分光线照射到光电三极管上，其电阻变小。与传感器连接的电路检测出这种变化，就会发出警报。

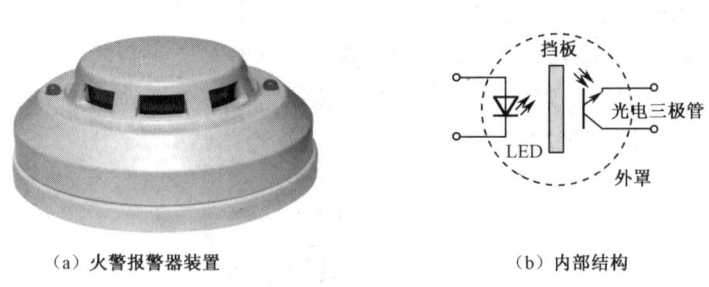

（a）火警报警器装置　　　　（b）内部结构

图 2-21　火警报警器装置及其内部结构图

光传感器主要有三种类型：用光照射引起阻值变化的光导电体的光导电效应式传感器，上面例子中的火警报警器装置应用的就是这种传感器；用光照射产生电动势的二极管或三极管的光电动势式传感器；用光照射金属表面就放射电子的光电放射式传感器。图 2-22 是几种常用的光电传感器。

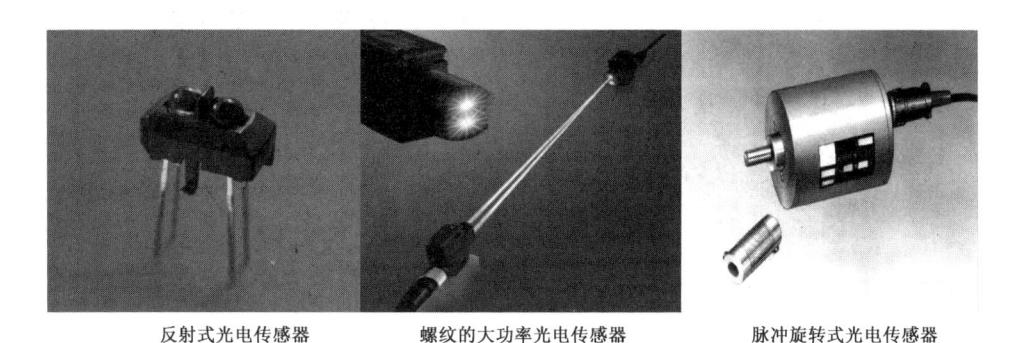

反射式光电传感器　　　螺纹的大功率光电传感器　　　脉冲旋转式光电传感器

图 2-22　几种常用光电传感器

2.4.5　红外线传感器

人的眼睛能看到的可见光按波长从长到短排列，依次为红、橙、黄、绿、青、蓝、紫。其中红光的波长范围为 0.62～0.76μm；紫光的波长范围为 0.38～0.46μm。比紫光波长更短的光叫紫外线，比红光波长更长的光叫红外线。红外线传感器可以实现远距离探测，并且穿透性较好，能够实现无接触测量。随着现代科学技术的发展，红外线传感器的应用已经非常广泛。图 2-23 是红外测温仪。

测量体温　　　测温仪

图 2-23　红外测温仪

红外测温仪由光学系统、光电探测器、信号放大器和信号处理、显示输出等部分组成。使用时，光学系统汇聚其视场内的目标红外辐射能量，红外辐射能量聚集在光电探测器上并转变为相应的电信号，该信号再经换算转变为被测目标的温度值。

红外线传感器除应用于温度测量外，还在航空取景、卫星遥感、家电遥控、防盗防火报警器、自动门、生物探测器等方面有着广泛的应用。

2.4.6　生物传感器

生物传感器通常是指由一种生物敏感部件和转化器紧密结合，对特定种类化学物质或生物活性物质具有选择性和可逆响应的分析装置。图 2-24 是两种生物传感器的实物图。

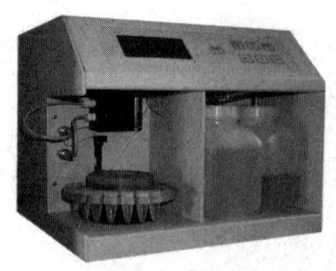

SBA-70型生物
传感在线分析系统

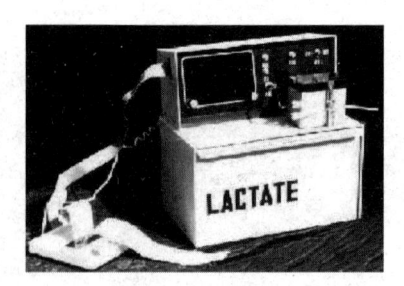

我国第一种实用化的生物传
感器——SBA-30型乳酸分析仪

图 2-24 生物传感器

生物传感器是发展生物技术必不可少的一种先进的检测与监控方法，也是对物质在分子水平上进行快速和微量分析的方法。

生物传感器的工作原理是：待测物质经扩散作用进入固定生物膜敏感层，经分子识别而发生生物学作用，产生的信息如光、热、声等被相应的信号转换器变为可定量和可处理的电信号，再经二次仪表放大并输出，以电极测定其电流值或电压值，从而换算出被测物质的量或浓度。

生物传感器典型的应用是在医疗卫生行业，如医院里进行各种生化分析的仪器等。

2.4.7 汽车导航

汽车导航就是使用卫星测量距离，然后将数据存储起来，在显示汽车位置的地图上显示出自己汽车目前所在位置的装置，如图 2-25 所示。为使汽车导航装置正常工作，必须知道汽车的行驶方向。为此，就有必要依据地磁传感器、转向角传感器、车辆速度传感器以及定位系统（如 GPS 系统或北斗系统，见图 2-26）等来检测方向。地磁传感器利用地磁针原理测得绝对方位，转向角传感器能正确检测出汽车的角速度。汽车导航系统由两部分组成：一部分由安装在汽车上的接收机和显示设备组成；另一部分由计算机控制中心组成，两部分通过定位卫星进行联系。

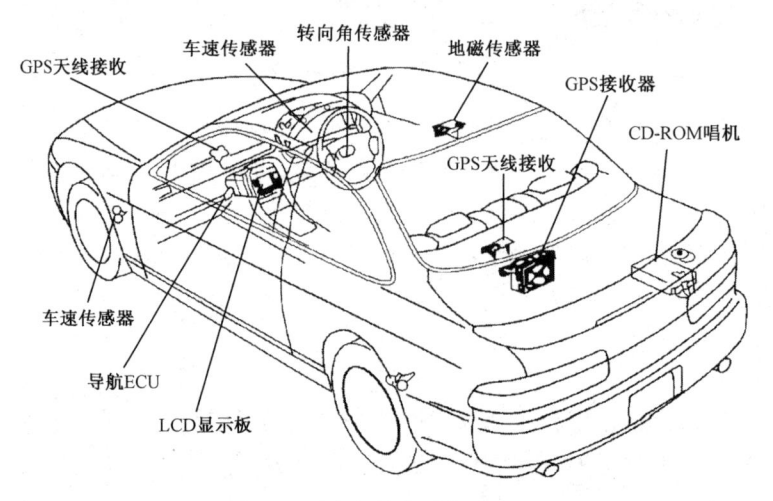

图 2-25 汽车导航系统示意图

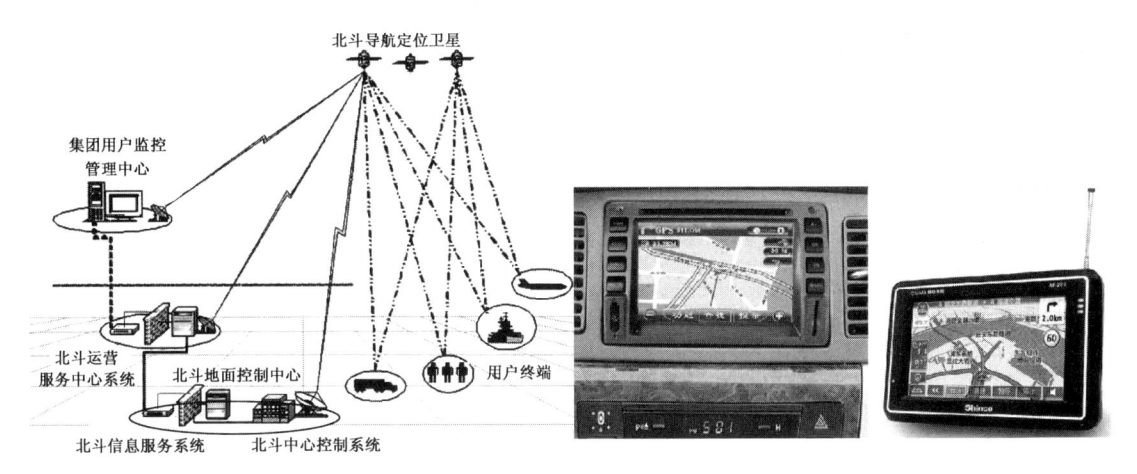

图 2-26 北斗导航定位系统及导航设备

2.5 传感器的发展趋势

社会需求是传感器技术发展的强大动力。随着现代化科学技术,特别是大规模集成电路技术的飞速发展和计算机的普及,传感器在新的技术革命中的地位和作用将更为突出,一股竞相开发应用传感器的热潮已在世界范围内掀起。图 2-27 展示了目前传感器的应用领域及需求量。目前,人们在充分利用先进的电子技术条件、研究和采用合适的外部电路,以及最大限度地提高现有传感器的性价比的同时,也在寻求传感器技术发展的新途径。

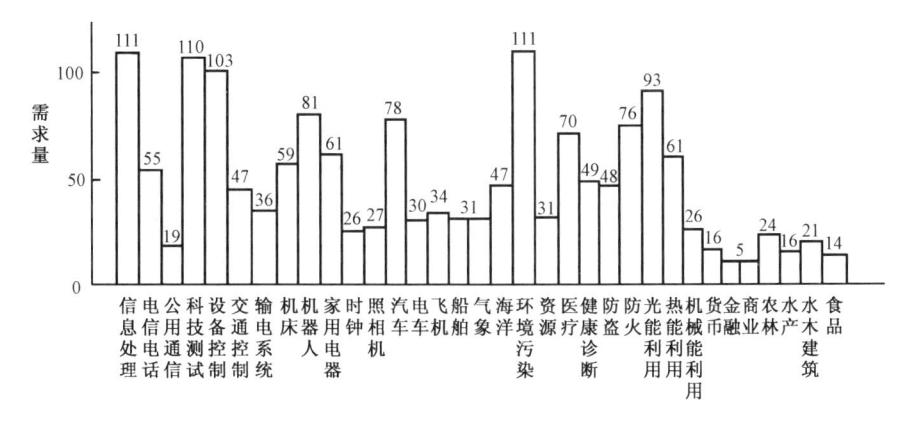

图 2-27 传感器的应用领域及需求量

1. 利用新材料开发新型传感器

随着光导纤维、纳米材料、超导材料等相继问世,人工智能材料给我们带来了福音。它具有能够感知环境条件变化(传统传感器)的功能,识别、判断(处理器)功能以及发出指令和自采取行动(执引器)功能,利用这样具有新效应的敏感功能材料使研制具有新原理的新型传感器成为可能。

2. 集成化多功能传感器的开发

集成化是指传感器同一功能的多元件并列以及功能上的一体化。前一种集成化使传感器的检测参数实现"点、线、面、体"多维图像化，甚至能加上时序控制等软件，变单参数检测为多参数检测；后一种集成化使传感器由单一的信号转换功能，扩展为兼有放大、运算、补偿等多功能的传感器。在实际运用中，常做到硬件与软件两方面的集成，它包括：传感器阵列的集成、多功能和多参数的复合传感器；传感器系统硬件的集成；硬件与软件的集成；数据集成与融合等。

而多功能是指"一器多能"，即一个传感器可以检测两个或两个以上的参数，这样可大大节省工程成本，并使项目复杂度降低，提高了工作效率。运用集成化多功能理论研制出的传感器可以应用到更广泛的领域，并发挥出更加强大的功能效用。利用集成化多功能原理，现代传感器技术已制成带温度补偿的集成压力传感器、频率输出型集成压力传感器、霍尔集成传感器、半导体集成色敏传感器、多维化集成气敏传感器等。

在智能化传感器技术方面，以微处理器为核心单元，具有检测、判断和信息处理等功能；硬件上由微处理器系统对整个传感器电路、接口信号转换进行处理调整；软件上进行非线性特性校正、误差的自动校准和数字滤波处理，从而形成传感器技术的智能化系统。

3. 实现传感器技术硬件系统与元器件的微小型化

利用集成电路微小型化的经验，可以从传感器技术硬件系统的微小型化中提高传感器的可靠性、质量、处理速度和生产效率；并能降低成本，节约资源与能源，减少对环境的污染。这种充分利用已有微细加工技术与装置的做法已经取得巨大的效益，极大地增强了市场竞争力。

4. 传感器与多学科交叉融合，推动无线传感器网络的发展

无线传感器网络是由大量具有无线通信与计算能力的微小传感器节点构成的自组织分布式网络系统利用微传感器与微机械、通信自动控制、人工智能等多学科的综合技术，可以实现传感器的无线网络化，使其能根据环境自主完成指定任务。

由此可见，现代传感器技术具有巨大的应用潜力，拥有广泛的开发空间。面对当前各项技术尚未完善的局面，我们有理由相信，在传感器技术的发展道路上充满机遇。在不久的将来，传感器技术会得到更快速的发展，并应用到更广泛的领域，成为人类生产生活中不可或缺的科技产品。

5. 传感器的虚拟化和网络化

自20世纪90年代以来，一种全新概念"虚拟化"正获得越来越广泛的应用。虚拟传感器是传感器、计算机和软件这三者的有机结合，构成软硬结合、实虚共体的新一代传感器。这种传感器是基于计算机平台并且完全通过软件开发而成的，利用软件来建立传感器模型、标定参数及标定模型，以实现最佳性能指标。如美国B&K公司最近已开发出一种基于软件设置的TEDS型虚拟传感器，其主要特点是每只传感器都有唯一的产品序列号并附带一张软盘，软盘上存储着该传感器进行标定的有关数据。使用时，传感器通过数据采集器接至计算

机，首先从计算机输入该传感器的产品序列号，再从软盘上读出有关数据，然后自动完成对传感器的检查、传感器参数的读取、传感器设置和记录工作。此外，专供开发虚拟传感器产品的软件工具也已面市。

网络传感器是包含数字化传感器、网络接口和处理单元的新一代智能传感器。这里讲的网络已不限于传感器总线，还应包括现场总线、局域网和因特网。数字传感器首先将被测参数转换成数字量，再送给微处理器进行数据处理，最后将测量结果传输给网络，以便实现各传感器之间、传感器与执行器之间、传感器与系统之间的数据交换及资源共享。

6. 研究生物感官，开发仿生传感器

大自然是生物传感器的优秀设计师，它通过漫长的岁月，不仅造就了集多种感官于一身的人类本身，而且还设计了许许多多的功能奇特、性能高超的生物传感器。如狗的嗅觉（灵敏阈为人的 10 倍）、鸟的视觉（视力为人的 8~50 倍）、蝙蝠、海豚的听觉（主动型生物雷达———超声波传感器）、蛇的接近觉（分辨率达 0.001℃的红外测温传感器）等。这些生物的感官性能是当今传感器技术所望尘莫及的。研究它们的机理并开发仿生传感器（包括视觉、听觉、嗅觉、味觉、触觉传感器等）也是引人注目的方向。目前只有视觉与触觉传感器得到了比较好的发展。

本章结束语

获取准确可靠的信息是利用信息的前提，而传感器是获取自然和生产领域中信息的主要工具。传感器的作用是将一种能量转换成另一种能量形式。随着人类探知领域和空间的拓展，信息采集——传感器技术正不断地与其他相关学科相结合，逐步形成自己的发展方向，孕育自己的新技术。现在，各先进工业国家都极为重视传感器技术的研究和开发。传感器技术已成为重要的现代科技领域，传感器系统的生产已成为重要的新兴行业。在机电一体化系统中，传感器的作用相当于系统感受器官，能快速、精确地获取信息并能经受严酷的环境考验，是实现自动控制、自动调节的关键环节，是实现机电一体化系统技术水平的保证。

第 3 章 电子技术基础

电路（Electrical Circuit）是由电气设备和元器件按一定方式连接起来的总体，也叫电子线路或称电气回路。电路的规模可以小到硅片上的集成电路，大到高低压输电网。根据所处理信号的不同，电子电路可以分为模拟电路和数字电路。

模拟电路（Analog Circuit）是处理连续性电信号（电压、电流）的电路，其典型电路有放大电路、振荡电路、线性运算电路（加法、减法、乘法、除法、微分和积分电路）。

数字电路（Digital Circuit）是以二值数字逻辑为基础的，其工作信号是离散的数字信号。电路中的电子晶体管工作于开关状态，时而导通，时而截止。其典型电路有振荡器、寄存器、加法器、减法器等。

集成电路（Integrated Circuit）是一种微型电子器件。它采用一定的工艺，把一个电路中所需的晶体管、二极管、电阻、电容和电感等元件及布线互连一起，制作在一小块或几小块半导体晶片或介质基片上，然后封装在一个管壳内，成为具有所需电路功能的微型结构；其中所有元件在结构上已组成一个整体，具有体积小、质量轻、寿命长、可靠性高等优点。

微电子系统的设计就是按照所需求的功能，来设计具有某些功能的通用的或专用的集成电路。即把所需功能用 CMOS 等电路实现，并按照版图设计的要求按特定的加工工艺制造，最后生产出符合要求的集成电路产品。还可以把整个微型计算机系统都集成在一块硅片上，也就是所谓的系统集成。

3.1 电路基础

电路理论是高等学校电子与电气信息类专业的技术基础课，为该类专业后续的许多课程提供理论支持。本节将简要描述电路理论的基本概念和基础知识。对于本课程的深入学习，将在后面的专业课程中进行。

3.1.1 电路和电路模型

电路是电流的流通路径。电路的基本功能是实现电能的传输和分配或者电信号的产生、传输、处理加工及利用。图 3-1 显示了一个简单的电路实物模型。

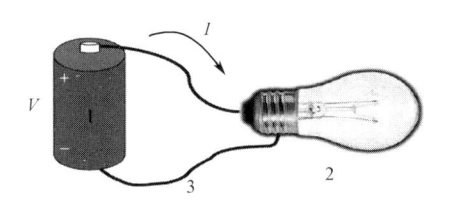

图 3-1 电路实物模型

在中学的物理中,我们已经知道一个最基本的电路必须包含三项要素:电源、负载和导线,如图 3-1 中标号 1、2、3 所示。但实际电路在运行过程中的表现却相当复杂,如图中电路的电池和灯泡要在数学上精确描述十分困难。为了用数学的方法从理论上判断电路的主要性能,必须对实际元件在一定条件下忽略其次要性质,按其主要性质加以理想化,从而得到一系列理想化元件。表 3-1 列出了电路中最常用的三个理想元件。

表 3-1 电路常用理想元件

理想电路元件	电 阻	电 感	电 容
实物图			
电路示意图	R	L	C

所谓电路模型,就是把实际电路的本质抽象出来所构成的理想化的电路。将电路模型用规定的理想元件符号画在平面上形成的图形称做电路图。图 3-2 就是图 3-1 模型化后的电路图。

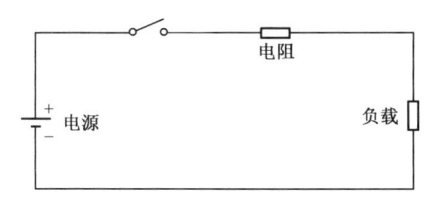

图 3-2 电路图模型

图 3-2 是电路中一个非常简单的电路模型图,它含有电阻、负载和电源等电路元件。电源是电路中极其重要的一个电路元件,它不仅是指大家所熟悉的电池、发电机之类的电源,还包括信号源等。按其是否依靠外部能源,可分为独立电源和非独立电源两类。

独立电源又可分为独立电压源和独立电流源两种。电压源和电流源都是从实际电源抽象得到的电路模型,它们是二端有源元件,其电路图形符号和元件特性见表 3-2。

日常生活中常见的实际电源(如发电机、蓄电池等)的工作原理比较接近电压源,其电路模型是电压源与电阻的串联组合。而像光电池一类的器件,工作时的特性比较接近电流源,其电路模型是电流源与电阻的并联组合。

表 3-2 电源的图形符号和元件特性

电 源	电 压 源	电 流 源
电路示意图	—○—◯—○—	—○—◉—○—
元件特性	$u(t)=u_s(t)$	$i(t)=i_s(t)$

上述电压源和电流源常常被称为"独立"电源,"独立"二字是相对受控电源而言的。受控(电)源又称"非独立"电源。受控电压源的激励电压或受控电流源的激励电流与独立电源的激励有所不同,后者是独立量,前者则受电路中某部分电压或电流控制。

受控电压源或受控电流源因控制量是电压或电流,可分为电压控制电压源(VCVS)、电压控制电流源(VCCS)、电流控制电压源(CCVS)和电流控制电流源(CCCS)。这 4 种受控源的图形符号和电路特性如表 3-3 所示。

表 3-3 受控源电路图形符号和特性

受 控 源	电路符号	电路特性
电压控制电压源	VCVS, $u_2=\mu u_1$	$i_1=0$ $u_2=\mu u_1$ μ:电压放大倍数
电流控制电压源	CCVS, $u_2=ri_1$	$u_1=0$ $u_2=ri_1$ r:转移电阻
电压控制电流源	VCCS, $i_2=gu_1$	$i_1=0$ $i_2=gu_1$ g:转移电导
电流控制电流源	CCCS, ai_1	$u_1=0$ $i_2=ai_1$ a:电流放大倍数

3.1.2 基尔霍夫定律

1845 年,德国人 G.R.基尔霍夫提出集总参数电路中流入节点的各电流和回路各电压的固有关系的法则,该法则阐明了集总参数电路中流入和流出节点的各电流间和沿回路的各段电压间的约束关系,被称为基尔霍夫定律。

基尔霍夫定律:如果将电路中各个支路的电流和支路电压作为变量来看,这些变量受到两类约束。一类是元件的特性造成的约束，如线性电阻元件的电压与电流必须满足 $u = ri$ 的关系。这种关系称为元件的组成关系或电压电流关系（VCR），即 VCR 构成了变量的元件约束。另一类约束是由于元件的相互连接给支路电流之间或支路电压之间带来的约束关系，有时称为"几何"约束或"拓扑"约束，这类约束由基尔霍夫定律体现。

基尔霍夫电流定律（KCL）指出："在集总参数电路中，任何时刻，对任一节点，所有流出节点的支路电流的代数和恒等于零。"此外，电流的"代数和"是根据电流是流出节点还是流入节点判断的。若流出节点的电流前取"+"，则流入节点的电流前取"-"；电流是流出节点还是流入节点，均根据电流的参考方向判断。所以对任一节点有：

$$\sum i = 0 \qquad (3\text{-}1)$$

基尔霍夫电压定律（KVL）指出："在集总电路中，任何时刻，沿任一回路，所有的支路电压的代数和恒等于零。"所以，沿任一回路有：

$$\sum u = 0 \qquad (3\text{-}2)$$

上式取和时，需要任意指定一个回路的绕行方向，凡支路电压的参考方向与回路的绕行方向一致者，该电压前取"+"；支路电压的参考方向与回路的绕行方向相反者，前面取"-"。

3.1.3 电路中的常用定理

1．叠加定理

线性电路中，两个或两个以上独立电源同时作用产生的效应，等于每个独立电源单独作用产生的效应之和；在考虑某独立电源单独作用时，其他独立电源以其内阻代替，但所有非独立电源仍应保留。这个原理是线性电路定义的直接结果。

2．戴维南定理

任何有源线性二端网络，可用一个恒压源串联一个等效阻抗来代替。该恒压源的电动势，等于二端网络的开路电压（断开负载）；而等效阻抗则等于网络中各独立电源用其内阻替代后在两输出端呈现的阻抗。经此等效所得的网络，可称为原网络的戴维南等效电路或电压源的等效电路。

3．诺顿定理

任何有源线性二端网络，均可用一个恒流源并联一个等效阻抗来代替。该恒流源的电流等于二端网络的短路电流，而等效阻抗则等于二端网络中各独立电源用其内阻替代后在两输出端呈现的阻抗。经此等效后所得网络，可称为原网络的诺顿等效电路或电流源的等效电路。

3.2 模拟电子线路技术

电子技术是 19 世纪末、20 世纪初开始发展起来的新兴技术，在 20 世纪发展最迅速，应用最广泛，成为近代科学技术发展的一个重要标志。进入 21 世纪，人们面临的是以微电子技术（半导体和集成电路为代表）、电子计算机和因特网为标志的信息社会。高科技的广泛应用使社会生产力和经济获得了空前的发展。现代电子技术在国防、科学、工业、医学、通信（信息处理、传输和交流）及文化生活等各个领域中都起着巨大的作用。现在的世界，电子技术无处不在：收音机、彩电、电子手表、数码相机、微电脑、大规模生产的工业流水线、因特网、机器人、航天飞机、宇宙探测仪，可以说，人们现在生活在形形色色的电子世界中，一天也离不开它。

图 3-3 显示了电子技术已应用到社会的方方面面，并极大地促进了社会的发展。然而，无论小到纳米级的电子芯片还是大到几十吨的航天器材，其功能电路的组成都离不开电子技术的基本元器件。只不过电子技术的发展已由分立的电子元器件的组合向集成化和模块化的方向发展，如图 3-4 所示。

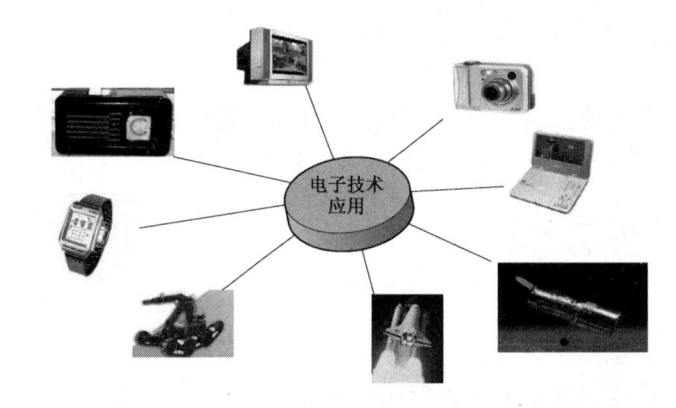

图 3-3 电子技术的应用

图 3-4 电子技术的发展

下面我们将沿着电子技术的发展历程，逐步介绍电子技术的一些基础知识。

3.2.1 PN 结工作原理

在自然界，物质按其导电性可分为导体、半导体和绝缘体。其中导电性能很强的，如铜、铝、铁等称为导体。另一些物质如橡胶、胶木、瓷制品等不能导电，称为绝缘体。还有一些物质，如硅、硒、锗、铟、砷化镓及很多矿石、化合物、硫化物等，它们的导电性能介于金属导体和绝缘体之间，称为半导体。纯净不掺杂质的半导体称为本征半导体。

1. PN 结的形成

本征半导体中虽然同时存在自由电子和空穴两种载流子，但数量少，导电能力较差，导电率也难以按需要人为控制。若在本征半导体材料中掺入微量的某种杂质元素，则会使其导电性极大地增加，并且随着杂质元素掺入量的不同，导电能力也能够加以控制，这种半导体称为杂质半导体。若掺入的微量元素是五价元素（如磷），这种杂质半导体叫做 N 型半导体；若加入的是三价微量元素（如硼），则称这种杂质半导体为 P 型半导体。

由于空穴和自由电子均是带电的粒子，所以扩散的结果使 P 区和 N 区原来的电中性被破坏，在交界面的两侧形成一个不能移动的带异性电荷的离子层，称此离子层为空间电荷区，这就是所谓的 PN 结，如图 3-5 所示。在空间电荷区，多数载流子已经扩散到对方并复合掉了，或者说消耗尽了，因此又称空间电荷区为耗尽层。PN 结是构成各种半导体器件的基础。

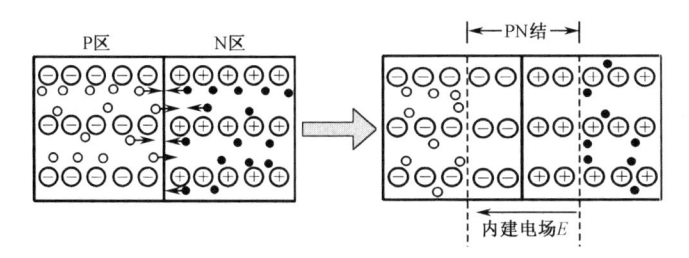

图 3-5　PN 结形成过程

空间电荷区出现后，因为正、负电荷的作用，将产生一个从 N 区指向 P 区的内电场。内电场的方向会对多数载流子的扩散运动起阻碍作用。同时，内电场可推动少数载流子（P 区的自由电子和 N 区的空穴）越过空间电荷区，进入对方。少数载流子在内电场作用下有规则的运动称为漂移运动。漂移运动和扩散运动的方向相反。无外加电场时，通过 PN 结的扩散电流等于漂移电流，PN 结中无电流流过，PN 结的宽度保持一定而处于稳定状态。

2．PN 结的单向导电性

如果在 PN 结两端加上不同极性的电压，PN 结会呈现出不同的导电性能。PN 结 P 端接高电位、N 端接低电位，称 PN 结外加正向电压，又称 PN 结正向偏置，简称为正偏，如图 3-6 所示。PN 结 P 端接低电位、N 端接高电位，称 PN 结外加反向电压，又称 PN 结反向偏置，简称为反偏，如图 3-7 所示。

PN 结的单向导电性是指 PN 结外加正向电压时处于导通状态，外加反向电压时处于截止状态。

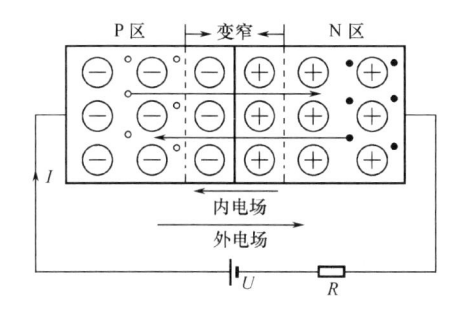

图 3-6　PN 结外加正向电压　　　　　　图 3-7　PN 结外加反向电压

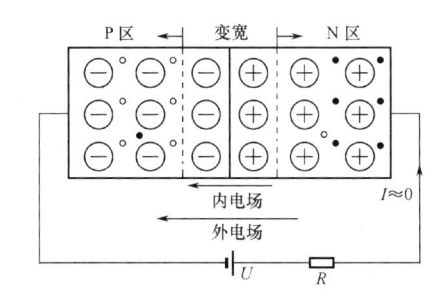

3.2.2 半导体二极管

半导体二极管同 PN 结一样具有单向导电性。二极管按半导体材料的不同可分为硅二极管、锗二极管和砷化镓二极管等,按结构的不同可分为点接触型、面接触型和平面型二极管三类,如图 3-8 所示。

图 3-9 所示为二极管的符号。由 P 端引出的电极是正极,由 N 端引出的电极是负极,箭头的方向表示正向电流的方向,VD 是二极管的文字符号。常见的二极管有金属、塑料和玻璃三种封装形式。按照应用的不同,分为整流、稳压、限幅、钳位、检波、续流等二极管。根据使用的不同,二极管的外形各异,图 3-10 所示为几种常用的二极管实物。在实际生活中使用较多的是一些特殊的二极管,表 3-4 列出了其中的一部分。

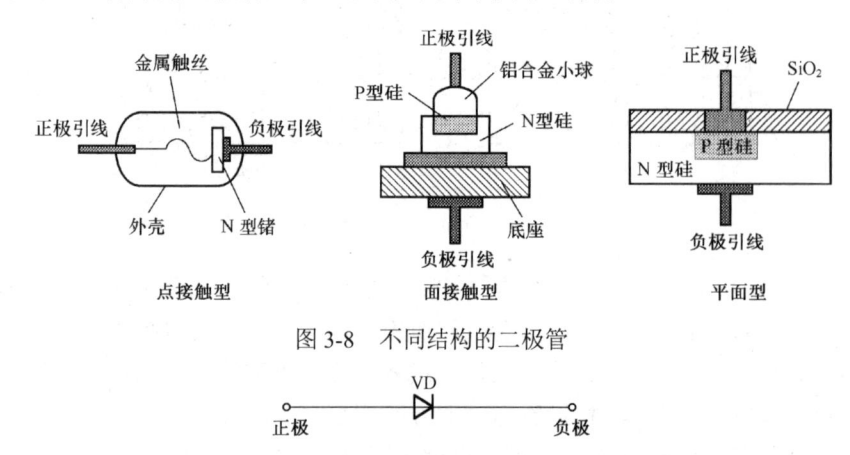

图 3-8 不同结构的二极管

图 3-9 二极管的符号

图 3-10 常用二极管实物图

表 3-4 部分特殊二极管

特殊二极管	概念或功能	图 示
稳压管	稳压二极管是用特殊工艺制造的面接触型硅半导体二极管,由于它在电路中能起到稳定电压的作用,故称稳压二极管	
发光二极管	发光二极管简称 LED,是一种具有一个 PN 结的半导体发光器件。按发光光谱可分为可见光 LED 和红外光 LED 两类	

续表

特殊二极管	概念或功能	图示
光电二极管	光电二极管通常由硅材料制成，正常工作在反偏状态。无光照时，只有很小的反向饱和电流；有光照时，PN结受光激发，形成较大的光电流。光电二极管的电流与照度成正比，用于信号检测、光电传感器、电机转速测量等	正极　　　负极
肖特基二极管	肖特基二极管的主要特点是导通电压较低（0.4V左右），导通时存储的非平衡载流子数量少，夹断时间很短，在高速数字电路中获得好的应用	金属　　　N型半导体

1. 二极管的伏安特性

二极管两端的电压 U 与流过二极管的电流 I 之间的关系曲线，称为二极管的伏安特性。

二极管外加正向电压时，电流和电压的关系称为二极管的正向特性。如图3-11所示，当二极管所加正向电压比较小时（$0<U<U_{th}$），二极管上流经的电流为0，二极管仍截止，此区域称为死区，U_{th} 称为死区电压（门坎电压）。硅二极管的死区电压约为0.5V，锗二极管的死区电压约为0.1V。

二极管外加反向电压时，电流和电压的关系称为二极管的反向特性。由图3-11可见，二极管外加反向电压时，反向电流很小（$I≈-I_s$），而且在相当宽的反向电压范围内，反向电流几乎不变，因此，称此电流值为二极管的反向饱和电流。

从图3-11可见，当反向电压的值增大到 U_{BR} 时，反向电压值稍有增大，反向电流会急剧增大，称此现象为反向击穿，U_{BR} 为反向击穿电压。利用二极管的反向击穿特性，可以做成稳压二极管，但一般的二极管不允许工作在反向击穿区。

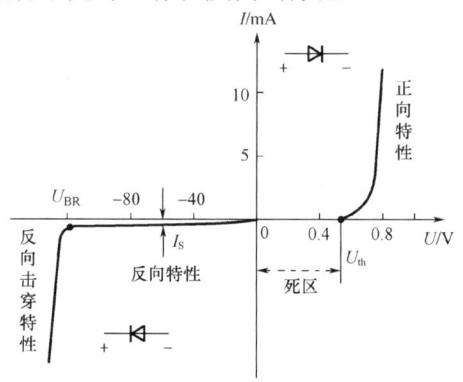

图 3-11　二极管的伏安特性曲线

2. 二极管的测试

将数字万用表的红、黑表笔分别接二极管的两个电极，若测得的电阻值很小（几千欧以下），则黑表笔所接电极为二极管的正极，红表笔所接电极为二极管的负极；若测得的阻值很大（几百千欧以上），则黑表笔所接电极为二极管的负极，红表笔所接电极为二极管的正极，如图3-12所示。

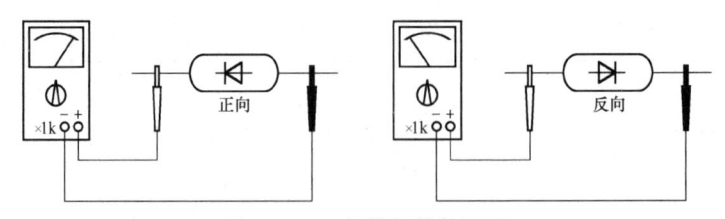

图 3-12 二极管极性的测试

二极管好坏的判定：

(1) 若测得的反向电阻很大（几百千欧以上），正向电阻很小（几千欧以下），表明二极管性能良好；

(2) 若测得的反向电阻和正向电阻都很小，表明二极管短路，已损坏；

(3) 若测得的反向电阻和正向电阻都很大，表明二极管断路，已损坏。

3.2.3 半导体三极管

半导体三极管又称晶体三极管，一般简称晶体管或双极型晶体管。它是通过一定的制作工艺，将两个 PN 结结合在一起的器件，两个 PN 结相互作用，使三极管成为一个具有控制电流作用的半导体器件。常用的三极管实物如图 3-13 所示。三极管的一个重要特性就是放大作用，正是此特性使得它在电子线路中的用途非常大。

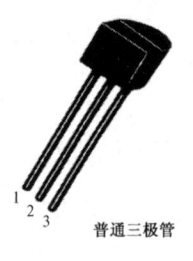

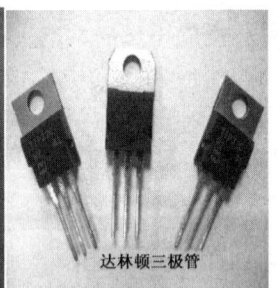

图 3-13 常用三极管实物图

双极型晶体管的类型很多，按材料可分为硅管和锗管；按类型可分为平面型和合金型；按工作频率可分为高频管和低频管；按内部结构可分为 NPN 型和 PNP 型；按耗散功率不同可分为小功率管和大功率管；按使用用途则可分为普通管、低噪声 B 管、功率放大管、高频管、开关管和达林顿管等。表 3-5 列出了 NPN 型和 PNP 型晶体管的结构和符号图。

表 3-5 NPN 型和 PNP 型晶体管的结构和符号图

双极型晶体管	结 构 图	符 号 图
NPN 型三极管	平面管：采用平面管制造工艺，在 N^+ 型底层上形成两个 PN 结	箭头表示发射结正偏时的实际电流方向

续表

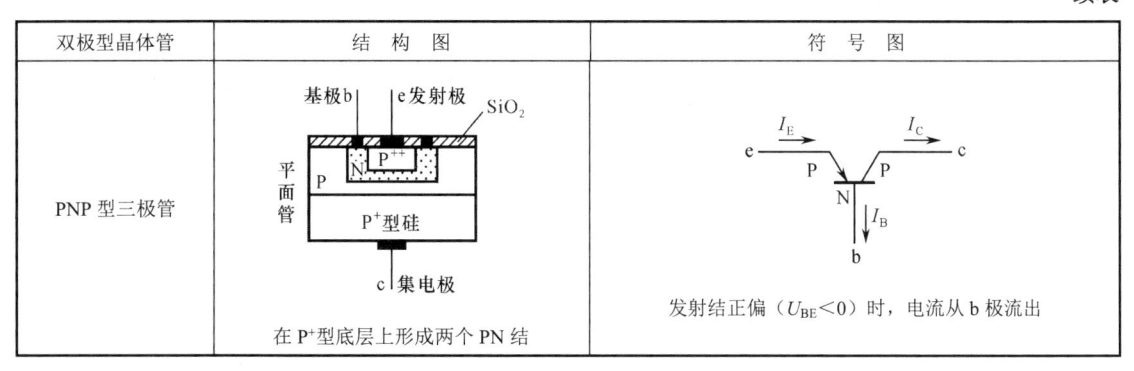

双极型晶体管	结 构 图	符 号 图
PNP型三极管	平面管 在P+型底层上形成两个PN结 （基极b、e发射极、SiO₂、P++、N、P、P+型硅、c集电极）	发射结正偏（$U_{BE}<0$）时，电流从b极流出 （e—P—N—P—c，I_E、I_C、I_B）

为了了解三极管的电流分配原则及其放大原理，我们来看下面的实验。在图 3-14 所示的电路中，三极管的发射结加正向电压，集电结加反向电压，保证三极管能起到放大作用。改变可变电阻 R_b 的值，则基极电流 I_B、集电极电流 I_C 和发射极电流 I_E 都发生变化，电流的方向如图中所示。实验结论可用载流子在三极管内部的运动规律来解释，图 3-15 为三极管内部载流子的传输与电流分配示意图。输出特性曲线是指在一定基极电流 I_B 下，三极管的集电极电流 I_C 与集电结电压 U_{CE} 之间的关系曲线。实验测得三极管的输入和输出特性曲线如图 3-16 所示。

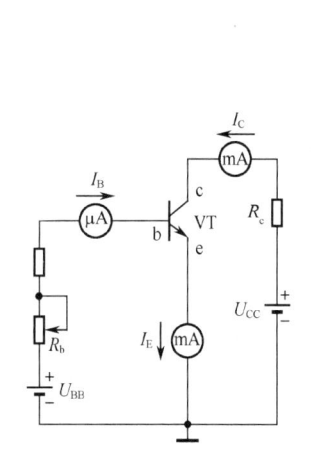

图 3-14　三极管电流放大的实验电路 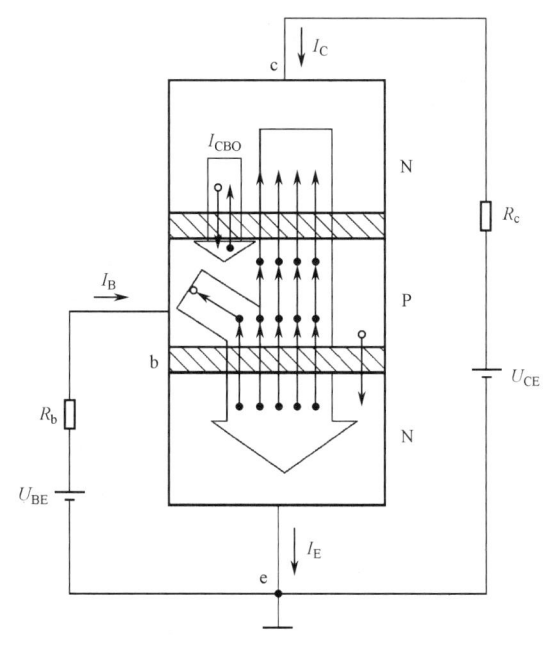　　　图 3-15　载流子的传输与电流分配示意图

3.2.4　场效应管

场效应管（Field Effect Transistor）作为半导体器件中的重要一员，是一种通过输入信号控制输出电流的器件。场效应管也是一个具有两个 PN 结的半导体三端器件。但场效应管的

工作原理与三极管截然不同，场效应管是利用改变电场来控制半导体载流子运动，而不是像三极管那样用输入电流控制 PN 结的电场。场效应管除具有双极性晶体管体积小、质量轻、寿命长等优点外，还具有输入阻抗高、动态范围大、热稳定性能好、抗辐射能力强、制造工艺简单等优点。

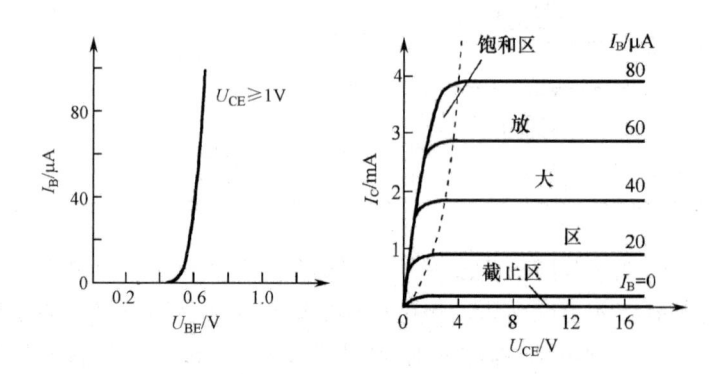

图 3-16 三极管的输入和输出特性曲线

场效应管有结型场效应管和绝缘栅型场效应管两大类。每种类型的场效应管都具有栅极 G、源极 S 和漏极 D 3 个工作电极。同时，每种类型的场效应管都有 N 沟道和 P 沟道两种导电结构。

结型场效应管是一种利用半导体内的电场效应来控制其电流大小的半导体器件。根据结构的不同，结型场效应管有 N 沟道 JFET 和 P 沟道 JFET 两种类型。与结型场效应管相同，绝缘栅型场效应管也是利用电场控制载流子的工作原理设计而成的。与结型场效应管不同的是绝缘栅型场效应管有绝缘栅，并因此而得名。又因栅极为金属铝，故又称为 MOS 管。它的栅-源间电阻比结型场效应管大得多，还因为它比结型场效应管温度稳定性好、集成化时工艺简单，而广泛用于大规模和超大规模集成电路之中。与结型场效应管相同，MOS 管也有 N 沟道和 P 沟道两类，但每类又分为增强型和耗尽型两种，因此 MOS 管的 4 种类型为：N 沟道增强型管、N 沟道耗尽型管、P 沟道增强型管和 P 沟道耗尽型管。表 3-6 列出了几种场效应管的基本结构图和符号。

表 3-6 场效应管的结构图和符号

场 效 应 管	结 构 图	符 号
结型场效应管	N 沟道	

第3章 电子技术基础

续表

场 效 应 管	结 构 图	符 号
结型场效应管	P沟道	D/G/S
绝缘栅型场效应管	N沟道耗尽型	D/G/B/S
绝缘栅型场效应管	N沟道增强型	D/G/B/S
绝缘栅型场效应管	P沟道增强型	D/G/B/S
	P沟道耗尽型	D/G/B/S

59

3.2.5 模拟电子电路的基础应用

1. 放大电路

我们经常看到，会议的主持者为了使每个与会者听清会议的内容，通常会在会议场所设置一些扩音设备，如麦克风、音响等。而经过这些扩音设备，会议主持者的声音也嘹亮了许多。那么声音为什么经过这些扩音设备会变更响亮呢？这其实是运用了放大电路的工作原理。麦克风将人的声音信号转换成电信号，而电信号经过扩音设备中的放大电路放大后，就会输出足够大的信号功率，推动扬声器发出哄亮的声音。图 3-17 显示了放大电路的工作原理和内部结构。

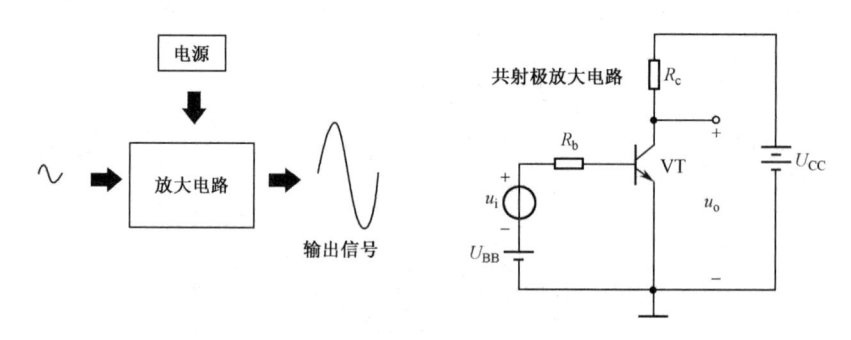

图 3-17 放大电路工作原理和内部结构

2. 稳压电路

当天气变化频繁，气温忽高忽低时，人就容易感冒，容易生病。机器设备与人相似，当它的输入电压不稳定时，仪器设备的使用寿命就会降低，特别是一些精密的仪器部件，对输入源的要求更高，输入源的波动必须很小。当波动稍微过大时，它就可能损坏。为了避免机器设备的这种损耗，必须保证机器设备具有稳定的输入源，而这很难靠外力实现，必须在输入电路中设置稳压电路。图 3-18 左边是两种常见的稳压器，右边是无反馈稳压电路的结构图。

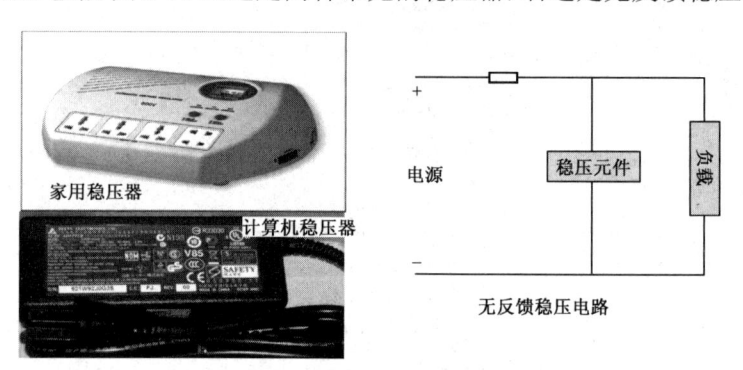

图 3-18 稳压应用和结构图

3. 集成运放应用

我们在平常的学习中常常会碰到一些比较繁杂的算术运算，仅仅通过笔和纸是很难算出来的，这就需要我们借助于计算器，运用计算器帮我们解决那些烦琐的运算。但这样一个小小的电子器件是如何完成算术运算的呢？集成运放电路将会给出答案。下面以加法电路为例予以说明，电路如图 3-19 所示。

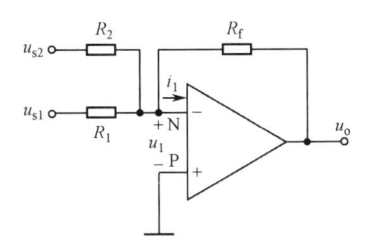

图 3-19　同向加法电路

从图中可以列出方程：

$$-u_\text{o} = \frac{R_\text{f}}{R_1}u_\text{s1} + \frac{R_\text{f}}{R_2}u_\text{s2}$$

如果电路中的 3 个电阻的阻值相等，并在电路的输出端添加反相器，那么输出的电压就等于输入电压之和。如果将输入电压与运算值匹配，则该电路就实现了最基本的加法运算。集成运放电路除了加法运算电路，还有减法运算电路、乘法运算电路、除法运算电路和微积分运算电路。这些基本的运算电路实现了电路对数学运算的最基本应用。图 3-20 较形象地描述了这些电路与计算器的关系。

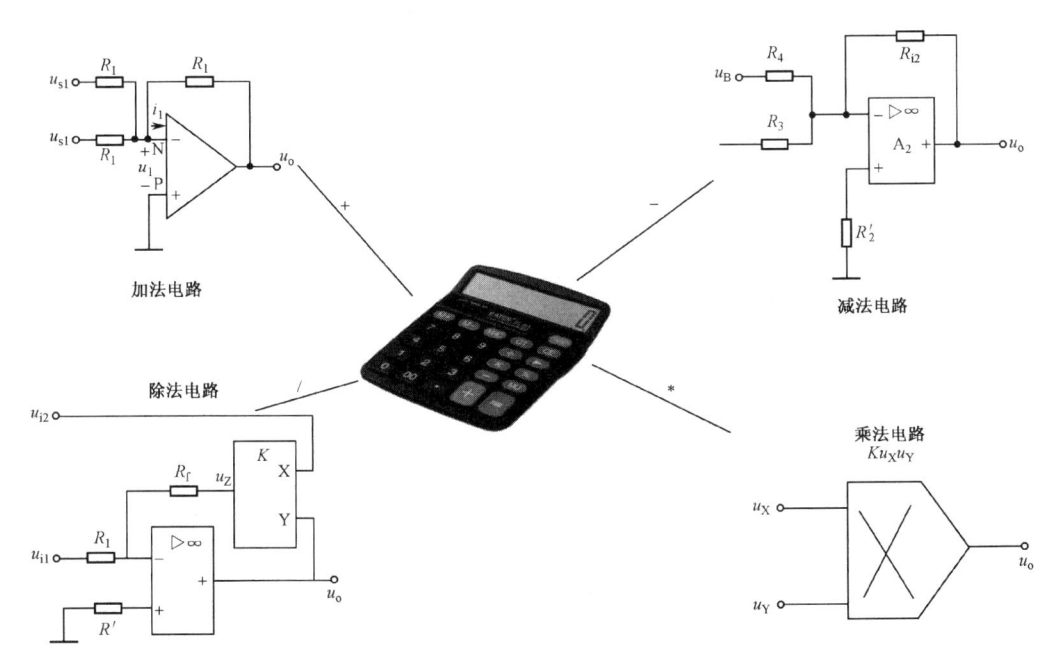

图 3-20　各种运算电路

3.3 数字电路技术

数字电路的产生和发展是电子技术发展的重要标志，数字电路在现代电子技术中占有十分重要的地位。由于数字电路比模拟电路具有更多独特的优点，因此它在通信、雷达、自动控制、电子测量、电子计算机等领域都得到了非常广泛的应用，数字电路应用的广度和深度标志着现代电子技术的发展水平。图3-21列出了数字电路与模拟电路的比较。

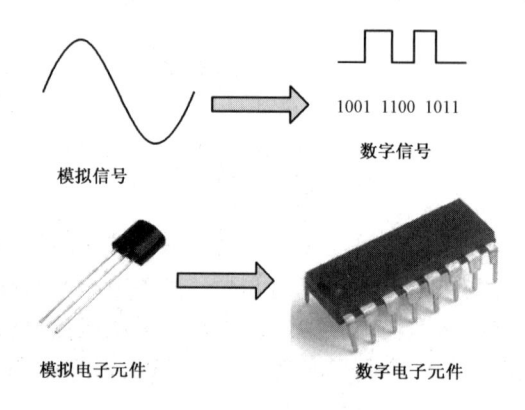

图 3-21 数字电路与模拟电路比较

3.3.1 数字电路的基本概念与特征

用数字信号完成对数字量进行算术运算和逻辑运算的电路称为数字电路，或数字系统。由于它具有逻辑运算和逻辑处理功能，所以又称数字逻辑电路。

所谓数字逻辑，就是用数字的方式描述事物的逻辑关系的工程方法。在数字逻辑中，使用逻辑变量作为基本量，数字逻辑中使用的逻辑变量只能取逻辑1或逻辑0两种逻辑值。逻辑变量之间的关系构成了数字逻辑系统的基本逻辑关系。因此，数字电路就是用电子技术实现的、具有数字逻辑信号处理能力的电子电路。数字逻辑电路只能处理代表逻辑变量的电信号——数字逻辑信号。

在对客观事物之间的逻辑关系进行描述和分析时，需要建立数字逻辑模型。当使用数字逻辑电路实现一个数字逻辑系统时，不仅需要建立数字逻辑模型，还需要建立电路的物理模型。数字逻辑模型描述了系统的理想逻辑行为特性，而物理模型则描述了实现数字逻辑行为的电路特性。数字电路的行为特性是实现逻辑模型的基础，也是实现逻辑模型的约束条件。

数字逻辑用数字方式研究和处理事物之间的逻辑关系。工程中的许多问题可以转化为数字逻辑问题，如计算机对问题的处理、工业控制系统的开关等。

3.3.2 数字电路分类

数字电路按功能来分，有组合逻辑电路和时序逻辑电路；按电路有无集成元器件来分，有分立元件数字电路和集成数字电路；按集成电路的集成度进行分类，有小规模集成数字电路（SSI）、中规模集成数字电路（MSI）、大规模集成数字电路（LSI）和超大规模集成数字电路（VLSI）。

按照电路所用器件的不同，数字电路可分为双极型（晶体三极管型）电路和单极型（场效应管型）电路两大类。其中双极型电路常用的类型又有标准型 TTL、高速型 TTL（H-TTL）、低功耗型 TTL（L-TTL）、肖特基型 TTL（S-TTL）、低功耗肖特基型 TTL（LS-TTL）等。单极型电路又有 JFET、NMOS、PMOS、CMOS 等。

3.3.3 基本逻辑电路

数字电路的系统集成，是指把完整的系统功能集成在一块集成电路芯片中。集成后的系统满足所有功能和技术指标，用户不必再对系统进行功能和技术指标调试，只要根据使用要求附加少量外部元器件，就可以设计应用系统。图 3-22 是与、或、非三种逻辑门集成电路的实物图。

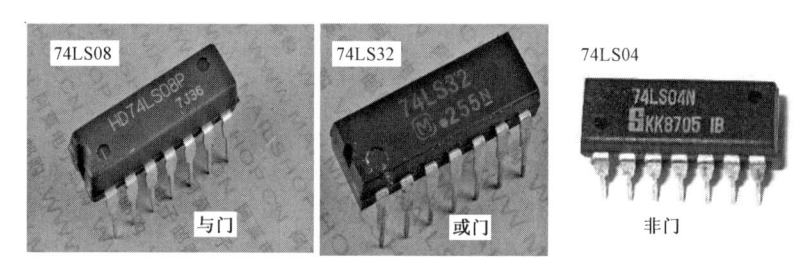

图 3-22　三种常见逻辑集成电路

1. 与门

所有输入信号同为高电平时输出才是高电平，否则输出为低电平，这样的数字逻辑电路叫做与门电路。如有三个输入信号 A、B 和 C 的数字逻辑电路，只有当 A、B 和 C 同时为高电平时，电路输出才是高电平，否则为低电平。这样的数字电路所代表的运算关系就好似逻辑运算中的与运算，所以这个数字电路叫做与门电路，电路的功能是完成对输出信号的与运算。图 3-23 所示为与门电路的逻辑符号和与门电路的逻辑表达式。

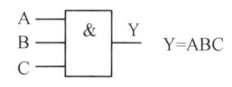

$$Y=ABC$$

图 3-23　与门电路逻辑符号和逻辑表达式

2. 非门

输入与输出信号反向（即输入为高电平时输出为低电平，输入为低电平时输出为高电平）的数字逻辑电路，叫做非门电路，如图 3-24 所示。非门的输入与输出永远是反向关系。

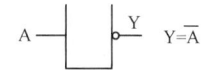

$$Y=\overline{A}$$

图 3-24　非门电路逻辑符号和逻辑表达式

3. 或门

所有输入信号中，只要有一个信号为高电平，输出就是高电平，这样的数字逻辑电路叫做或门电路。如有三个输入信号 A、B 和 C 的数字逻辑电路，只要 A、B 和 C 中有一个为高电平，电路输出就是高电平。这样的数字逻辑电路所代表的运算关系就是逻辑运算中的或运算，所以这个数字逻辑电路叫做或门电路，电路功能是完成对输入信号的或运算。图 3-25 所示为或门电路的逻辑符号和或门电路的逻辑表达式。

图 3-25 或门电路逻辑符号和逻辑表达式

3.3.4 数字电路的应用

1. 组合逻辑电路

组合逻辑电路的特点是电路输出与电路原来所处的状态无关。组合逻辑电路的基本单元属于数字逻辑信号处理电路的基础。组合逻辑电路的基本电路模块一般包括数据开关、逻辑表达式组合逻辑、编译器，以及逻辑函数发生器等。

假如，要设计一个表决器，由三个人来进行表决。每人一个按键，如果同意则按下，不同意则不按。结果用指示灯表示，多数同意时指示灯亮，否则不亮。这样一个简单的表决器的设计就会用到组合逻辑电路思想。首先指明逻辑符号的含义，根据题意列出逻辑状态表，画出卡诺图，写出表达式，然后根据表达式设计出电路，如图 3-26 所示。

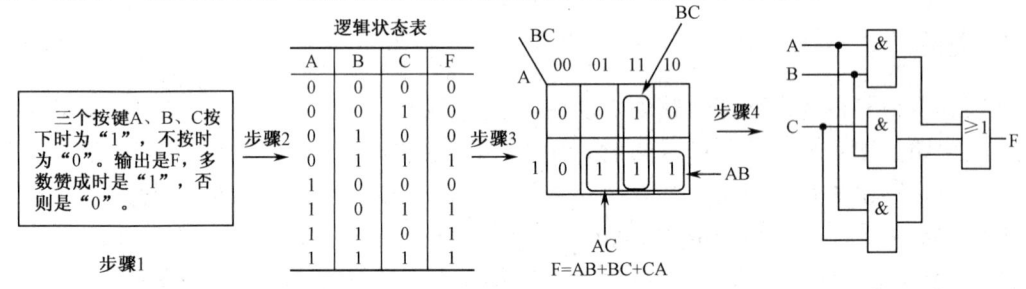

图 3-26 表决器电路设计流程

组合逻辑电路是实现数字逻辑的基础，时序逻辑电路是在组合逻辑电路的基础上增加反馈环节而实现的。因此，组合逻辑的基本模型电路属于数字逻辑信号处理电路的基础。

2. 触发器和时序逻辑电路

时序逻辑电路的特点是电路中存在反馈，电路的输出不仅与当前输入有关，还与电路原来所处的状态有关。时序逻辑电路的基本单元是触发器。常用的时序逻辑电路有寄存器、移位寄存器、计数器、序列信号发生器等。

例如：设计一个四人抢答器电路。四人参加比赛，每人一个按钮，其中一人按下按钮后，相应的指示灯亮。并且，其他按钮再按下，不起作用。该电路的核心就是 74LS175 四 D 触发器，如图 3-27 所示。

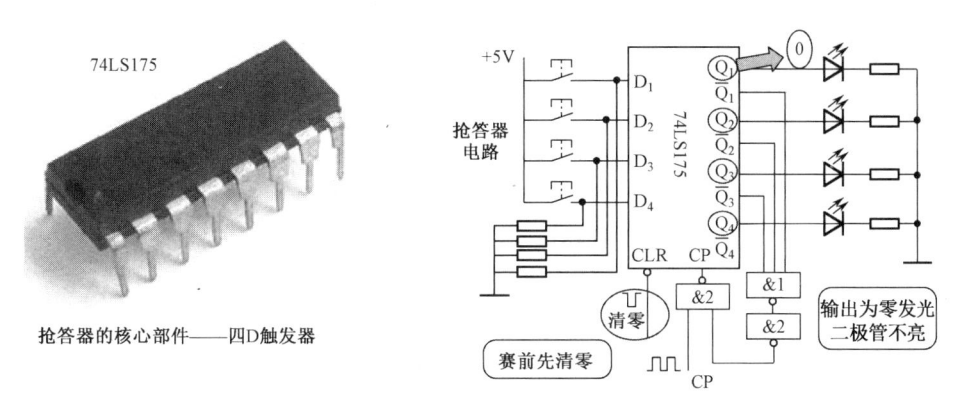

图 3-27 抢答器电路

3.4 集成电路技术

集成电路（Integrated Circuit）是一种微型电子器件或部件。它采用一定的工艺，把一个电路中所需的晶体管、二极管、电阻、电容和电感等元件及布线互连一起，制作在一小块或几小块半导体晶片或介质基片上，然后封装在一个管壳内，成为具有所需电路功能的微型结构。其中所有元件在结构上已组成一个整体，这样，整个电路的体积大大缩小，且引出线和焊接点的数目也大为减少，从而使电子元件向着微型化、低功耗和高可靠性方面迈进了一大步。

集成电路具有体积小、质量轻、引出线和焊接点少、寿命长、可靠性高、性能好等优点，同时成本低，便于大规模生产。它不仅在工、民用电子设备如收录机、电视机、计算机等方面得到广泛的应用，同时在军事、通信、遥控等方面也得到广泛的应用。用集成电路来装配电子设备，其装配密度可比晶体管提高几十倍至几千倍，设备的稳定工作时间也可大大提升。

自 1958 年第一块集成元件问世以来，集成电路已经跨越了小、中、大、超大、巨大、特大规模几个台阶，集成度平均每 2 年提高近 3 倍。随着集成度的提高，器件尺寸不断减小。1985 年，1Mb ULSI 的集成度达到 200 万个元件，器件条宽仅为 1μm；1992 年，16Mb 的芯片集成度达到了 3 200 万个元件，条宽减到 0.5μm，而后的 64Mb 芯片，其条宽仅为 0.3μm。表 3-7 显示了集成电路的集成规模和元件的集成度。

表 3-7 集成电路的集成规模和元件的集成度

集 成 规 模	集成的晶体管数目（晶体管/片）
小规模集成电路	2～30
中规模集成电路	30～1 000
大规模集成电路	10^3～10^5
超大规模集成电路	10^5～10^7

续表

集 成 规 模	集成的晶体管数目（晶体管/片）
甚大规模集成电路	$10^7 \sim 10^9$
G 级规模集成电路	$\geqslant 10^9$
T 级规模集成电路	$\geqslant 10^{12}$

集成电路制造技术的发展日新月异，其中最具有代表性的集成电路芯片如图 3-28 所示，它们构成了现代数字系统的基石。

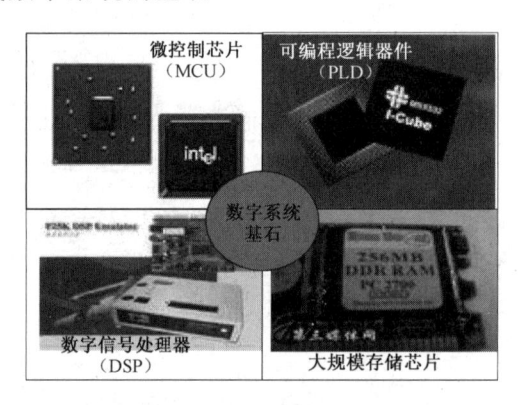

图 3-28 典型的集成芯片

3.4.1 集成电路的分类

1．按功能、结构分类

集成电路按其功能、结构的不同，可以分为模拟集成电路、数字集成电路和数/模混合集成电路三大类。模拟集成电路又称线性电路，用来产生、放大和处理各种模拟信号（指幅度随时间变化的信号，如半导体收音机的音频信号、录放机的磁带信号等），其输入信号和输出信号成比例关系。而数字集成电路用来产生、放大和处理各种数字信号（指在时间和幅度上离散取值的信号，如 VCD、DVD 重放的音频信号和视频信号）。

2．按制作工艺分类

集成电路按制作工艺可分为半导体集成电路和膜集成电路。膜集成电路又分为厚膜集成电路和薄膜集成电路。

3．按集成度的高低分类

集成电路按集成度高低的不同，可分为小规模集成电路、中规模集成电路、大规模集成电路、超大规模集成电路、特大规模集成电路和巨大规模集成电路。

4．按导电类型的不同分类

集成电路按导电类型可分为双极型集成电路和单极型集成电路，它们都是数字集成电路。双极型集成电路的制作工艺复杂，功耗较大，代表集成电路有 TTL、ECL、H-TTL、L-TTL、

STTL 等类型。单极型集成电路的制作工艺简单，功耗也较低，易于制成大规模集成电路，代表集成电路有 CMOS、NMOS、PMOS 等类型。

5．按用途分类

集成电路按用途可分为电视机用集成电路、音响用集成电路、影碟机用集成电路、录像机用集成电路、计算机（微机）用集成电路、电子琴用集成电路、通信用集成电路、照相机用集成电路、遥控集成电路、语言集成电路、报警器用集成电路及各种专用集成电路。

（1）电视机用集成电路包括行、场扫描集成电路、中放集成电路、伴音集成电路、彩色解码集成电路、AV/TV 转换集成电路、开关电源集成电路、遥控集成电路、丽音解码集成电路、画中画处理集成电路、微处理器（CPU）集成电路、存储器集成电路等。

（2）音响用集成电路包括 AM/FM 高中频电路、立体声解码电路、音频前置放大电路、音频运算放大集成电路、音频功率放大集成电路、环绕声处理集成电路、电平驱动集成电路、电子音量控制集成电路、延时混响集成电路、电子开关集成电路等。

（3）影碟机用集成电路有系统控制集成电路、视频编码集成电路、MPEG 解码集成电路、音频信号处理集成电路、音响效果集成电路、RF 信号处理集成电路、数字信号处理集成电路、伺服集成电路、电动机驱动集成电路等。

（4）录像机用集成电路有系统控制集成电路、伺服集成电路、驱动集成电路、音频处理集成电路、视频处理集成电路。

6．按应用领域分类

集成电路按应用领域可分为标准通用集成电路和专用集成电路。

7．按外形分

集成电路按外形可分为圆形（金属外壳晶体管封装型，一般适合用于大功率）、扁平形（稳定性好，体积小）和双列直插型。

3.4.2 集成电路设计流程

集成电路是微电子技术的核心，具有体积小、质量轻、引出线和焊接点少、寿命长、可靠性高、性能好等优点，同时成本低，便于大规模生产。它不仅在军事、通信、遥控等方面得到广泛的应用，而且在工业、民用电子设备，如收录音机、电视机、计算机等方面也得到广泛的应用。

在通信技术领域，大容量的交换机需要高速工作的集成电路作中央处理，不计其数的用户终端都需要集成电路芯片。数字通信网络和系统需要使用大量的集成电路如 A/D 转换器、D/A 转换器、乘法器、移位寄存器、滤波器、存储器和编/解码器等。

在信号处理技术中，如调制和解调、语音处理、图像处理和识别、波形分析、控制信号处理等各方面，近年来都成为集成电路特别是专用集成电路应用的重要领域。例如，专用的数字信号处理器（DSP），就是把特定的快速数字信号处理算法用硬件实现，用于特定的电子设备中。

目前已经设计出如放大器、比较器、逻辑器件、ADC/DAC 接口、射频 IC、电源 IC、单片机、ARM 处理器、DSP、CPLD、FPGA 等多种集成电路，正是因为设计出这些功能多样的集成电路，才使我们今天的信息化社会成为现实。可以说，缺少了集成电路设计，信息技术就无从谈起。

1. 集成电路设计要求

一个有效的集成电路设计，应该满足以下几个方面的要求：
第一，功能正确，并在第一次投片流水后就能达到设计要求；
第二，电学性能经过优化，特别是在速度和功耗方面达到原定指标；
第三，芯片面积尽可能小，以降低制造成本；
第四，设计的可靠性，在工艺制造允许的误差范围内能正确工作；
第五，在制造过程中和完成后能够全面和快速地进行测试。

2．集成电路设计流程

为设计满足以上要求的集成电路，可采用条理性的、层次化的设计方法。层次化是把整个设计分解为若干层次，在完成前一层设计任务后再进行下一层次的工作。其主要流程如下：
第一步，系统描述，包括明确系统功能和性能要求，确定芯片尺寸、工作速度和功耗等，它是一个综合说明；
第二步，功能设计，包括算法的确定和功能框图的设计，常用时序图解或模块关系图解来改进整个设计过程；
第三步，逻辑设计，利用文本、原理图或逻辑图及布尔方程表示逻辑结构来进行设计，并对逻辑结构进行模拟验证和优化；
第四步，电路设计，综合考虑逻辑部件的电路实现，并用详细的电路图来表示电路设计；
第五步，版图设计，把元件和元件的连接转换为几何表示，并且必须符合与制造工艺有关的设计规则要求；
第六步，设计验证，主要是为了确保版图满足制作工艺要求和符合系统设计的规范；
第七步，模拟和仿真，把有关数据进行虚拟环境下的模拟和仿真，以检查系统的正确性，以便对系统进行快速改进和优化；
第八步，制造，包括硅片准备、杂质注入、扩散、光刻和外延等工艺，通过这些工艺在硅片上形成所需的电路或系统；
第九步，封装和测试，除去测试不合格的芯片。
实际设计可能会在某个步骤或几个步骤间反复进行，若采用计算机软件设计的方法，可减少设计时间，实现高效率的设计。

3.4.3 集成电路芯片制造工艺

1. 氧化工艺

在室温下，硅在空气中暴露会被氧化而在表面形成氧化膜，氧化膜相当致密，能阻止更多氧原子通过它继续氧化，从而对某些杂质起到掩蔽作用。这种二氧化硅膜不但能紧紧依附在硅衬底上,而且具有极其稳定的化学性和电绝缘性。利用这些特点,人们制备各种二氧化硅来用做器件的保护层和钝化层、绝缘材料和电容器的介质膜等。氧化工艺的目的就是为了制备二氧化硅膜,方法有很多,如化学汽相淀积法、热分解淀积法、热氧化法、等离子氧化法等,目前最有效的方法是热氧化法。热氧化法是指硅与氧或水汽在高温下经化学反应生成二氧化硅,该方法制备的二氧化硅具有很高的重复性和稳定性,因而得到广泛推广。

2. 掺杂工艺

掺杂是将需要的杂质掺入特定的半导体区域中,以达到改变半导体电学性质的目的,形成 PN 结。在集成电路生产中,常用的杂质元素为硼、磷、砷等,掺杂工艺主要包括扩散和离子注入技术。

扩散的目的就是向晶体中掺入一定数量的某种杂质,并且希望掺入的杂质按要求分布。由于各种杂质及杂质源性质的差别,以及杂质源在室温下存在的相态不同,因而采用的扩散方法和扩散系统也存在一定的区别。如果按原始杂质源在室温下的相态加以分类,可分为固态源扩散、液态源扩散和气态源扩散。固态源大多数是杂质的氧化物或其他化合物;液态源一般都是杂质化合物,在高温下杂质化合物与硅反应释放出杂质原子,或者杂质化合物先分解产生杂质的氧化物,氧化物再与硅反应释放出杂质原子;气态源大多为杂质的氢化物或卤化物。

离子注入是将具有很高能量的杂质离子射入半导体衬底中的掺杂技术。离子注入的最主要工艺参数是杂质种类、注入能量和掺杂剂量。杂质种类是指选择何种原子注入硅基体,一般杂质种类可以分为 N 型和 P 型两类,N 型主要包括磷、砷、锑等,P 型则主要包括硼、铟等;注入能量决定了杂质原子注入硅晶体的深度,高能量注入得深,低能量注入得浅;掺杂剂量是指杂质原子注入的浓度,决定了掺杂层导电的强弱。通常半导体器件的设计者需要根据具体的目标器件特性,为每一步离子注入优化以上这些工艺参数。

3. 光刻工艺

光刻工艺就是利用光敏的抗蚀涂层发生光化学反应,按照确定的版图图形,结合刻蚀方法在各种薄膜上(如 SiO$_2$ 等绝缘膜和各种金属膜)制备出合乎要求的电路图形,包括形成金属电极和布线、表面钝化和实现选择性掺杂。由于集成电路有一定的空间结构,需多次使用光刻,所以氧化工艺与光刻工艺的结合构成了整个平面工艺的基础。目前用于研究和生产的光刻技术有接触光刻、接近光刻、投影光刻、电子束光刻 4 种。

以 SiO$_2$ 膜上用常规光刻工艺来刻蚀所需图形的过程为例,光刻工艺过程如下。

第一步,清洗表层:用微电子工艺中的清洗程序,清洗 SiO$_2$ 层表面,保证光刻胶与 SiO$_2$ 表面能很好地黏附。

第二步,涂甩光刻胶:在 SiO$_2$ 清洁表面涂敷光刻胶后,甩胶成均匀薄膜。当光刻光源照射后,光刻胶的化学结构随即发生改变。

第三步,烘干:将甩胶后的硅片在 70℃干燥室中放置 10min 左右,让光刻胶干燥。

第四步,曝光:将光刻版(又称掩膜版)放在光刻胶层上,并套准,用光源照射,使光刻胶发生化学反应。

第五步，显影：经过曝光后的光刻胶中受到光照的部分因发生光化学反应，从而改变化学结构，使其在显影液中被溶解。

第六步，坚膜：在显影时被泡软的胶膜需要变硬，以便与 SiO_2 层更好地黏附，以防脱落，通常采用的是加热烘烤的办法。

第七步，腐蚀：对坚好的膜用腐蚀液或离子反应法把没有受膜保护的 SiO_2 层去掉。

第八步，去胶：完成腐蚀后，用去胶剂或离子反应刻蚀法除去留在膜上的胶层。

4．刻蚀工艺

光刻方法制成的光刻胶的微图形结构，只能给出电路的形貌，并不是真正的器件结构。为获得器件的结构，必须把光刻胶的图形转移到光刻胶下面的各层材料上去。刻蚀的主要内容就是把经曝光、显影后光刻胶微图形中下层材料的裸露部分去掉，即在下层材料上重现与光刻胶相同的图形。主要方法有两种：湿法刻蚀和干法刻蚀。湿法刻蚀是利用液态化学试剂或溶液通过化学反应进行刻蚀的方法；干法刻蚀主要指利用低压放电产生的等离子体中的离子或游离基（处于激发态的分子、原子及各种原子基团等）与材料发生化学反应或通过轰击等物理作用而达到刻蚀的目的。

3.5 微电子系统设计

微电子系统中最具代表性的设计是微处理器的设计。微处理器就是把计算机的中央处理单元用大规模集成电路工艺制造在一块硅片上。这种芯片可以按程序工作以实现一系列复杂的功能，处理各种信息。如果说微电子技术有过一场革命的话，那么这场革命的主要特征就是小小的硅片微处理器。因为它可以安装在任何设备内，起控制、存储、计算等作用。它的出现把庞大的计算机体积降低了一千万倍，甚至更高，而速度却提高了几千万倍。它的出现使微型计算机迅速进入家庭，使信息技术爆炸并渗透到人类社会的每一个领域。

微电子系统设计随着技术的不断进步而发生了很大变化，尤其是系统集成概念的出现，导致了新的设计理念。20 世纪 70 年代出现了第一代集成电路设计自动化系统，即计算机辅助设计 CAD 系统，该系统使设计人员摆脱了繁复、易出错误的手工画图，大大提高了效率；20 世纪 80 年代出现了第二代设计自动化系统，称为计算机辅助工程 CAE 系统，这个比较完整的系统大大减轻了版图设计的工作量；进入 20 世纪 90 年代，芯片的复杂度越来越高，采用硬件描述语言 HDL 的设计方法应运而生，于是出现了第三代设计自动化系统 EDA，其特点是高层次设计的自动化。它引入了硬件描述语言和行为综合与逻辑综合工具，采用层次化方法进行管理，大大提高了处理复杂设计的能力，与此同时，芯片的面积、速度、功耗都获得极大的优化，设计所花费时间大大缩短，因而 EDA 系统迅速得到推广及应用。

3.5.1 设计方法分类

根据不同的设计要求，微电子系统的设计方法可归为以下几种。

1. 全定制设计方法

全定制设计方法有时也称全用户设计方法,这种设计方法完全是用户根据所选定的生产工艺按自己的要求独立地进行集成电路产品设计。它适用于要求得到最高速度、最低功耗和最省面积的芯片设计。该方法的缺点是版图设计通常需要人来不断完善,以便器件及连接安排得最紧凑,因而特别花费时间。

2. 半定制设计方法

半定制的含义在于对一批芯片作"单独处理",即单独设计和制作接触孔和连线以完成电路的要求。这样可使从设计到芯片完成的整个周期大大缩短,因而设计和制造成本大大下降。这种设计方法制造的芯片利用率一般较低,面积较大。它适用于要求设计成本低、设计周期短而生产批量小的情况。门阵列方法属于此类。

3. 可编程逻辑器件(PLD)法

可编程逻辑器件(Programmable Logic Device,PLD)是作为一种通用集成电路生产的,它的逻辑功能按照用户对器件编程来定。一般的 PLD 集成度很高,足以满足设计一般数字系统的需要。这样就可以由设计人员自行编程把一个数字系统"集成"在一片 PLD 上,而不需要芯片制造厂商设计和制作专用的集成电路芯片。其特点是"可编程",往往由制造商提供通用器件,而由设计者根据需要进行"再加工"实现其特定的逻辑。可编程只读存储器(PROM)、可编程逻辑阵列(FPLA)、可编程阵列逻辑(PAL)、通用阵列逻辑(GAL)都属于此类。

4. 硅编译法

硅编译法是一种全自动的设计方法,利用这种方法可从集成电路的行为级描述直接得到该电路的掩膜版图。硅编译器是一种软件程序,它能将输入的电路设计资料经过编译变为硅片上实现所需的各种数据、输出掩膜版。以硅编译器为基础的超大规模集成电路(Very Large Scale Integrated Circuites,VLSI)设计为系统设计人员提供了一种真正的设计自动化工具。

5. 混合模式设计方法

随着 VLSI 复杂性的增加,在整个芯片中只利用一种设计方法已被认为是不经济的,因而提出了混合模式,即把不同的设计方法加以优化并组合而构成一体。

3.5.2 门阵列

门阵列是在硅片上以矩阵的方式排列逻辑门电路并预先制成集成电路的半成品,常称为母片,存放在工厂里。当用户提出需求时,经过简单设计并完成金属连接加工,便可成为商品出货。门阵列已有系列化产品出现,规模可达数万门,十几万门的门阵列也已研制成功。门阵列现有 CMOS、nMOS、TTL 和 BiCMOS 等不同工艺。

门阵列设计的优点是设计自动化程度较高,设计周期短,设计成本低。因为母片已完成了整个集成电路制造工艺的大部分流程。当用户提交了逻辑图之后，只要进行基本单元内部布线和基本单元之间的互连就可以了，因此把这种器件称为半用户器件或半定制器件。门阵列设计的缺点是布图密度低，并且品种有限，为了使所有单元间的连线都能布通，势必造成芯片面积利用率的下降。

3.5.3　可编程阵列逻辑（PAL）

可编程阵列逻辑（Programmable Array Logic，PAL）是 20 世纪 70 年代后期 MMI 公司推出的可编程逻辑器件。PAL 由一个可编程的"与"平面和一个固定的"或"平面构成，或门的输出可以通过触发器有选择地被置为寄存状态。PAL 原意是 PLD 的一种结构。PAL 器件是现场可编程的，它的实现工艺有反熔丝技术、EPROM 技术和 E²PROM 技术。

在 PAL 器件中，与门阵列是可编程的，或门阵列是固定连接的，它有多种输出和反馈结构，为数字逻辑设计带来了一定的灵活性。但 PAL 仍采用熔断丝工艺，一次性编程后就不能再改写。另外，还要根据不同的需要选择不同的输出器件，给用户带来诸多不便。

3.5.4　通用阵列逻辑（GAL）

通用阵列逻辑（Generic Array Logic，GAL）是 1985 年由美国 LATTICE 公司开发并商品化的一种新型 PLD 器件。它是在 PAL 器件的基础上综合了 E²PROM 和 CMOS 技术发展起来的一种新型技术，和 PAL 一样，它的与门阵列是可编程的，或门阵列是固定的。但 GAL 采用了 E²CMOS 工艺，实现了电可擦除、电可改写，使得该器件的编程非常方便。另外，由于其输出采用了逻辑宏单元结构，使得电路的逻辑设计更加灵活。

3.5.5　现场可编程门阵列（FPGA）

现场可编程门阵列（Field Programmable Gate Array，FPGA）是在通用阵列逻辑 GAL、可编程阵列逻辑 PAL、可编程逻辑器件 PLD 等可编程器件的基础上进一步发展的产物。利用 FPGA，工程师可以通过用原理图与硬件描述语言设计相结合的层次化方法设计一个数字系统。通过软件仿真，可以事先验证设计的正确性。在 PCB 完成以后，还可以利用 FPGA 的在线修改能力，随时修改设计而不必改动硬件电路。使用 FPGA 开发数字电路，可以大大缩短设计时间，减少 PCB 面积，提高系统的可靠性。

FPGA 具有体系结构和逻辑单元灵活、集成度高及适用范围宽等特点。FPGA 可达到 1 000 万个可用门，片内可集成处理器、DDR 控制器、以太网控制器、Flash 控制器、UART 控制器及硬件乘法器，甚至 DSP 等资源。同时 FPGA 还兼容了 PLD 和通用门阵列的优点，可实现较大规模的电路，编程也很灵活。与门阵列等其他设计方法相比，它又具有设计开发周期短、设计制造成本低、开发工具先进、标准产品无须测试、质量稳定，以及可实时在线检验等优点，因此被广泛应用于产品的原型设计和产品生产之中。目前 FPGA 向着高性能、高密度、低压和低功耗的方向发展，被称为"Smaller with More"，逐步成为复杂数字硬件电路设计的理想首选。可以说，几乎所有应用门阵列、PLD 和中小规模通用数字集成电路的场合均可应用 FPGA。

3.5.6 专用集成电路（ASIC）

大规模集成电路技术的发展与成熟，促使它向着科学技术的其他领域进行渗透。大量生产并标准化的通用集成电路一般不能满足所有用户的要求，于是，与 CPU、ROM、RAM、A/D 和 D/A 变换器等通用集成电路概念相对应的专用集成电路（ASIC）技术应运而生。专用集成电路技术的应用，使得电子产品的速度提高、成本降低、体积缩小、保密性增强。

所谓专用集成电路（Application Specific Intergrated Circuits，ASIC），是泛指面向专门用途或特定用户而专门设计制造的集成电路。集成电路技术和计算机辅助设计 CAD 技术的发展促成了专用集成电路的出现。尽管在集成电路发展的初期就已着手探索以阵列方式排布门电路或改变母片上的互连引线来获得不同功能的集成电路产品，但是，直到 20 世纪 80 年代初期，集成电路技术和 CAD 技术日趋成熟时，ASIC 产品才开始步入市场。几乎所有有专门用途而又不属于标准逻辑电路或通用存储器及通用微处理器的新开发的产品都可以称为 ASIC。现代 ASIC 常包含整个 32-bit 处理器，类似于 ROM、RAM、E^{2}PROM、Flash 的存储单元和其他模块，这样的 ASIC 常被称为 SoC。

ASIC 既可以采用全定制方法来实现，也可以采用半定制方法来实现。全定制能使 ASIC 芯片的运行速度比半定制的更快。全定制设计需要设计者完成所有电路的设计，因此需要大量人力、物力，灵活性好但开发效率低下。半定制使用库里的标准逻辑单元（Standard Cell），设计时可以从标准逻辑单元库中选择 SSI（门电路）、MSI（如加法器、比较器等）、数据通路（如 ALU、存储器、总线等）、存储器甚至系统级模块（如乘法器、微控制器等）和 IP 核，这些逻辑单元已经布局完毕，而且设计得较为可靠，设计者可以较方便地完成系统设计。目前用 CPLD（复杂可编程逻辑器件）和 FPGA（现场可编程逻辑阵列）来进行 ASIC 设计是最为流行的方式之一。

3.5.7 片上系统（SoC）设计

SoC（System on Chip）称为片上系统，也有的称为系统级芯片，它是一个有专用目标的集成电路，其中包含完整的系统并有嵌入软件的全部内容。

从 20 世纪 90 年代至今，IC 设计能力正在发生一次质的飞跃，即由 ASIC 设计方法向 SoC 设计方法转变。SoC 由可设计重用的 IP 核组成，所以 IP 核是 SoC 片上系统的核心部分，但多数公司和研究机构没有能力开发自己的 IP 核处理器，业界比较流行的做法是购买微处理器的 IP 核，如 ARM 核或 MIPS 核。

IP 核是具有知识产权（Intellectual Property）的集成电路芯核的简称，其作用是把一组拥有知识产权的电路设计集合在一起，构成芯片的基本单位，以供系统设计之用。它是一段具有特定电路功能的硬件描述语言程序，该程序与集成电路工艺无关，可以移植到不同的半导体工艺中去生产集成电路芯片。IP 核有两种，用 VHDL 等硬件描述语言描述的功能块称为软核；具有特定电路功能的集成电路版图称为硬核。其实可以把 IP 核理解为一颗 ASIC，以前是 ASIC 做好以后在 PCB 上使用，现在是 IP 核做好以后以便集成在更大的芯片里。

利用 IP 核设计电子系统，引用方便，修改基本元件的功能容易。IP 核具有复杂功能和商业价值，故而具有知识产权，尽管 IP 核的市场活动还不规范，但是仍有许多集成电路设计公司从事 IP 核的设计、开发和营销工作。IP 核是 ARM 公司的核心业务，目前全球有 103 家巨型 IT 公司在采用 ARM 技术，20 家最大的半导体厂商中有 19 家是 ARM 的用户，包括得州仪器、意法半导体、Philips 和 Intel 等。

SoC 设计包括三种主要技术：软/硬件协同设计技术、设计重用技术、与底层相结合的高层设计技术。三者相辅相成、相互促进。软/硬件协同设计通常是从一个给定的系统任务开始的，通过有效地分析系统任务和所需要的资源，采用一系列的变换方法并且遵循特定的准则，自动生成符合系统功能要求的、符合实现代价约束的硬件和软件框架。这种全新的软/硬件协同设计思想需要解决许多问题：系统级建模、系统级描述语言、软硬件划分、性能评估、协调综合、协同仿真和协同验证。设计重用技术主要是指基于 IP 核的设计重用技术、测试技术及验证技术。软硬件协同设计技术常与设计重用技术交织在一起，成为目前 SoC 系统级设计的主要部分。而与底层相结合的高层设计技术是在现阶段由于制造工艺不断进步、进入纳米级环境的前提下，提出的一种能有效解决高层综合和物理设计不匹配而导致设计不收敛问题的新技术。

目前，在学术界和工业界比较认可的 SoC 系统级设计方法学从性质上基本可分为三大阵营：自顶向下、自底向上、上下结合或中间相遇。从具体的表现形式和实现方式来说，这三大阵营分别由以下三个研究团体提出的相关方法和技术支撑，即美国加州大学 Irvine 分校嵌入式系统研究小组的基于 SpecC 的逐层细化求精设计方法、法国 TIMA 实验室系统级综合小组的基于组件的多处理器核 SoC 设计方法、美国加州大学 Berkeley 分校 CAD 研究小组的基于平台的设计方法。

本章结束语

电子技术可以分为模拟电子技术和数字电子技术两大部分。模拟电子技术以电子管、晶体管为关键电子器件，实现模拟信号的放大、运算和各种处理等功能。数字电子技术是以数字逻辑电路为基础单元，实现数字信号的运算和处理。

从 1958 年美国得克萨斯仪器公司（TI）发明集成电路（IC）后，硅平面技术的发展使单片硅双极型和 MOS 型集成电路在 20 世纪 60 年代宣告诞生，这标志着由电子管和晶体管设计电子整机的时代发生了质的飞跃，创造了一个前所未有的具有极强渗透力和旺盛生命力的新兴产业——集成电路产业。如果说在 20 世纪，电子系统的设计主要是在 PCB 层次上将各种元器件合理连接，那么进入 21 世纪后，电子系统的设计将主要是以高密度可编程器件（HDPLD）或专用集成电路（ASIC）为物理载体的系统级芯片的设计，它对电子信息产业的影响将不亚于 20 世纪 60 年代集成电路的出现所产生的影响。

第4章 信号的分析及处理技术

消息是人类通过某种具体的手段所表达的意见和思想等抽象的感觉。在人类社会活动中，人们经常以语言、文字、图形和数据等方式传播和接收各种消息。在人类的早期活动中，有结绳记事、击鼓传情和烽火报警等简单的消息表达和传递方式（见图4-1）。

图4-1 早期的信息表达和传递方式

消息由以符号、文字、数字或语言等组成的序列构成。消息中所包含的事先不确定的内容就是信息，也就是说，信息蕴涵于不确定的消息中，消息中的不确定内容越多，信息量就越大。如在天气预报之前，不知道预报内容，具有不确定性；而听过预报后，该消息就不包含信息了。

消息是信息的载体，若把消息这个载体以物理量的形式表现出来，如用声、光、电、偏移、速度、加速度、温度、湿度和颜色等来表示，就构成了信号。这就是说，信号只是消息的一种物理表现形式，即信号也是信息的载体，是反映信息的物理量。从信息的传输和处理的角度来说，信号较之消息的其他表现形式，如文字、语言等，更便于被系统接收，特别是电信号这种物理形式，已被广泛应用于各种技术领域，这是当今电子信息技术迅猛发展和快速普及的根本原因。

4.1 信号分析基础

4.1.1 信号的定义与描述

现实世界中的信号有两种：一种是自然和物理的信号，如语音、图像、地震、生理信号等；另一种是人工产生信号经自然的作用和影响而形成的信号，如雷达信号、通信信号、医用超声波信号和机械探伤信号等。无论哪种形式的信号，它总蕴涵一定的信息。图4-2所示是几种信号的实例。

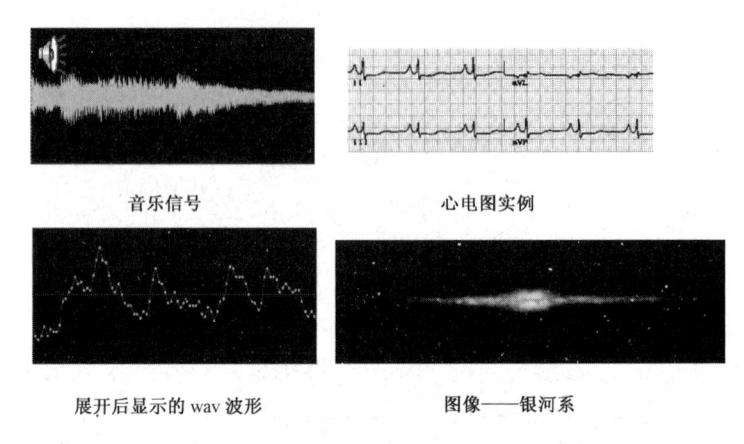

图4-2 几种信号的实例

任何携带信息的物理量皆可以作为信号。人们"感兴趣"的有用信号常常是与其他同类或异类的信号混合在一起的。信号处理的目的就是要从很多混合的、杂乱的信息中提取或增强有用的信息。因此，信号处理的实质就是提取、增强、存储和传输有用信息的一种运算。

数学上，信号可以描述为一个或若干个自变量的函数或序列的形式。如信号$f(t)$，其中t是抽象化了的自变量。它可以是时间，也可以是空间单自变量的一维信号，而两个自变量的二维信号为"空间"信号。需要指出的是，这里的时间和空间是抽象化了的概念。

信号的另一种描述方式是"波形"描述。按照函数随自变量的变化关系，可以把信号的波形画出来。与信号的函数或序列表达式描述方式相比，波形描述方式更具有一般性。有些信号，虽然无法用某个闭式数学函数或序列描述，但可以画出它的波形图。

"频谱"也是信号的描述方法之一，它是频率的函数，可以与表示信号的函数或序列一一对应。如果信号的频谱不是恒定的而是随时间变化的，那么可以用时频方式表示，这种方法能准确地描述信号的频谱分布和变化，它是时间和频率的二元函数。

4.1.2 信号分析和处理的目的及方法

信号分析和处理的目的是为了充分地获取并有效地利用信息。在当今社会，各种形形色色的消息穿梭于我们的日常生活当中，但并不是所有信息都真实有效或有用。正确的信息可以帮助我们，相反，错误的信息则会给我们增加麻烦或造成损失。为此，我们必须对信号进行必要的分析和处理。

所谓信号分析，就是通过解析方法或测试方法找出不同信号的特征，从而了解其特性，掌握它随时间或频率变化的规律的过程。通过分析信号，可以将一个复杂的信号分解成若干简单信号分量之和，或者用有限的一组参量去表示一个复杂波形的信号，并由这些分量的组成情况或这组参量去考察信号的特性。

所谓信号处理，就是指通过对信号的变换和加工，把一个信号变换成另一个信号的过程。如为了有效地利用信号中包含的有用信息，采用一定的手段剔除原始信号中混杂的噪声，削弱多余的分量,这个过程就是最基本的信号处理过程。因此,也可以把信号处理理解为为了特定的目的,通过一定的手段改造信号的过程。

从分析方法看,信号分析和处理的基本方法可以分为两大部分:时域分析法和变换域分析法。从信号和系统形式看,信号分析和处理又可分为:连续时间分析和离散时间分析。图 4-3 给出了信号处理中常用的方法。

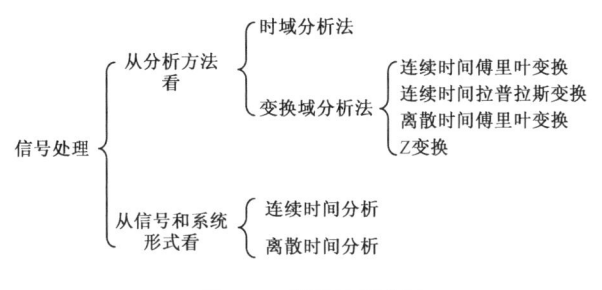

图 4-3 信号处理方法

【例 4-1】 在生活实践中我们发现,有的汽车喇叭声比较好听,有的喇叭声则在近处听了刺耳,远处又听不清晰。图 4-4(a)、(c)为两种喇叭声在时域中的波形图,从图中很难看出喇叭的质量差别。但如果分别把它们的时域波形进行频谱分析后(取样频率为 8kHz),得到频谱图 [图 4-4(b)、(d)],从中就很容易看出差异,好的喇叭的频谱图主要含有三个频谱分量(又称三音),所以后者即对应于时域波形图 4-4(c)和其频谱图 4-4(d)的质量明显优于前者。

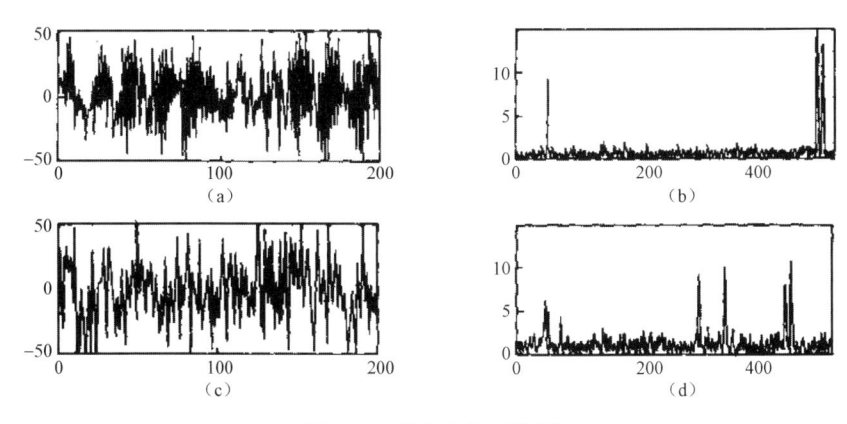

图 4-4 喇叭声音对比图

例 4-1 中区分了喇叭声音的好坏,用到了频域分析法。所谓频域分析法就是傅里叶分析法,它是变换域分析法的基石。

在频域中,信号的频率特性通常用"频谱"来表示。所谓"谱",是指按一定规律列出的图表或图像。表示信号的振幅随频率变化的特性,称为信号的幅频谱;表示信号的相位随频率变化的特性,称为信号的相位频谱。频谱分析可以简化对波形的理解。一般来说,信号总是杂乱的,但实际上这种杂乱常常是正弦波的简单叠加,如图 4-4(a)、(c)所示。其次,信号的频率表示更有利于信号辨别、分离、传输等。例如,要传输一个正弦波,需要不停地传输无穷个数据,而正弦波的频率表示就是一根谱线,因此,只需传输这根谱线对应的频率、振幅和相位三个数,接收端只要根据这三个数就可以恢复原正弦波。更重要的是用频谱来分析一个波形,可以了解波形源的某些信息,这也是频谱分析广泛用于各学科的重要原因。

在信号的实际处理中除进行必要的频域变换外,还需要对信号进行滤波处理。这是因为理想的信号是不存在的,信号总会或多或少受到噪声的影响。为了优化信号处理的效果,必须设法将噪声的影响降到最低,这就要用到滤波的原理。即通过滤波器将信号中不需要的成分尽可能地滤除,保留信号中的有用成分。图 4-5 所示是几种理想滤波器的频率特性。滤波是信号处理中最基本和最常用的手段。

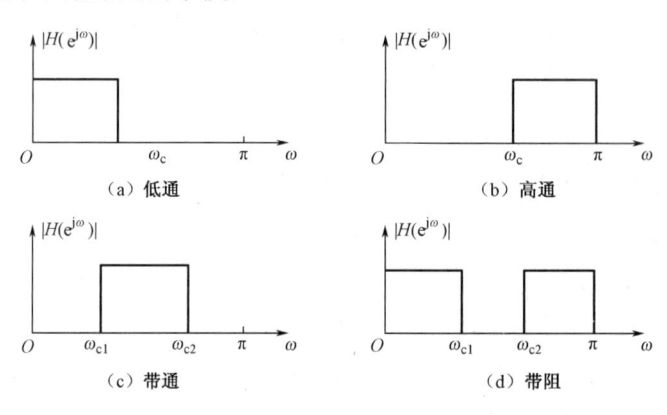

图 4-5 几种理想滤波器频率特性

频谱变换可以使我们更好地了解信号信息,更好地分析信号的特性。但傅里叶变换的计算过程是复杂的,特别是对于模拟信号的频域变换,很难在计算机上操作。早先时期,即使是离散的傅里叶变换,在计算机上的运算也较复杂,运算次数多,计算速度慢,其结果也不便于存储,远远达不到人们对信号分析速度和分辨能力的需求。1965 年,美国库利(J. W. Cooley)和图基(J. W. Tukey)提出了快速傅里叶变换(Fast Fourier Transform,FFT)计算方法,这不仅大大降低了变换运算的次数,也简化了计算结果的存储,使信号的分析速度得到了极大的提高。然而现实世界中的信号一般是连续的模拟信号,为了提高信号处理的速度,必须将模拟信号进行数字化,即进行抽样处理,如图 4-6 所示。

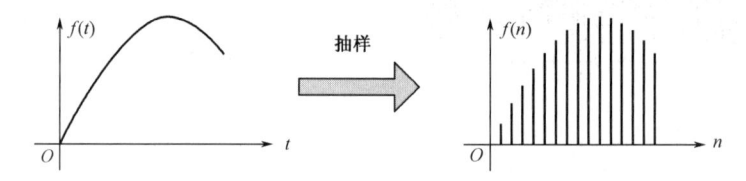

图 4-6 模拟信号进行数字化——信号抽样

为了在信号抽样的过程中防止信息丢失,必须满足抽样定理。所谓抽样定理,就是采样频率必须大于被采样信号带宽的两倍。即假设 f_m 是一模拟信号 $x_a(t)$ 的频谱的最高频率,当对 $x_a(t)$ 进行抽样时,抽样频率 f_s 必须大于或等于 $2f_m$。

在对模拟信号进行抽样、数字化处理后,最后还必须将其还原成自然信号,即转换成模拟信号。图 4-7 所示是模拟信号经过数字化处理的过程框图。

图 4-7 模拟信号经过数字化处理的过程框图

4.1.3 信号的分类

在介绍信号的分类方式前,先来看实际生活中的两个例子。

【例 4-2】某减速机振动测点布置图如图 4-8 所示。在该机械系统中,回转体不平衡引起的振动,往往是一种周期性运动,由测点 3 测到的信号波形如图 4-9 所示。从波形图中可以看到,可以近似地将其看作周期信号。

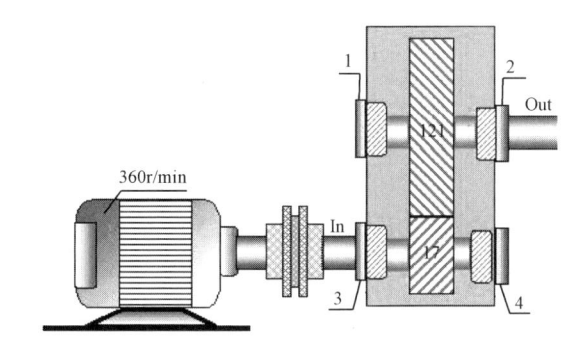

图 4-8 某减速机振动测点布置图

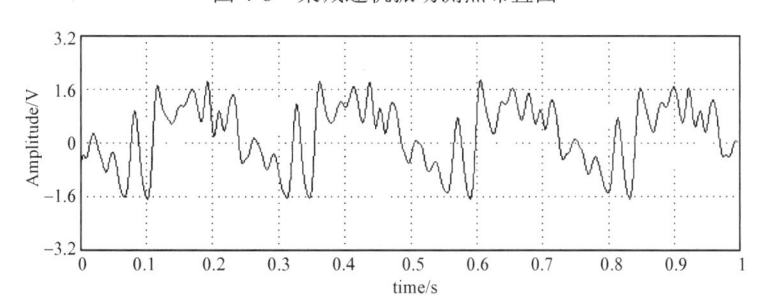

图 4-9 某减速机测点 3 振动信号波形

【例 4-3】锤子的敲击力、承载缆绳断裂时的应力变化、热电偶插入加热炉中温度的变化过程等,这些信号都属于瞬变非周期信号,并且可用数学关系式(指数函数和正弦函数)描述。例如,图 4-10 所示是单自由度振动模型在脉冲力作用下的响应。

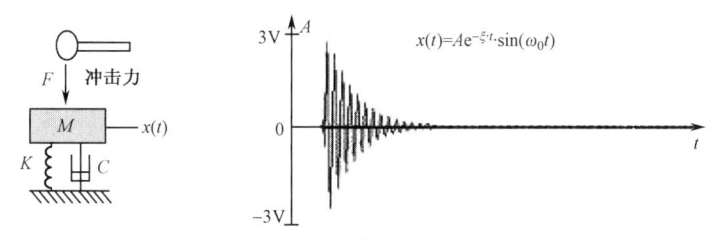

$$x(t) = Ae^{-\xi t} \cdot \sin(\omega_0 t)$$

图 4-10 单自由度振动模型在脉冲力作用下的响应

为了深入了解信号的物理实质,将其进行分类研究是非常必要的。下面从不同的角度来对信号进行分类。

1. 确定性信号和随机性信号

按照信号是否存在随机性，可以将信号分为确定性信号和随机性信号。随机性信号在某一时刻的取值具有不可预知的不确定性，只能通过大量试验测出它在某一时刻取值的概率分布。这类信号是随机信号分析的研究对象。确定性信号可以表示为时间函数，且它的参量都确定，给定某一时刻的取值是完全确定的，其所包含信息的不同体现在取值随时间的不同变化规律上。

2. 周期信号与非周期信号

在规则信号中又可分为周期信号与非周期信号。所谓周期信号就是依一定的时间间隔周而复始循环且无始无终的信号，它们的表示式可以写作

$$f(t) = f(t+nT)(n = 0, \pm 1, \pm 2, \cdots)$$

满足此关系式的最小 T 值称为信号的周期。只要给出此信号在任一周期内的变化过程，便可确知它在任一时刻的数值。非周期信号在时间上不具有周而复始的特性。若令周期信号的周期 T 趋于无限大，则成为非周期信号。图 4-11 给出了周期信号的两种形式。

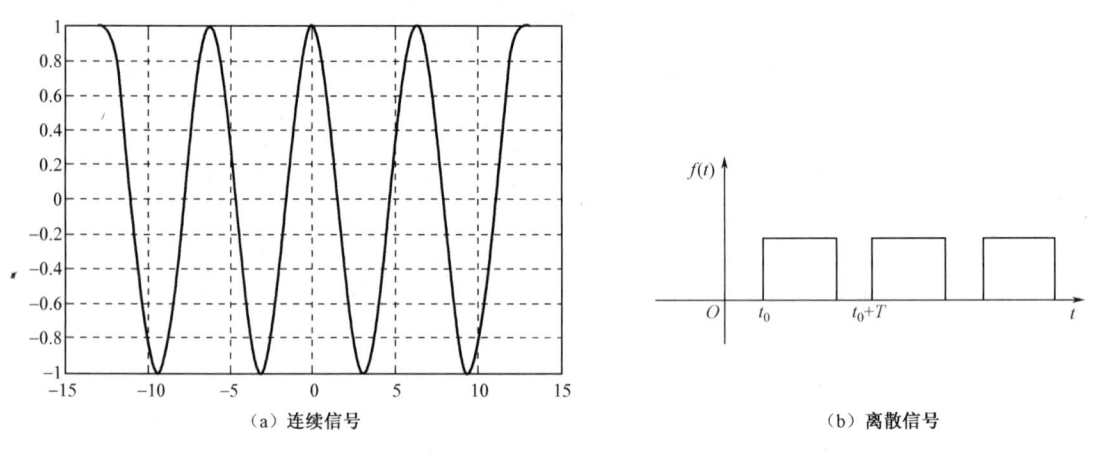

(a) 连续信号

(b) 离散信号

图 4-11 周期信号的两种形式

3. 连续时间信号和离散时间信号

在自变量的整个连续区间内都有定义的信号是连续时间信号，简称连续信号。需要说明的是，这里的"连续"指的是定义域，信号的值域可以是连续的，也可以是不连续的。如图 4-11（a）所示的正弦周期信号是连续信号，图 4-11（b）所示的矩形脉冲信号也是连续信号，在时间上是连续的，但在幅值上存在不连续的点。仅在一些离散的时间点上才有定义的信号称为离散时间信号，简称离散信号。同样，这里的"离散"指的是定义域，其值域可以是连续的，也可以是不连续的。对于离散时间信号，通常将自变量 t 简化为 n，用整数表示，函数符号写作 $f(n)$，仅当 n 为整数时才有定义。离散时间信号也常称为序列。一般情况下，离散信号是由连续信号经过抽样得到的。如图 4-12 所示为表示一个离散信号，它是余弦信号经抽样后得到。

4. 模拟信号与数字信号

模拟信号是指定义域和值域均连续的信号，因此模拟信号肯定是时间连续信号。而数字信号是指定义域和值域均离散的信号，因此数字信号肯定是时间离散信号。如图 4-13 所示为一个数字信号，各离散时刻的值只取"0"或"1"。数字信号一般都是通过将模拟信号进行模/数（A/D）转换后得到的。

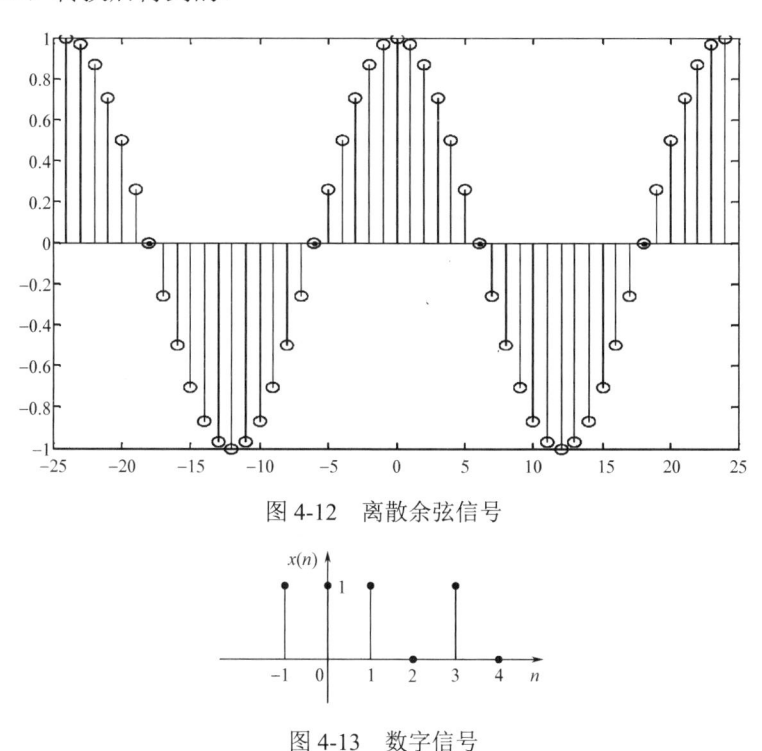

图 4-12 离散余弦信号

图 4-13 数字信号

5. 因果信号与非因果信号

如果一个信号只在自变量的正半轴左闭区间 $[0,+\infty)$ 才取非零值，而在 $(-\infty,0)$ 开区间内的取值均为零值，那么这样的信号就称为因果信号，否则就称为非因果信号。使用"因果"这一术语的目的，主要是为了表明我们无法产生一个信号，它甚至在无穷远的过去都有值。

与因果信号相对应，称自变量的正半轴开区间 $(0,+\infty)$ 取值均为零、而在 $(-\infty,0]$ 右闭区间内取非零值的信号为反因果信号。显然，一个在整个自变量区间都存在非零值的信号可以表示成一个因果信号和一个反因果信号的和。

同理，对于离散时间信号，可以将因果信号、非因果信号和反因果信号分别改称为因果序列、非因果序列和反因果序列等。

6. 一维信号与多维信号

从数学表达式来看，信号又可以表示为一个或多个变量的函数。语音信号可以表示为声压随时间变化的函数，这是一维信号。而一张黑白图像每个点（像素）具有不同的光强度，任一点又是二维平面坐标中两个变量的函数，这是二维信号。实际上，还可以出现更多维变量的信号。例如，电磁波在三维空间传播，同时考虑时间变量而构成四维信号。图 4-14 所示为一个一维的语音信号。

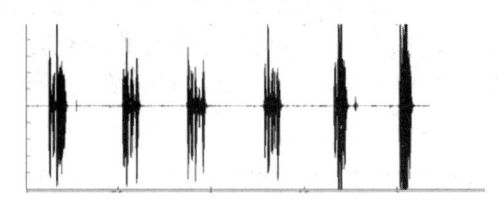

图 4-14 一维语音信号

4.1.4 典型信号及其基本特性

在信号处理的问题研究中，经常会遇到一些典型的连续时间信号，如正弦信号、指数信号、抽样函数、冲激信号等。熟练掌握这些信号的表达式及性质对进一步学习十分有意义。表 4-1 列出了部分典型信号的表达式和图形。

表 4-1 典型信号的表达式和图形

典型信号	表达式	图形
指数信号	$f(t)=Ke^{at}$ 式中，a 为实数，它反映了信号衰减（$a<0$）或信号增加（$a>0$）的速度	
正弦信号	$f(t)=k\sin(\omega t+\theta)$ 式中，k 为振幅，ω 是角频率，θ 为初相位	
抽样信号	$sa(t)=\dfrac{\sin t}{t}$ $sa(t)$ 是一个偶函数 $t=\pm\pi$、$\pm 2\pi$、$\cdots$、$\pm n\pi$，其值为零	
单位阶跃信号	$u(t)=\begin{cases}0, t<0\\ t, t\geq 0\end{cases}$ 描述了某些实际对象在某时刻可以从一个状态到另一个状态	
单位冲激信号	$\delta(t)=\begin{cases}0, t\neq 0\\ t, t=0\end{cases}$ 上式表示除原点以外，处处为零	

4.1.5 系统的概念

系统一般可定义为由若干个相互依赖的事物组成的具有特定功能的整体。例如，太阳系、人的神经组织系统、原子结构等属于自然系统；交通运输网、大型计算机等属于人工系统；社会经济、政治结构等属于非物理系统；机械传动系统、通信网、电力网等属于物理系统。因此，系统是一个并不陌生的、应用非常广泛的概念。

在信号分析与信息处理领域中所研究的系统一般不是指应用中的一个具体系统，而是一个如图 4-15 所示的抽象系统。它将外部对系统的作用抽象为可用数学函数表示的输入信号（或称激励），将具体的实际系统本身抽象为用数学方程或函数描述的数学模型，系统因外部作用或内部因素而引起的变化或产生的结果则体现在输出信号（或称响应）之中。因此，在这样一个分析

图 4-15 系统模型

和研究模式下的系统是一个和信号密切相关的、用数学方法描述的抽象系统。图 4-7 所示的中 D/A 转换中间的每个环节，都可以看成一个简单的系统。而整个转换过程，也可以看成是一个较大、较复杂的系统。

4.1.6 系统的分类

为了对信号分析与处理中的系统有一个较全面的了解，我们将系统进行简单的分类，主要根据其数学模型的差异来划分。

1. 连续时间系统与离散时间系统

若系统的输入与输出都是连续时间信号，则称此系统为连续时间系统。若系统的输入与输出都是离散时间信号，则称此系统为离散时间系统。实际上，离散时间系统经常与连续时间系统组合运用，这种情况称为混合系统。连续时间系统的数学模型是微分方程，离散时间系统的数学模型则是差分方程。

下面通过两个例子来简要描述连续时间系统和离散时间系统。

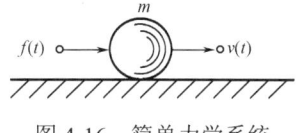

图 4-16 简单力学系统

【例 4-4】简单力学系统如图 4-16 所示。在光滑平面上，质量为 m 的钢性球体在水平外力 f(t) 的作用下产生运动。设球体与平面间的摩擦力及空气阻力忽略不计，将外力 f(t) 看作系统的激励，球体运动速度看作系统的响应。根据牛顿第二定律，有

$$f(t) = ma(t) = m\frac{dv(t)}{dt}$$

【例 4-5】某养兔场每对异性兔子每个月可繁殖一对新生兔（异性），隔一个月后新生兔便具有生育能力。若开始养兔场有 M 对异性新生兔，第 k 个月从外地收购 f(k) 对异性新生兔，问 k 个月后养兔场的兔子对总数是多少？

设 k 个月后养兔场的兔子对总数为 y(k)。因为在第 k 个月，有 y(k-2) 对兔子具有生育能力，它们由原来的 y(k-2) 对变成 2y(k-2) 对，其余的 [y(k-1)-y(k-2)] 对兔子没有生育能力，再考虑外购新生兔 f(k) 对，故第 k 个月月末的兔子对总数为

$$y(k) = 2y(k-2) + [y(k-1) - y(k-2)] + f(k)$$

2. 即时系统与动态系统

如果系统的输出信号只取决于同一时刻的激励信号而与其过去的工作状态（历史）无关，则称该系统为即时系统（或无记忆系统）。例如，只有电阻元件组成的电路系统就是即时系统。如果系统的输出信号不仅取决于同一时刻的激励信号，而且还与其过去的工作状态（历史）有关，则称该系统为动态系统（或记忆系统）。图 4-17 所示为由电路组成的即时系统和动态系统。凡是含有记忆元件（如电容、电感等）或记忆电路（如存储器）的系统都属于动态系统。动态系统的数学模型是微分方程或差分方程。

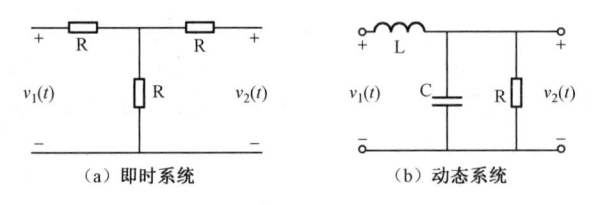

图 4-17 即时系统和动态系统

3. 线性系统与非线性系统

具有叠加性和齐次性的系统称为线性系统。所谓叠加性是指当几个激励信号同时作用于系统时，系统响应等于每个激励信号单独作用于该系统所产生的响应之和。而齐次性的含义是当输入信号扩大或缩小某一定的倍数时，响应输出也扩大或缩小相同的倍数。不满足叠加性或齐次性的系统是非线性系统。

4. 时变系统与时不变系统

如果系统的参数不随时间变化，则称该系统为时不变系统（或非时变系统）；如果系统的参数随时间变化，则称该系统为时变系统（或参变系统）。

系统除以上几种分类方法外，还可以按照系统的性质划分成集总参数系统与分布参数系统、因果系统与非因果系统、稳定系统与非稳定系统等。

4.2 语音信号处理

语音信号处理是研究用数字信号处理技术对语音信号进行处理的一门学科，是在多门学科基础上发展起来的综合性技术。它涉及数字信号处理、模式识别、语言学、生理学、心理学，以及认知科学和人工智能等许多学科领域。

语音信号是人们构成思想疏通和情感交流的必要手段，是人类所特有的也是最重要的交际方式。语音具有两重属性：一方面，语音具有表意功能；另一方面，语音毕竟是一种声音，它是由人的头脑中产生的一组神经信号去控制发音器官，变成空气的振动信号，然后由空气传递到人的耳朵或受话器中的信号。语言和语音与人的智力活动密切相关，与社会文化和进步紧密相连，所以它具有最大的信息容量和最高的智能水平。语音用电表示时，语音信号在时间和幅值上都是连续的模拟信号,如图 4-18 所示。

语音信号处理简称语音处理,是以语音学和数字信号处理为基础而形成的一门综合性学科,处理的目的是要得到一些语音参数以便高效地传输或存储,或者通过某种运算处理以达到某种用途的要求。例如,人工合成出语音,辨识出说话者,识别讲话的内容等。

4.2.1 语音信号处理的基本内容

语音信号处理的基本内容主要包括语音信号处理基础、语音信号分析、语音编码、语音合成、语音识别和说话人识别等,如图 4-19 所示。

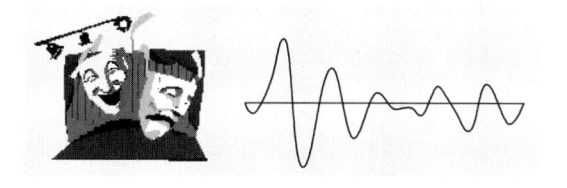

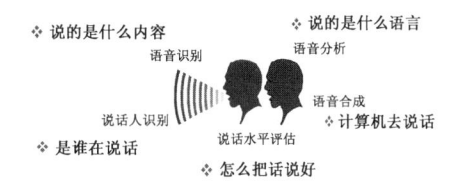

图 4-18 语音信号　　　　图 4-19 语音处理的基本内容

1. 语音信号处理基础

语音信号是携带信息的语音声波,经过声电转换能得到语音的电信号,如果经过声光转换就能得到语音的光信号。在研究学习语音信号的各种处理技术及其应用之前,首先应该了解语音信号的一些基本特性,应该知道语音是如何由一些最基本的单位组成的,人类的发声器官是如何产生声音的,汉语语音有哪些特性,在此基础上可以建立一个语音产生模型,以便于进一步地学习和研究语音信号处理的方法;同时,也必须了解人类听觉的生理结构与特征。图 4-20 所示为汉语声调的典型曲线图。

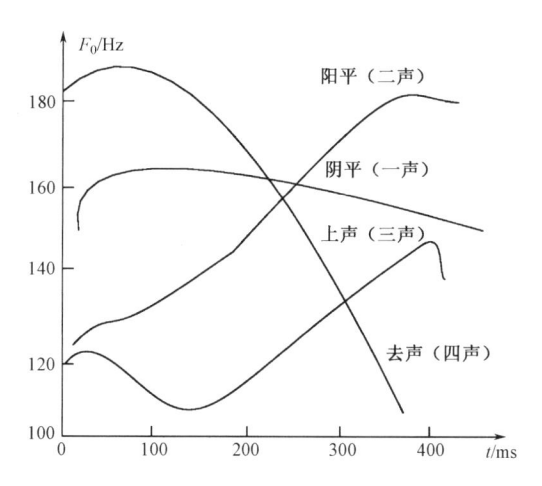

图 4-20 汉语声调的典型曲线图

2. 语音信号分析

语音信号分析是进行语音信号处理的前提。根据所分析参数的不同,语音信号分析可以分为时域、频域和倒谱域等方法。时域分析具有简单、运算量小、物理意义明确等优点,但更为有效的分析多是围绕频域进行的,因为语音中最重要的感知特性反映在其功率谱中,而相位变化只起着很小的作用。图 4-21 所示为语音信号时域和频域的波形图。

另外,按照语音学观点,可将语音分析法分为模型分析法和非模型分析法两种。其中,模型分析法是指依据语音产生的数学模型,分析和提取表征这些模型的特征参数,如共振峰模型分析法和声管模型(即线性预测模型)分析法即属于这种分析法。图 4-22 所示为一个实用的语音信号数字模型。不进行模型化分析的其他方法都属于非模型分析法,包括时域分析和频域分析、时频分析和同态分析等。通过提取少量的参数来有效地描述语音信号,即语音信号的参数表示,是语音处理领域的关键技术之一。基于语音产生模型的多种参数表示法已在语音识别、合成、编码和说话人识别研究的大量实践中证明是十分有效的。

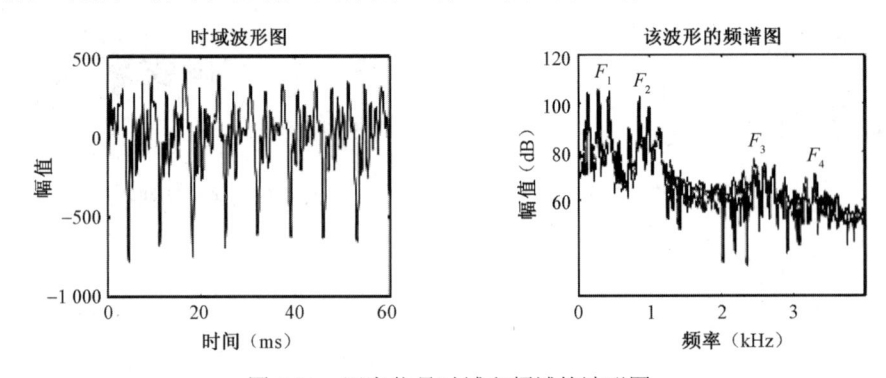

图 4-21 语音信号时域和频域的波形图

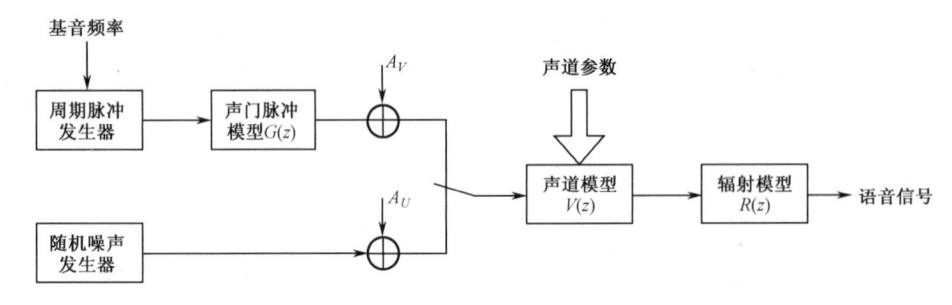

图 4-22 实用语音信号的数字模型

3. 语音编码

语音编码是语音数字处理最重要的一种应用。语音编码的目的是用尽可能低的比特率来获得尽可能高的合成语音质量。实现语音编码(特别是中低速率语言编码)的设备通常称为声码器。虽然光纤通信和微波通信等系统可以提供很宽的频带,但在很多情况下仍然需要压缩语音编码速率以节省频带。一方面,压缩编码后可以在有限带宽的信道上传输多路语音,提高信道的利用率;另一方面,可以在窄带的模拟信道上传输数字语音。特别是在军事通信系统等需要复杂加密的应用场合,声码器具有不可替代的作用。

4. 语音合成

语音合成的目的就是让计算机说话。最简单的语音合成应当是语音响应系统。其实现技术非常简单,在计算机内建立一个语音库,将可能用到的单字、词组或一些句子的声音编码后存入计算机,当输入所要的字、词组或句子代码时,就能调出对应的数码信号,并转换成声音;按规则的文字—语音合成系统将文字转换成语言,让计算机模仿人来朗读文本。语音合成的应用有:电话查询业务、语音信箱、语音聊天室、公共汽车或电车的自动报站等。

5. 语音识别

语音识别的作用是将语音转换成等价的书面信息,也就是让计算机听懂人说话。例如,一部智能手机,用户在发短信时,只需要用嘴说出要发送的内容,手机即可自动以文本的形式显示用户所说出的信息,如图4-23所示。

目前语音识别已经成为语音数字处理研究领域中的重点和难点技术。语音识别技术可以有许多分类方法,如根据语音识别对象可以分为孤立词识别、连续语音识别等;根据词汇量可以分为小词汇表(100个词汇以下)、中词汇表(100~500个词汇)、大词汇表(500个词汇以上)语音识别等;根据对说话人的要求可以分为特定说话人语音识别、多说话人语音识别和非特定说话人语音识别等。语音识别虽然从原理上看实现并不困难,但在实际实现时遇到的困难很多。例如,发音的多边性、不同人发同一个音、同一个人在不同的条件下发同一个音等都会有不同的发音参数;发音的模糊性,在实际的连续语音流中语音声学变量与音素变量之间不存在一一对应关系;语音流中变化多端的音变现象,这些音变对人类的听觉系统来说很容易辨认,但对机器识别比较困难。图4-24是语音识别的一个系统模型。

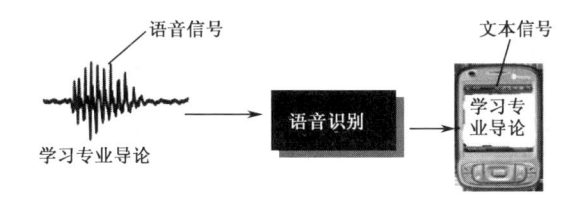

图4-23 语音识别的简单应用

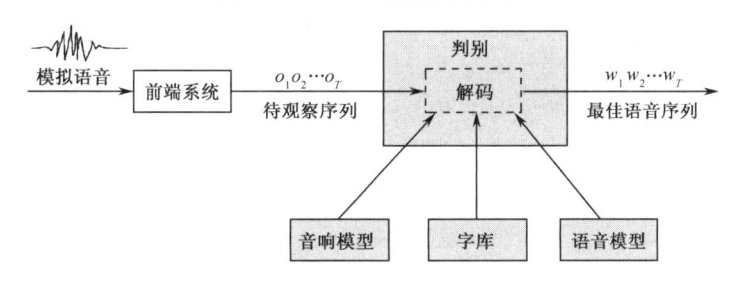

图4-24 语音识别系统模型

语音识别的主要应用有自动订票系统、电话查询等。

6. 说话人识别

说话人识别的作用是根据语音辨别说话人,广义的语音识别也包括说话人识别。但说话人识别并不注意语音信号中的语义内容,而是希望从语音信号中提取出人的特征,即根据语音判别说话人是谁。语音信号既载有说话人的语言信息,同时也载有说话人本身的特征信息。

每个人的发声器官都有自己的特征，说话时也都有自己特殊的语言习惯。在分析语音信号时，可以提取说话人的个人特征，从而有可能识别说话人是谁。在语音识别时，要消除说话人的个人特征，以免影响识别的准确率；而在研究说话人识别时，则要专门研究人的特征，从语音信号中分析和提取个人特征，去除不含个人特征的语音信息。说话人识别包含说话人确认和说话人辨认两个方面。前者是确认说话人的身份，说话人说一句或几句测试语句，经处理后获取的特征参数与储存的特定人语音的参数比较，做出"是与否"的判决。后者是要辨认待识别的语音来自若干人中的哪一位，要将待识别语音与每一位说话人的语音比较，找出距离最近的语音所对应的说话人。

说话人识别主要应用领域有：公安部门进行语音验证，为一般的用户提供防盗门开启功能，语音拨号，电话银行，电话购物，语音E-mail，信息服务等。

4.2.2 语音信号处理的应用及发展方向

在语音识别方面，其基本任务是将输入语音转化为相应的文本或命令。语音识别的应用前景广泛，在一些应用领域中正迅速成为一个关键的具有竞争力的技术。例如，声控电话转换、声控语音拨号系统、信息网络查询、家庭服务、宾馆服务和医疗服务等；在语音合成方面，它已经在很多方面得到了实际应用，发挥了很好的社会效应，如公共交通中的自动报站、各种场合的自动报时、自动报警、电话自动查询服务和文本校对中的语音提示等；在语音编码方面，它的根本作用是使语音通信数字化，目前已经广泛应用于数字通信系统、移动无线通信和保密语音通信等方面。语音编码技术也可以用于呼叫服务，如数字录音电话、语音信箱、电子录音簿等。与模拟语音通信系统相比，数字语音通信系统具有抗干扰能力强、保密性好、易于集成化等优点。在当前迅速发展的移动通信中，语音编码技术占有非常重要的地位。在说话人识别方面，近年来已经在安全加密、银行信息电话查询服务等方面得到了很好的应用。

语种识别和基于语音的情感处理是近年来新出现的研究方向。语种识别是通过分析处理一个语音片段判别其所属语言的种类，本质上也是语音识别的一个方面。由于世界上不同语种间有着多种区别性特征，如语素集合、音位序列、音节结构、音律特征、词汇分类、语法和语义网络等，所以在自动语种识别中有多种可以利用的特征。语种识别可以应用于多语音识别的前端处理，在信息检索、军事领域和国家安全事务中有着重要的应用。基于语言的情感处理是指基于语音，提取其中包含的人们的感情和情绪等非语言信息。同样一句话，往往由于说话人的情感不同，其意思和给听者的感觉就会不同。随着语音处理系统的发展，人们逐渐发现情感和态度所引起的变化对语音合成、语音识别、说话人识别等方面的影响较大，因此，研究情感对语音的影响以及情感状态下语音信号处理的有效方法成为新的方向。

4.3 数字图像处理

数字图像处理（Digital Image Processing，DIP）又称计算机图像处理，是指将图像信号转换成数字信号并利用计算机对其进行处理的过程。数字图像处理最早出现于20世纪50年代，当时的计算机已经发展到一定的水平，人们开始利用计算机来处理图形和图像信息。数字图像处理作为一门学科大约形成于 20 世纪 60 年代初期。早期的图像处理的目的是改善图像的质量，它以人为对象，以改善人的视觉效果为目的。在图像处理中，输入的是质量低的图像，输出的是改善质量后的图像，常用的图像处理方法有图像增强、复原、编码和压缩等。

首次实际成功应用图像处理技术的是美国喷气推进实验室（JPL）。他们对航天探测器徘徊者 7 号在 1964 年发回的几千张月球照片使用了如几何校正、灰度变换、去除噪声等方法进行处理，并考虑了太阳位置和月球环境的影响，由计算机成功绘制出月球表面地图，获得了巨大成功。图 4-25 所示是徘徊者 7 号登陆时拍摄的图片。随后他们又对探测飞船发回的近十万张照片进行更为复杂的图像处理，获得月球的地形图、彩色图及全景镶嵌图，取得了非凡的成果，为人类的登月创举奠定了坚实的基础，也推动了数字图像处理这门学科的诞生。在以后的宇航空间技术，如对火星、土星等星球的探测研究中，数字图像处理技术都发挥了巨大的作用。

数字图像处理取得的另一个巨大成就是在医学上获得的成果。1972 年，英国 EMI 公司工程师 Housefield 发明了用于头颅诊断的 X 射线计算机断层摄影装置，也就是通常所说的 CT（Computer Tomograph）。CT 的基本方法是根据人的头部截面的投影，经计算机处理来重建截面图像，称为图像重建。1975 年，EMI 公司又成功研制出全身用的 CT 装置，获得人体各个部位鲜明清晰的断层图像，如图 4-26 所示。1979 年，这项无损伤诊断技术获得了诺贝尔奖，表明它对人类做出了划时代的贡献。

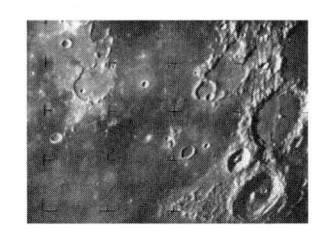

图 4-25　徘徊者 7 号登陆图片　　　　图 4-26　胸部 X 射线

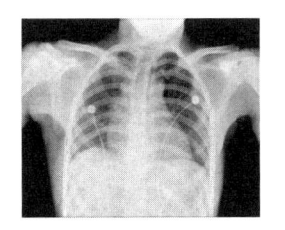

4.3.1　数字图像处理的基本内容

图 4-27 所示为处理一幅图片的基本过程：图像的采集（通过采集设备如数码相机、扫描仪等，将图像数字化），储存，数字图像处理（如图像变换、编码、图像增强、去噪等），再次进行储存等几个步骤。下面简要介绍图像处理的一些方法。

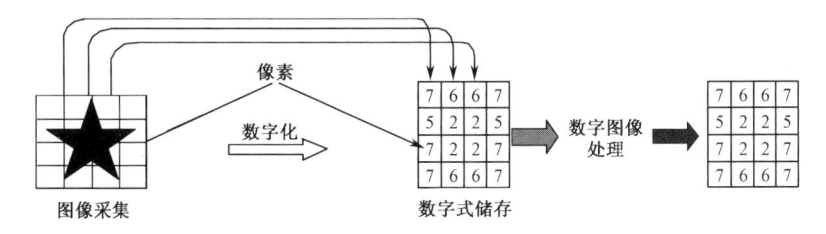

图 4-27　图像处理的过程

1. 图像变换

由于图像阵列很大，直接在空间域中进行处理，涉及的计算量很大，因此，往往采用各种图像变换的方法，如傅里叶变换（见图 4-28）、沃尔什变换、离散余弦变换等间接处理技术，将空间域的处理转换为变换域处理，不仅可以减少计算量，而且可获得更有效的处理（如傅里叶变换可在频域中进行数字滤波处理）。目前研究的小波变换及其最新理论发展在时域和频域中都具有良好的局部化特性，在图像处理中也有着广泛而有效的应用。

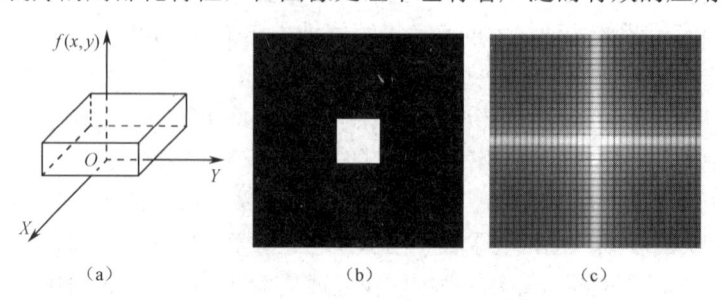

图 4-28　2D 图像函数和傅里叶频谱的显示

2．图像编码压缩

图像编码压缩可减少描述图像的数据量（即比特数），以便节省图像传输、处理时间和减少所占用的存储器容量。压缩可以在不失真的前提下获得，也可以在允许的失真条件下进行（见图 4-29）。编码是压缩技术中最重要的方法，它在图像处理技术中是发展最早且比较成熟的技术。

（a）压缩前的图像　　　（b）压缩后的图像

图 4-29　图像压缩前、后的比较（压缩比为 5.318∶1）

3．图像增强和复原

图像增强和复原的目的是为了提高图像的质量，去除噪声，提高图像的清晰度等。图像增强不考虑图像降质的原因，突出图像中所感兴趣的部分。如强化图像高频分量，可使图像中物体轮廓清晰，细节明显；强化低频分量，可减少图像中噪声的影响。图 4-30 所示是图像复原和增强后的效果对比图。图像复原要求对图像降质的原因有一定的了解，一般应根据降质过程监理"降质模型"，再采用某种滤波方法，恢复或重建原来的图像。

4．图像分割

图像分割是数字图像处理中的关键技术之一。图像分割是将图像中有意义的特征部分提取出来，其有意义的特征有图像中的边缘、区域等，这是进一步进行图像识别、分析和理解的基础。图 4-31 所示即是根据感兴趣的目标特征将各个对象分别提取出来。

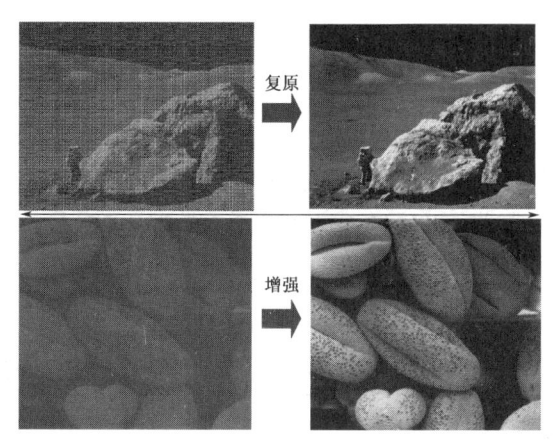

图 4-30 图像复原和增强后的效果对比图

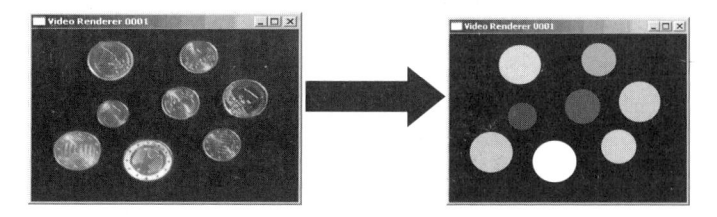

图 4-31 图像分割

5. 图像描述

图像描述是图像识别和理解的必要前提。作为最简单的二值图像，可采用其几何特性描述物体的特性。一般图像的描述方法采用二维形状描述，它包括便捷描述和区域描述两类方法。对于特殊的纹理图像，可采用二维纹理特征描述。随着处理研究的深入发展，已经开始进行三维物体描述的研究，提出了体积描述、表面描述和广义圆柱体描述等方法。图 4-32 所示是对两个图形（圆形和正方形）采用特征函数来进行图像形状的描述。

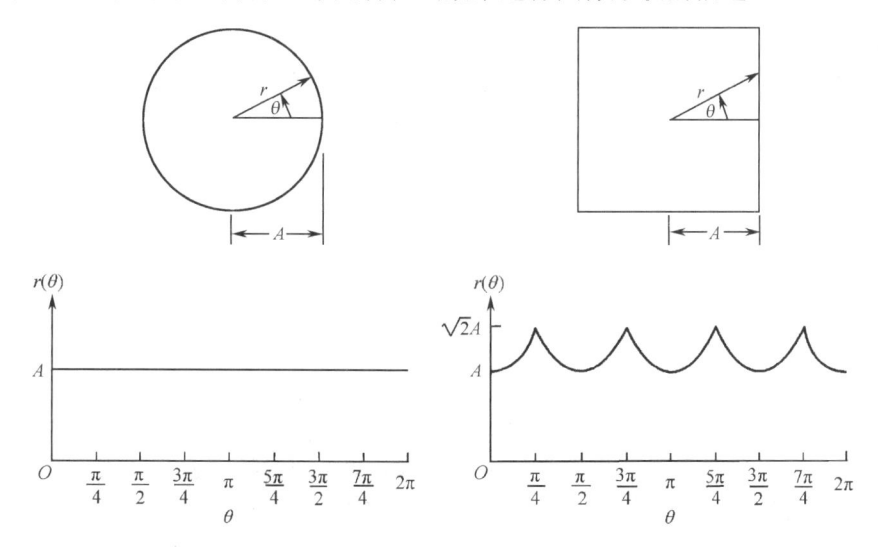

图 4-32 距离-角度函数描述图像的形状

6. 图像分类（识别）

图像分类（识别）属于模式识别的范畴，其主要内容是图像经过某些预处理（增强、复原和压缩）后，进行图像分割和特征提取，从而进行判决分类。图像分类常采用经典的模式识别方法，有统计模式分类和句法（结构）模式分类，近年来新发展起来的模糊模式识别和人工神经网络模式在图像识别中也越来越受到重视。例如，目前 Daugman 开发的虹膜识别算法是将整个虹膜识别过程大致分为虹膜定位、虹膜归一化、虹膜特征提取和虹膜匹配四个步骤。虹膜识别技术相关过程分析如图 4-33 所示。

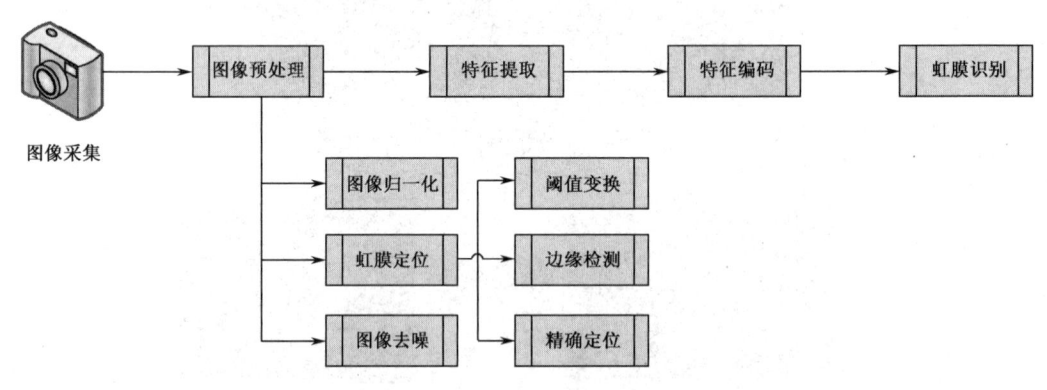

图 4-33 虹膜识别技术相关过程分析

4.3.2 数字图像处理的特点

1. 再现性好

数字图像处理与模拟图像处理的根本不同在于，不会因图像的存储、传输或复制等一系列变换操作而导致图像质量的退化。只要图像在数字化时准确地表现了原模板，则数字图像处理过程始终能保持图像的再现。

2. 处理精度高

按目前的技术，几乎可将一幅模拟图像数字化为任意大小的二维数组，这主要取决于图像数字化设备的能力。现代扫描仪可以把每个像素的灰度等级量化为 16 位甚至更高，这意味着图像的数字化精度可以达到满足任一应用需求。对于计算机而言，不论数组大小，也不论每个像素的位数是多少，其处理程序几乎是一样的。换言之，从原理上讲，不论图像的精度有多高，处理总是能实现的，只要在处理时改变程序中的数组参数就可以了。回想一下图像的模拟处理，为了要把处理精度提高一个数量级，需要大幅度地改进处理装置，这在经济上是极不合算的。

3. 适用面宽

图像可以来自多种信息源，可以是可见光图像，也可以是不可见的光谱图像，如 X 射线图像、超声波图像或红外图像等。从图像反映的客观实体尺度看，可以小到电子显微镜图像，大到航空照片、遥感图像甚至天文望远镜图像。这些来自不同信息源的图像只要被变换为数字编码形式后，均是由二维数组表示的灰度图像组合而成的，彩色图像也是由灰度图像组合而成的，如 RGB 图像由红、绿、蓝三个灰度图像组合而成，因此均可用计算机来处理。只要针对不同的图像信息源，采取相应的图像信息采集措施，图像的数字处理方法适用于任意一种图像。

4．灵活性高

图像处理大体上可以分为图像的像质改善、图像分析和图像重建三大部分，每一部分均包括丰富的内容。由于图像的光学处理从原理上讲只能进行线性运算，这极大地限制了光学图像处理能实现的目标。而数字图像处理不仅能完成线性运算，而且能实现非线性处理，即凡是可以用数学公式或逻辑表达式表示的一切运算均可用数字图像处理实现。

4.3.3 数字图像处理的应用

图像是人类获取和交换信息的主要来源，因此数字图像处理的应用领域必然涉及人类生活和工作的方方面面。随着人类活动范围的不断扩大，数字图像处理应用领域也将随之不断扩大。

1．航天和航空遥感方面的应用

数字图像处理技术在航天和航空技术方面的应用，除上面介绍的 JPL 对月球、火星照片的应用外，还应用在飞机遥感和卫星遥感技术中。现在世界各国都在利用陆地卫星所获取的图像进行资源调查，如森林调查、海洋泥沙和渔业调查、水资源调查等；灾害检测，如病虫检测、水火检测、环境污染检测等，遥感探测如图 4-34 所示；资源勘察，如石油勘察、矿产量探测、大型工程地理位置勘探分析等；农业规划，如土壤营养、水分和农作物生长、产量的估算等；城市规划，如地质结构、水源及环境分析等。我国也陆续开展了以上诸方面的一些实际应用，并获得了良好的效果。在气象预报和对太空其他星球的研究方面，数字图像处理技术也发挥了相当大的作用。

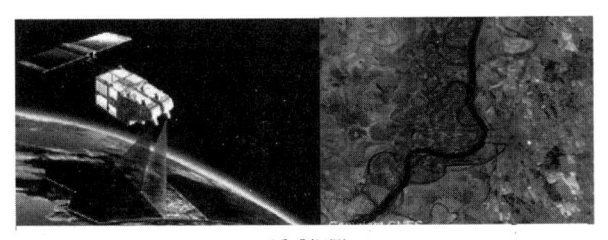

遥感探测

图 4-34 遥感探测

2．生物医学工程及疾病诊断方面的应用

数字图像处理在生物医学工程方面的应用十分广泛，而且很有成效。除上面介绍的 CT 技术外，还有一类是对医用显微镜图像的处理分析，如红细胞、白细胞分类，染色体分析和癌细胞识别等，如图 4-35 所示。此外，在 X 光肺部图像增晰、超声波图像处理、心电图分析、立体定向放射治疗等医学诊断方面，都广泛地应用了图像处理技术。

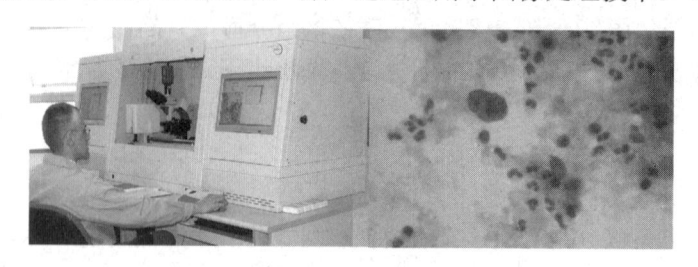

图 4-35　全自动细胞 DNA 定量分析检测系统

3．通信工程方面的应用

当前通信的主要发展方向是声音、文字、图像和数据结合的多媒体通信。具体地讲是将电话、电视和计算机三大网络合一的方式在数字通信网上传输。其中以图像通信质量最为复杂和困难，这是因为图像的数据量十分巨大，如传送彩色电视信号的速率达 100MB/s 以上。要将这样高速率的数据实时传送出去，必须采用编码技术来压缩信息的比特量。从一定意义上讲，编码压缩是这些技术成败的关键。除应用较广泛的熵编码、DPCM 编码和变换编码外，目前国内外正在大力开发研究新的编码方法，如分行编码、自适应网络编码、小波变换图像压缩编码等。

4．工业和工程方面的应用

在工业和工程领域中数字图像处理技术有着广泛的应用，如自动装配线中检测零件质量、对零件进行分类，印制电路板疵病检查，如图 4-36 所示。例如，弹性力学照片的应力分析，流体力学图片的阻力和升力分析，邮政信件的自动分拣，在一些毒、放射性环境内识别工件及物体的形状和排列状态，先进的设计和制造技术中采用工业视觉等。其中值得一提的是研制具备视觉、听觉和触觉功能的智能机器人，这将会给工农业生产带来新的激励，目前已在工业生产中的喷漆、焊接和装配中得到有效的应用。

（a）机器检测电路板　　　　　　　（b）电路板图示

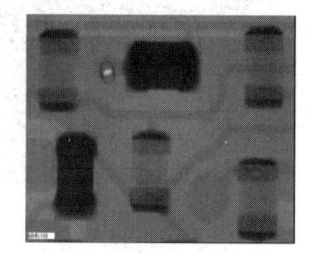

图 4-36　工业检测

5．军事公安方面的应用

在军事方面，数字图像处理和识别主要用于导弹的精确制导，各种侦察照片的判读，具有图像传输、存储和显示的军事自动化指挥系统，飞机、坦克和军舰模拟训练系统等；公安业务图片的判读分析，指纹识别，人脸鉴别，不完整图片的复原，以及交通监控、事故分析等。目前已投入运行的高速公路不停车自动收费系统中的车辆和车牌的自动识别都是图像处理技术成功应用的例子。图 4-37 显示了图像处理在军事安全方面的应用。

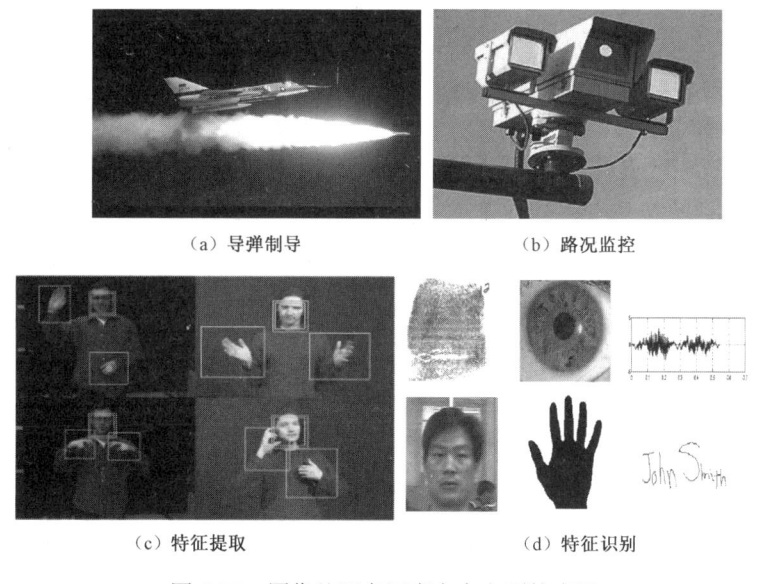

（a）导弹制导　　　　　　　　（b）路况监控

（c）特征提取　　　　　　　　（d）特征识别

图 4-37　图像处理在军事安全方面的应用

6．文艺艺术方面的应用

目前这类应用有电视画面的数字编辑、动画的制作、电子图像游戏、纺织工艺品设计、服装设计与制作、发型设计、文物资料照片的复制和修复、运动员动作分析和评分等，现在已逐渐形成一门新的艺术——计算机美术。图 4-38 所示是几幅在电影中出现的画面，在现实生活中这样的画面当然不存在，而只是经过合成的图片。这样做可以给观众一个逼真的效果。

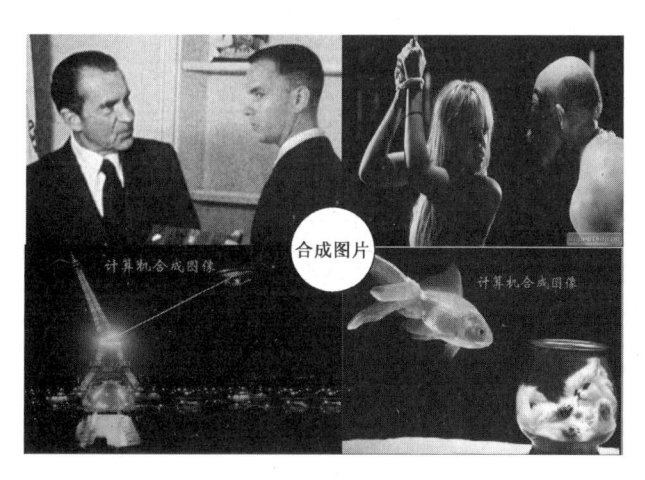

图 4-38　图像处理在艺术中的应用

4.4 盲信号处理

在实际应用中，多信号混合分离问题在现实中更普遍，信号处理的对象往往不是单个目标信号，而很有可能混叠有多个目标信号。举个经典的例子就是"鸡尾酒会"（Cocktail party）问题，假设你在参加一个鸡尾酒会，现场人员众多，有各种各样的声源，如聊天声、音乐声、碰杯声，以及室外的汽车鸣笛声等，如图4-39所示。如果有一系列的传声器去记录这些声音，则各个传声器接收到的是具有不同权重的各类声音信号的混合。尽管现场有很多干扰，但人耳还是能够捕获到所关心和感兴趣的语音。类似的问题也会出现在图像处理领域中，如图4-40所示。我们实际观测获得的信号往往是混合之后的信号，如图4-39中的 X 和图4-40（b）所示，如何仅仅借助于混合信号分离得到我们所需的各个源信号呢？

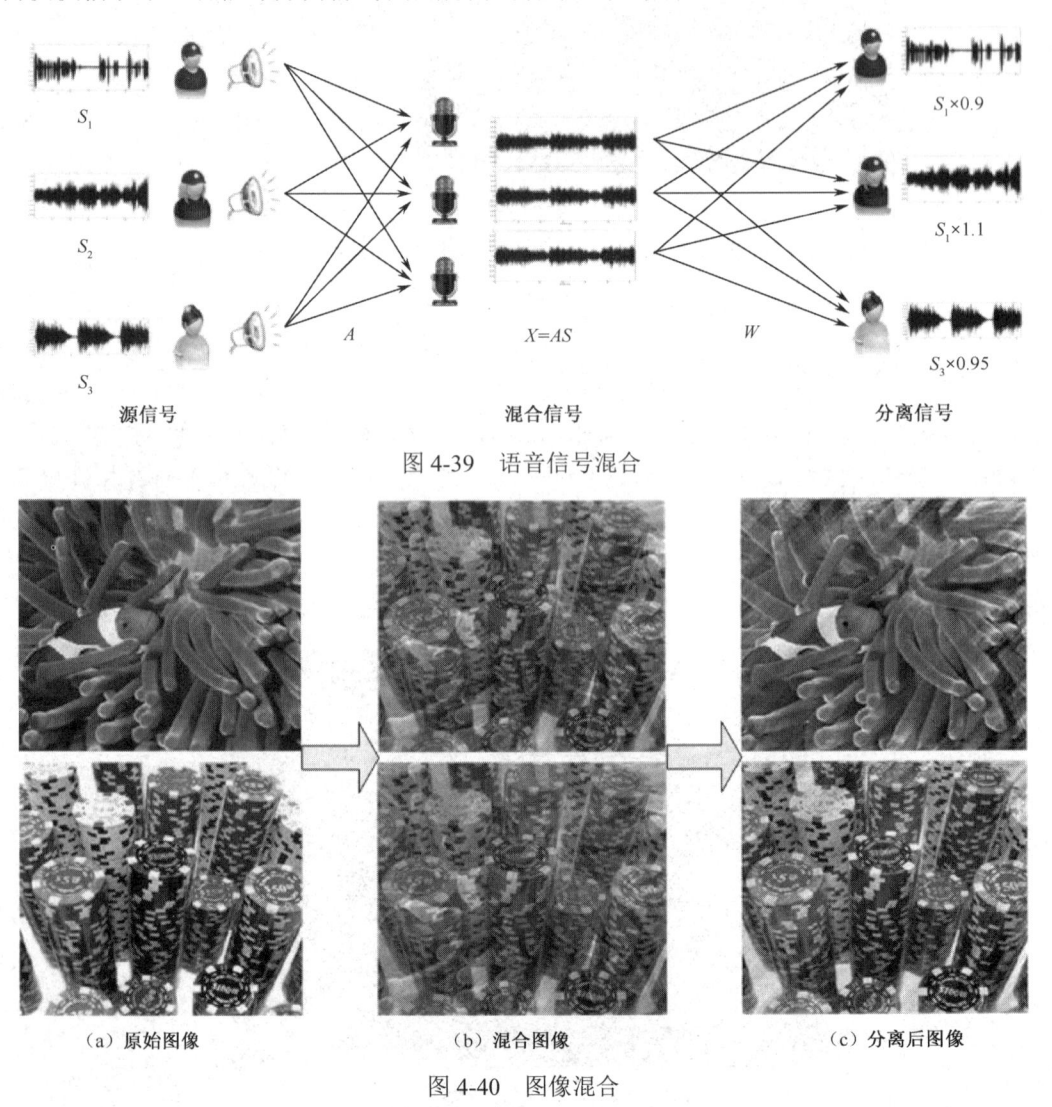

图4-39 语音信号混合

（a）原始图像　　　　（b）混合图像　　　　（c）分离后图像

图4-40 图像混合

4.4.1 盲源分离的方法

盲源分离（Blind Source Separation，BSS）的提出就是为了解决上述这类问题，它指仅从若干观测到的混合信号中提取并分离出无法直接观测到的原始信号。这里的"盲"有两层意思，即源信号和混合的过程都是未知的，或者只知道少量的先验知识和假设。盲源分离是信号处理中一个传统而又极具挑战性的问题，它是 20 世纪 80 年代后期逐步发展起来的，从最初概念的提出，到今天已经成为神经网络领域和信号处理领域的研究热点，大量研究人员从理论、算法及应用等多方面进行了积极且有意义的探索，被广泛应用于语音通信、图像处理、生物医学和阵列信号处理等领域。

独立成分分析（Independent Component Analysis，ICA）是解决盲源分离的一个主要方法，它的基本思想是假设待分离的源信号满足一定的独立性，根据相关理论构造能够反映源信号相互关系的目标函数，最后对其进行无监督学习的优化求解，实现不同独立信号的分离。目标函数及其学习算法的不同选择就构成了众多的基于 ICA 的盲源分离算法。当源信号满足一定的稀疏性假设时，稀疏成分分析（Sparse Component Analysis，SCA）也能够发挥其在信号分离中的贡献。不同于 ICA，SCA 通常采用"两步法"，首先采用聚类等方式估计出信号的混合过程，再利用线性规划等方法进行源信号的分离。其流程如图 4-41 所示。此外，非负矩阵分解（Non-negative Matrix Factorization，NMF）则寻求带非负约束的局部特征来表示源信号，确定了目标函数后，再用一定的算法进行寻优处理，得到分离矩阵，再进行信号分离。

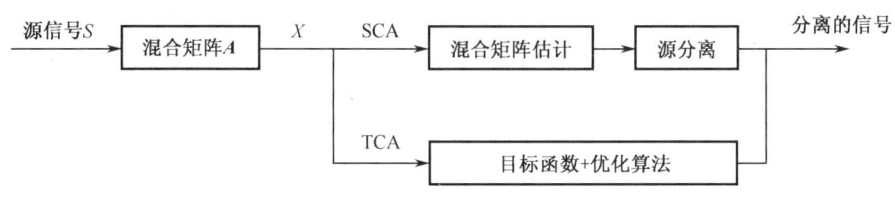

图 4-41 盲源分离方法流程

4.4.2 盲源分离的应用

盲源分离能够作为一项预处理技术，具有广泛的应用价值，下面列举盲源分离几个具有代表性的应用领域。

1. 语音信号的分离、提取和增强等技术

这首先涉及对鸡尾酒会问题本身的研究，是盲源分离最早的应用。人往往很容易地从嘈杂的声音中辨识出每一个单独的声音，而计算机目前却不能做到。在鸡尾酒会问题中，我们需要设计智能的自适应系统及相应的学习算法，该学习算法具有这种类似的能力。因此，鸡尾酒会问题的解决能够极大促进人们对自身特别是大脑功能的了解，并促进人工智能的发展。盲源分离能帮助我们提取感兴趣的信号，从噪声中选择所需信号，然后进行后期处理。因此，它可以作为语音识别的预处理过程，从而提高语音识别的正确率。

2. 图像处理与识别

盲源分离在图像处理领域应用也非常广泛，如特征提取、运动目标监测、数字水印、图

像去模糊、图像分离与恢复等方面。例如，在图像恢复问题中，可以利用用盲源分离的方法从加噪混合图像中恢复出原始图像，从而消除图像生成过程中混入的各方面因素，如相机抖动、镜头变形，光线反射和传输噪声等。

3．数字通信信号处理

由于盲信号处理在进行信道均衡时既不需要天线阵响应的先验知识，也不需要任何训练信号，甚至在很恶劣的多途径衰减环境中，这些算法还是稳健的，因此它在数字通信领域具有广泛的应用。借助盲源分离算法，可以实现同一信道同时传送多个用户信号，从而大大提高信道容量。此外，干扰信号的训练样本通常难以得到，对快速时变信道，训练难以奏效，并且通过消除或减少训练序列集可以增加系统容量，这使得盲源分离在许多场合甚至是不可或缺的。

4．生物医学信号处理。

生物工程中一个富有挑战性的问题就是非侵入式评估人体内部不同器官的生理变化，这种变化可以用于医学诊断和人机接口（如脑机接口，帮助残疾人控制相关设备等）。由于生物医学上的源信号通常都很微弱，且容易被噪声污染，采集到的生物医学信号通常都是多个源信号的混合体。此时，盲源分离能够作为一项预处理技术，用于信号分离和去噪，从而显著提高后期的模式识别和分类的正确率。例如，医学上采集的胎儿的心电图（ECG），总是会混入母亲的心电图信号。因此，如果能分离出胎儿的心电图，则对胎儿的诊断则更加可靠。此时这种信号分离技术甚至是不可缺少的。目前，盲源分离已经成功应用于心电图、脑电图等信号的处理。

4.5 计算机视觉

计算机视觉（Computer Vision，CV）是用计算机来模拟人的视觉机理获取和处理信息的能力。形象地说，就是利用摄像机和计算机代替人眼使得计算机拥有类似于人类的那种对目标进行提取、分类、识别、跟踪、判别、决策的功能。作为一个新兴学科，计算机视觉研究图像处理、信号处理、概率统计、计算几何、物理学、神经网络、机器学习等相关的理论和技术，从而建立能够从图像或多维数据中获取信息的人工智能系统。这里的信息是指香农定义的，可以用来帮助做决策的信息。因为感知可以看作从感官信号中提取的信息，所以计算机视觉也可以看作研究如何使人工智能系统从图像或多维数据中"感知"的科学。

计算机视觉目前已成为信号分析与处理的一个非常重要的研究领域。很多有关单元变量信号的处理方法，尤其是对时变信号的处理，都可以很自然地被扩展为计算机视觉中对二元变量信号或多元变量信号的处理方法。但由于图像数据的特有属性，很多计算机视觉中发展起来的方法，在单元信号的处理方法中却找不到对应版本。这类方法的一个主要特征是，它们的非线性以及图像信息的多维性，以上两点作为计算机视觉的一部分，在信号处理学中形成了一个特殊的研究方向。

4.5.1 计算机视觉的基本研究内容

计算机视觉是一门综合性的学科。它既是工程领域，也是科学领域中的一个富有挑战性重要研究领域，其经典的研究内容包括场景重建、目标识别、视觉监测、目标跟踪、图像索引等。

1. 场景重建

给定一个场景的两幅或多幅图像或一段录像，场景重建寻求为该场景建立一个三维模型。最简单的情况是生成一组三维空间中的点。在复杂的情况下会建立起完整的三维表面模型。在基于图像的三维重建过程中，关键步骤是图像之间的特征提取与匹配。为提高重建的质量，通常提取图像中目标的仿射不变的特征，如 SIFT（Scale Invariant Feature Transform）、SURF（Speed Up Robust Features）、MSER（Maximally Stable Extremal Regions）特征等。图 4-42 所示是塑像重构的基本过程。

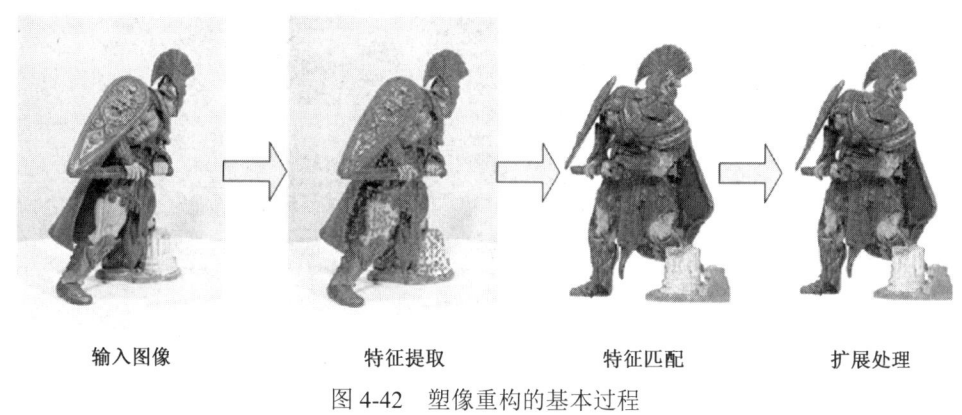

输入图像　　　特征提取　　　特征匹配　　　扩展处理

图 4-42　塑像重构的基本过程

2. 目标识别

判定一幅或一组图像中是否包含某个特定的物体、图像特征或运动状态。这一问题通常可以通过计算机编程自动解决，但是到目前为止，还没有某个单一的方法能够广泛地对各种情况进行判定，即在任意环境中识别任意物体。现有技术只能够很好地解决特定目标的识别，如简单几何图形识别、人脸识别、印刷或手写文件识别或车辆识别等。而且这些识别需要在特定的环境中，具有指定的光照、背景和目标姿态要求。图 4-43 所示的是在图像中识别特定目标的检测结果。尽管场景中物体（如书）被部分遮挡，但仍然可以通过目标描述中匹配的若干特征识别出物体。

3. 视觉监测

视觉监测就是从动态场景中发现特定的情况内容。其原理是利用计算机视觉和人工智能的理论和方法，通过对摄像机拍摄的图像序列进行自动分析来对场景中的运动物体进行定位、跟踪和识别，并对物体的运动行为做出判断或解释，从而达到监测的目的。如交通监视仪器对过往车辆、行人的监测。图 4-44 所示为城市交通视觉监测中对行人及车辆的监测。

图 4-43 特定目标识别

图 4-44 交通视觉监测中对行人和车辆的监测

4．目标跟踪

在很多监控的环境里，需要能够判断进入特定区域的目标，并且能够跟踪目标的运动轨迹。目标跟踪通常分为两种情况：一种是静态背景下的目标跟踪；另一种是动态背景下的目标跟踪。静态背景下的目标跟踪指的是摄像头固定在某一方位，其所观察的视野是静止的。通常采用背景差分法，即先对背景进行建模，然后从视频流中读取前景图像将前景图像与背景图像做差，就可以得到进入视野的目标物体。动态背景下的目标跟踪摄像头在云台控制或其他运动平台控制下采集图像，使得其所采集的图像时刻在变化，因此对于整个目标跟踪过程来说，背景是变化的，目标也是在整个过程中运动的，所以跟踪起来较有难度。运动目标监测常采用的方法有光流法、基于统计模型的方法等。图 4-45 所示为静态背景下的运动目标的跟踪结果。

图 4-45 静态背景下运动目标的跟踪结果

5. 图像索引

为了使这些庞杂的图像中所包含的信息被有效地访问和利用，必然需要一种能够快速而且准确地查找访问图像的技术即基于图像内容的检索技术。此外，随着大规模数字图像库的出现，传统的依赖于人工标注进行的基于文本的图像检索技术已经无法满足用户日益增长的要求，因此基于内容的图像检索技术（Content-Based Image Retrieval，CBIR）便应运而生。其主要的思想是根据图像所包含的色彩、纹理、形状及对象的空间关系等信息，提取出特征向量，并建立图像的特征库，然后计算查询图像和特征库中图像的特征向量间的相似度，并返回查询结果。由于基于内容的图像检索技术利用了图像本身包含的客观物理视觉特征来进行检索，从而不需要或者仅需要少量的人工干预，因此在需要自动化的场合取得了大量应用。图 4-46 所示为基于图像内容的检索实例。

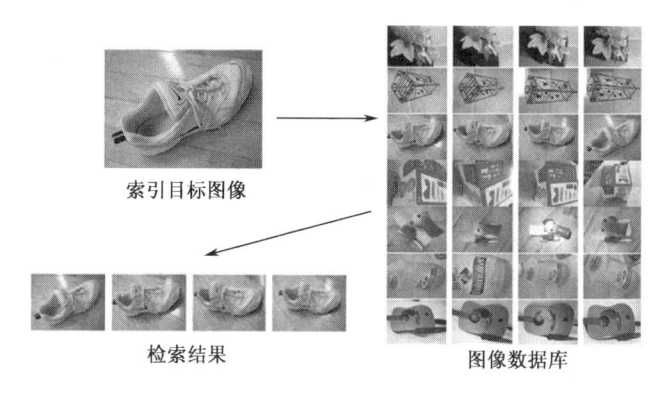

图 4-46 基于图像内容的检索实例

4.5.2 计算机视觉的应用

计算机视觉目前已广泛地应用于各个领域，如产品分拣、零部件定位装配、移动导航、机器人控制、模式识别、过程控制、自动制造、商品分类、监视与跟踪、运动分析、安全鉴别、智能交通系统、农作物生长、食品检测、数码娱乐等领域。此外，在生物特征（如人脸、指纹、掌纹等）识别领域已达到了实用阶段。基于内容的图像数据查询、图片搜索、图像自动索引等技术也已广泛地应用于网络信息搜索、数字图书馆、体育运动分析等系统。由于计算机视觉的重要性，美国把对计算机视觉的研究列为对经济和科学有广泛影响的科学和工程中的重大基本问题，即所谓的重大挑战（grand challenge）。计算机视觉的挑战是要为计算机或机器人开发具有与人类水平相当的视觉判断和决策能力。计算机视觉需要图像信号，纹理和颜色等信息进行建模，几何处理和推理，以及物体建模。一个有能力的计算机视觉系统应该把所有这些处理都紧密地集成在一起。

作为一门学科，计算机视觉开始于 20 世纪 60 年代初，它的理论基础主要还是基于数学（平面几何与空间、射影几何、概率与随机过程等）和物理学（透视与聚焦、运动学、刚体运动、光学等），也包括了三维模型与重构、图像处理、人工智能等理论。从 20 世纪 70 年代流行的采用模式识别方法的视觉研究，到 20 世纪 80 年代采用空间几何及物理知识的视觉研究，再到 2000 年以后，随着智能机器人视觉研究的发展而引入了统计学习、主动视觉、不变量理论、信息融合等技术。目前，随着计算机视觉技术的不断发展，越来越多的新产品，越来越多的全新的用户体验方式正在强烈地冲击着人们传统的生活方式。下面举几个典型的例子来说明其中用到计算机视觉技术的一些产品。

（1）Kinect: Kinect 是由微软开发，应用于 Xbox 360 和 Xbox One 主机的周边设备。Kinect 中包括了人脸检测、人脸识别与跟踪、动作跟踪、表情判断、动作识别与分类等计算机视觉领域的前沿技术。图 4-47 所示为 Kinect 相关设备及其推出的运动游戏中打排球的游戏项目。

图 4-47　Kinect 设备及其推出的运动游戏

（2）街景：Google street view（Google 街景）和微软的 street slide，都是一种用来观看城市街道景色的软件，尤其是 street slide，利用普通相机拍摄的二维图片进行拼接，从而生成了全景图，使得用户可以在街道当中漫游。图像拼接技术目前已广泛应用到各个领域。基于计算机视觉和图像处理的图像拼接技术首先要使用普通照相机拍摄出一组互有重叠并覆盖整个场景的图像，然后使用图像拼接技术合成全景图。图像拼接主要由三个模块组成：图像序列的采集、图像配准、图像的重映射和融合。图像拼接的过程及结果如图 4-48 所示。

（a）图像序列采集

（b）图像配准

（c）重映射及融合

图 4-48　图像拼接的过程及结果

（3）Google 的无人驾驶汽车技术：该技术运用了各种摄像头、激光设备、雷达传感器等，并根据摄像头捕获到图像及雷达和激光设备相互配合来感知车辆当前的速度，前方的交通标识、车道识别、判断周围行人与车辆的距离等信息，并以此来做出加速、减速、停车、左转、右转等判断，从而控制汽车实现真正的"自驾游"。Google 无人驾驶汽车需要采集大量的数据来了解外界信息，每秒会采集超过 750MB 的数据。汽车感应器通过 Xprize 来采集外界图像，任何正在运动的物体都会被察觉，哪怕是一个烟头。图 4-49 所示为 Google 无人驾驶系统描绘的三维地形图。另外，除了 Google，大众和 Intel 也在从事无人汽车驾驶技术的研究工作。

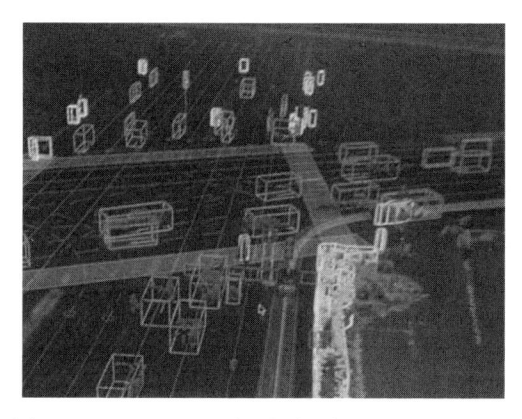

图 4-49　Google 无人驾驶系统描绘的三维地形图

（4）人脸识别：人脸识别技术是计算机视觉发展这几十年最成熟的一个研究成果。关于人脸识别的技术五花八门，它和手写字符、指纹识别一样，开始渗透到生活的各个角落。美国联邦调查局（FBI）已把人脸识别作为国家的指纹数据库更新的一部分，并开始推出了面部识别，识别罪犯。除了使用嫌疑犯照片进行匹配，FBI 更希望通过在人群中进行人脸识别来追踪犯罪嫌疑人。还有一个相反的应用：公共安全监控相机拍摄的，或者群众上传的感兴趣的人的照片，可以和国家的 FBI 的图像库的照片进行比对。算法将执行自动搜索，并返回一个潜在的点击列表，让工作人员进行排序，并作为可能的线索进行调查。理想情况下，这项技术的进步将增强执法能力，更准确地识别罪犯，并更快地抓捕。但是，隐私保护倡导者担心 FBI 的这项计划会带来更深远的影响。例如，一个无辜的人有可能和犯罪嫌疑人一起被摄像头拍到，这个人可能也会进入联邦数据库，或者会受到不必要的监视。图 4-50 所示为 FBI 开发的"下一代人脸识别系统"。未来办案人员可以把公共摄像头捕捉到的照片和 FBI 数据库中的罪犯图片进行比对，或者通过对比嫌疑人照片和 FBI 公共图片库的照片来寻找线索。

（5）手势识别：手势识别（Hand Gesture Recognition）作为多模式人机接口技术的重要组成部分，它的研究涉及心理学、生理学、人工智能、模式识别、计算机视觉、数字图像

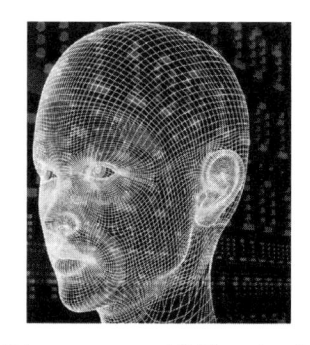

图 4-50　FBI 开发的"下一代人脸识别系统"

处理等多个学科领域，更是模式识别、人工智能和计算机视觉学科的典型案例之一。手势识别的目的就是通过计算机提供一种有效的、准确的机制将常用手语翻译成文本或语音，实现自然语言与手语这两个异种语言模式的交流，使得聋人和健全人之间的交流变得更方便、快捷，使聋人能很好地融入社会。所以，手势识别不仅具有非常重要的学术价值，同时也具有较高的应用价值和广泛的应用前景。图4-51所示为基于体感控制技术手势识别场景及其在三维计算机桌面中的应用。

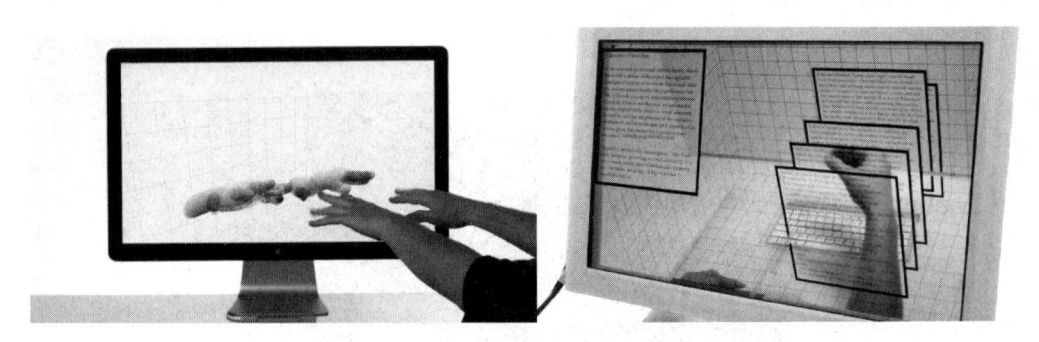

图4-51 基于体感控制技术手势识别场景及其在三维计算机桌面中的应用

4.5.3 计算机视觉的挑战及发展方向

未来计算机视觉的挑战和发展方向是在计算机视觉系统的实用性和扩展性方面，如人性化的人机交互、高性能的学习能力、鲁棒性的识别能力及计算机视觉系统的标准化等等。要想看看计算机视觉技术的未来，还可从空间角度分析问题。如果我们把人类思考和解决问题的方法叫认知空间，计算机视觉处理问题的方法叫方法空间，那么，目前这两个空间并不匹配。因此，凡是有助于减小这两个空间之间隔阂的各种信息技术就是有生命力的，也是计算机视觉未来发展的趋势所在。人类思考问题是并行的、多维的、开放的、归纳演绎的，但计算机视觉并非如此，它是串行的、单维的、封闭的、预定程序的。因此，未来人们努力用大规模并行处理解决并行和串行之间的矛盾，用多媒体解决多维和单维之间的矛盾，用开放系统解决开放和封闭之间的矛盾，用面向对象技术解决归纳演绎和预定程序之间的矛盾。尤其重要的是，分布式网络、高性能传感器及高性能计算机的出现使开放系统和面向对象技术真正有了扎根的土壤，而以上这几个方面也正是计算机视觉技术未来的发展趋势。

未来，计算机视觉系统将具备更多的智能成分，具有多种感知能力、更强的思考与判断能力及自然语言沟通的能力。除提供自然的输入手段（如语音输入、手写输入）外，让人能产生身临其境感觉的各种交互设备已经出现，虚拟现实技术就是这一领域发展的集中体现。虽然，目前计算机视觉技术能做的事情还不太多，但可以相信，在今后的十年或二十年里，计算机视觉技术能做更多的事情，这将是新的令人振奋的应用领域和科学研究领域。

本章结束语

　　信号是信息的表现形式，信号处理的目的是削弱信号中的多余内容，滤除混杂的噪声和干扰，将信号变换成容易处理、传输、分析与识别的形式。数字信号处理主要包括：模/数转换（A/D 转换），即把模拟信号变成数字信号，是一个对自变量和幅值同时进行离散化的过程，基本的理论保证是采样定理；数字信号处理（DSP），包括变换域分析（如频域变换）、数字滤波、识别、合成等；数/模转换（D/A 转换），即把经过处理的数字信号还原为模拟信号。

　　数字信号处理是 21 世纪对科学和工程发展具有深远意义的一门技术，它所带来的革命性变化涉及广泛的领域，如通信、医学图像处理、雷达和声纳、高保真音乐处理、石油勘探等。

第 5 章　信息传输技术

通信（Communication）就是信息的传递，是指由一地向另一地进行信息的传输与交换，其目的是传输信息。然而，随着社会生产力的发展，人们对传递消息的要求越来越高。在各种各样的通信方式中，利用"电"来传递消息的通信方法称为电信（Telecommunication），这种通信具有迅速、准确、可靠等特点，且几乎不受时间、地点、空间和距离的限制，因此得到了飞速发展和广泛应用。

在电信出现之前，人们创造了许多种传输信息的方式，如古代的烽火台、击鼓塔、信号灯等。随着科技的进步，特别是电信号的广泛应用，现代社会人们采用了电话、文字、电视、互联网等进行信息传递。而且人们还约定俗成地把这种信息的传输方式统称为通信。

5.1　信息传输基础

5.1.1　通信的定义

通俗地讲，通信就是要将大量有用的信息高效率、无失真地进行传输，因此，通信就是迅速而可靠地传输信息。

通信就是利用电、光等技术手段，借助电信号或光信号，按照一定的协议，在不同地点的双方或多方之间实现迅速、可靠的信息传递，同时还要在传输过程中将无用信息和有害信息抑制掉，它是实现信息传递功能的一门科学技术。实现通信的方式有很多，目前使用最为广泛的是电通信方式（见图 5-1），称为"电信"。也就是用电信号来携带所需传递的信息，经过各种信道进行传输，以达到通信的目的。

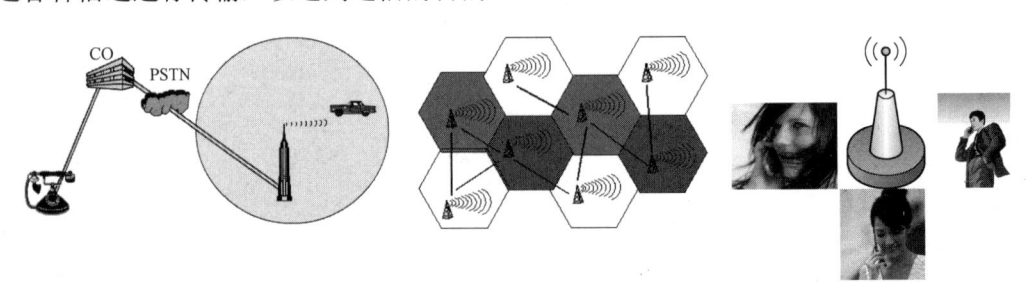

图 5-1　利用电来传输信息

5.1.2 通信系统一般模型

人类其实一直都处在各种通信系统中,例如,日常生活中经常遇到男士和女士聊天,如图 5-2 所示,这就是最常见的通信系统。说话者是消息的来源,称为信源;语音通过空气传播到听话者的耳朵,空气这种媒质称为信道;听话者听到传来的消息,称为信宿。这个过程完成了消息的传递。从这个简单的过程中可以抽象出一个最基本的通信系统的模型,如图 5-3 所示。然而,面对面讲话的通信方式并不能解决远距离通信问题。工程中实现远距离通信的步骤如图 5-4 所示。

图 5-2　生活中的通信

图 5-3　面对面讲话的通信模型

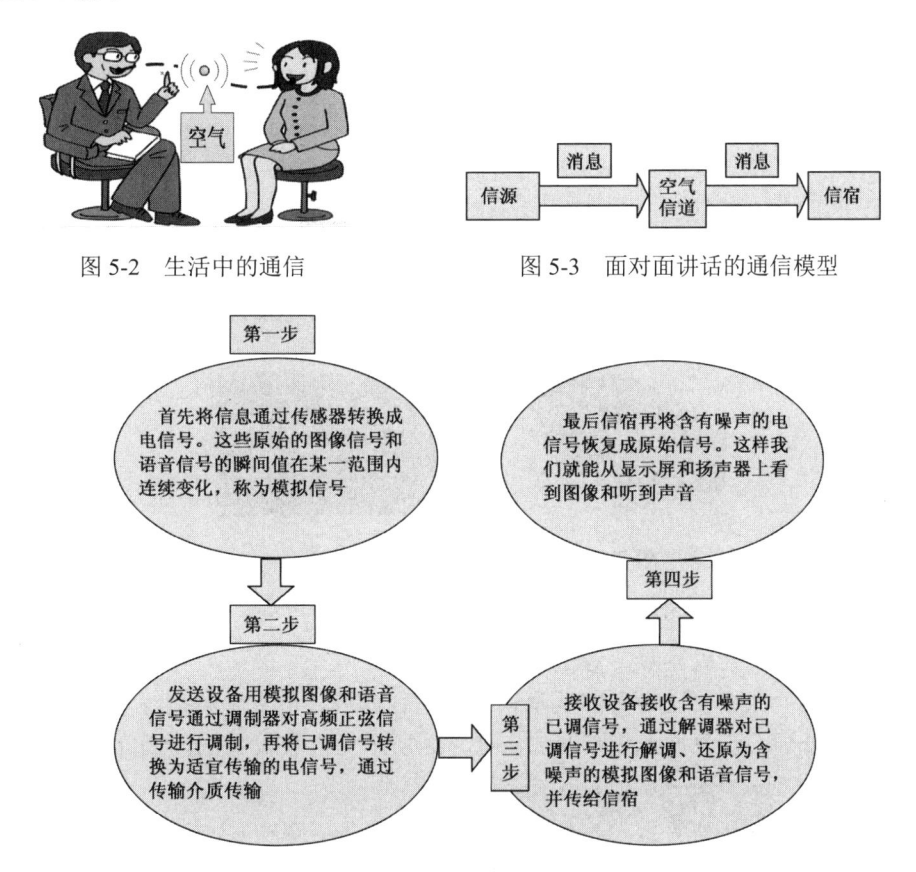

第一步：首先将信息通过传感器转换成电信号。这些原始的图像信号和语音信号的瞬间值在某一范围内连续变化,称为模拟信号

第二步：发送设备用模拟图像和语音信号通过调制器对高频正弦信号进行调制,再将已调信号转换为适宜传输的电信号,通过传输介质传输

第三步：接收设备接收含有噪声的已调信号,通过解调器对已调信号进行解调、还原为含噪声的模拟图像和语音信号,并传给信宿

第四步：最后信宿再将含有噪声的电信号恢复成原始信号。这样我们就能从显示屏和扬声器上看到图像和听到声音

图 5-4　远距离通信的步骤

根据以上的通信步骤,我们组成了通信系统的一般模型,如图 5-5 所示。

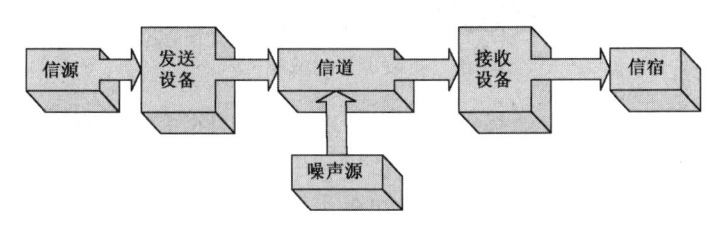

图 5-5　通信系统的一般模型

➢ 信源：原始信息的来源，其作用是把声音、文字等消息转换成电信号。如电话系统中的电话机可以看作信源。如图 5-6 所示为各种各样的信源。

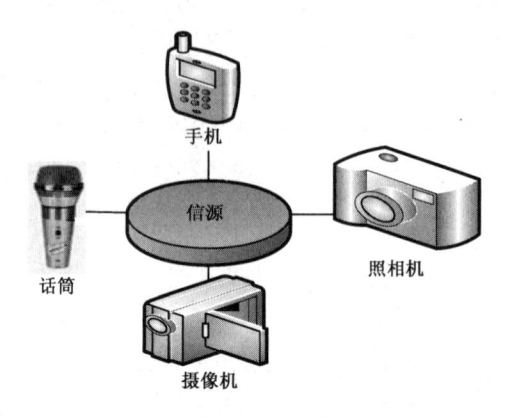

图 5-6　各种各样的信源

➢ 发送设备：为了使电信号在信道中传输，发送设备需要对信号进行调制、放大和滤波等处理。如图 5-7 所示为两种 DELTA 公司的发送设备。

图 5-7　两种 DELTA 公司的发送设备

➢ 信道：信号传输的通道，可以是有线的，也可以是无线的，甚至还可以包含某些设备。传输过程会受到噪声等的干扰。
➢ 接收设备：完成发送设备的反变换，即进行滤波、放大和解调等，并将有用信号和噪声区分开，恢复原始电信号。如图 5-8 所示为接收设备的前端部分。

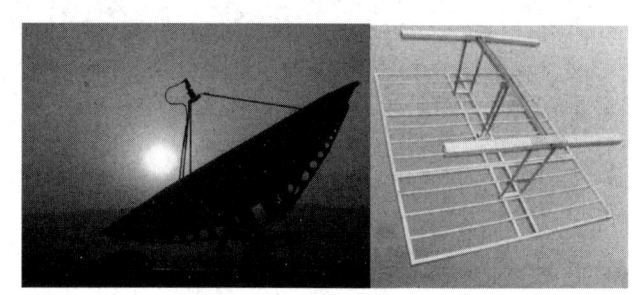

图 5-8　接收设备的前端部分

➢ 信宿：将复原的原始电信号转换成原始消息。如图 5-9 所示为几种常见的信宿设备。
➢ 噪声：噪声的来源是多样的，有传输过程中由信道引入的噪声和分散在通信系统其他各处的噪声。为了方便理解，这里集中表示了噪声，其实信息传输的整个系统中都存在各种各样的噪声。

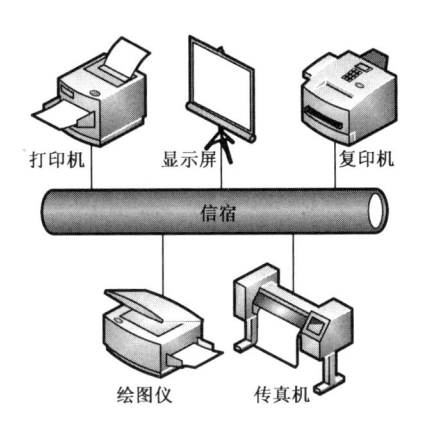

图 5-9　几种常见的信宿设备

5.1.3　通信系统分类

通信系统中被传输的信息必须转换成某种电信号（或光信号）才能进行传输，电信号（或光信号）有两种形式，如图 5-10 所示。

➢ 模拟信号形式：通过连续变化的物理量（如信号的幅值）来表示信息。例如，人们打电话或者播音员播音时声音经话筒（扬声器）转换得到的电信号。

➢ 数字信号形式：使用有限个状态（一般是两个状态）来表示（编码）信息。例如，电报机、传真机和计算机发出的信号都是数字信号。

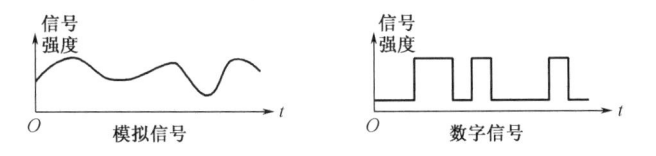

图 5-10　模拟信号和数字信号

1．模拟通信系统

模拟通信系统就是通过在信道中传输模拟信号来传递消息的通信系统。如图 5-11 所示为声音的模拟信号，图 5-12 所示为模拟通信模型。

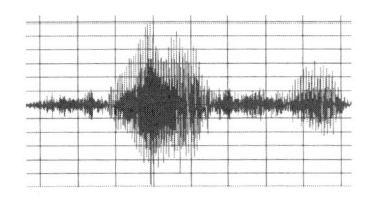

图 5-11　声音的模拟信号　　　　图 5-12　模拟通信模型

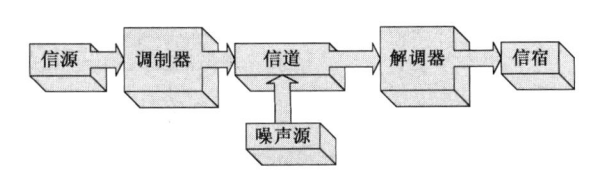

模拟通信系统首先由信源将发送端的连续消息变换成原始的电信号，然后经由调制器将原始的电信号变换成适合信道传输的已调信号；通过信道的传输，用解调器将信道中的已调信号通过反向变换，恢复为调制之前的电信号，最后再由信宿将电信号反向变换成原来的连续信号。

从上面的模型可以看出,调制器和解调器实质上是一对互逆的信号变换器,它们对信号进行各种变换的目的是使信号的远距离传输能正常进行。经过调制器后的已调信号,不仅本身携带信息,而且适合远距离传输。由于模拟信号中混入噪声后很难清除,使得输出的还原信号容易产生波形失真,因此抗干扰能力较差,最终造成信息失真。

模拟通信系统按其调制方式的不同又可分为连续调制系统和脉冲调制系统。连续调制系统包括振幅调制系统、频率调制系统、相位调制系统;脉冲调制系统包括脉冲幅值调制系统、脉冲相位调制系统、脉冲宽度调制系统等。图 5-13 所示为模拟通信系统的分类图。

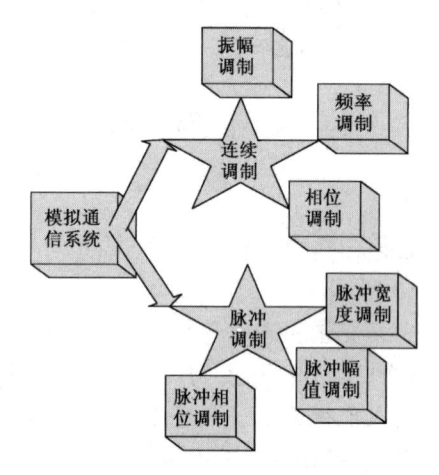

图 5-13 模拟通信系统分类图

2. 数字通信系统

数字通信系统是一种用数字信号作为载体在信道中传输信息的通信系统。数字通信系统通常由用户设备、编码和解码、调制和解调、加密和解密、传输和交换设备等组成。图 5-14 所示为用 1、0 表示的各种信息,图 5-15 所示为数字通信模型。

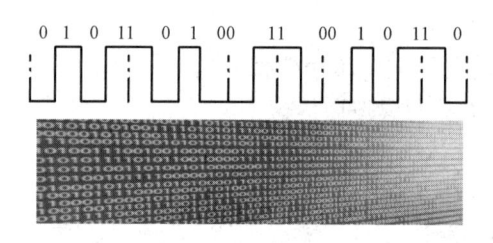

图 5-14 用 1、0 表示的各种信息

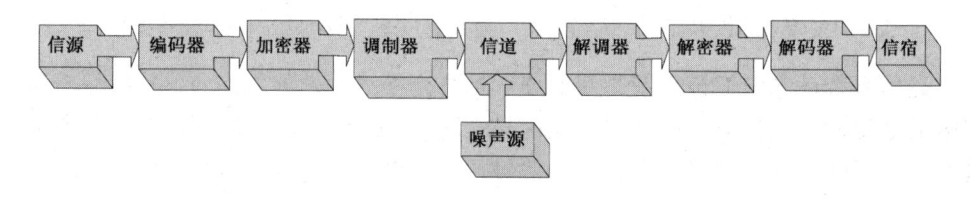

图 5-15 数字通信模型

数字通信系统的工作步骤如图 5-16 所示。

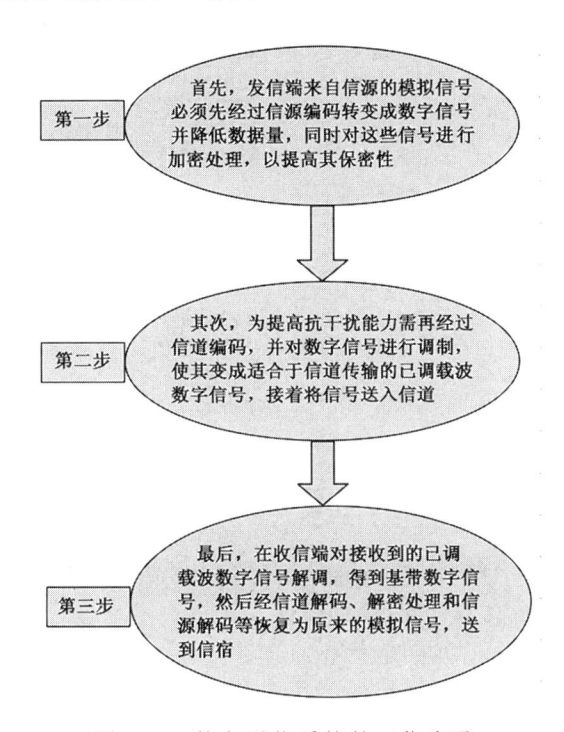

第一步：首先，发送端来自信源的模拟信号必须先经过信源编码转变成数字信号并降低数据量，同时对这些信号进行加密处理，以提高其保密性

第二步：其次，为提高抗干扰能力需再经过信道编码，并对数字信号进行调制，使其变成适合于信道传输的已调载波数字信号，接着将信号送入信道

第三步：最后，在收信端对接收到的已调载波数字信号解调，得到基带数字信号，然后经信道解码、解密处理和信源解码等恢复为原来的模拟信号，送到信宿

图 5-16　数字通信系统的工作步骤

各个功能如下。

"信源编码"的作用有两个：一个是实现模/数转换，把信源的连续信号转换成数字信号；另一个是完成消息符号压缩，以降低信源数据速率。

"加密"和"解密"的作用在于提高数据传输的安全性，防止第三方有意或无意加以截获和破译。

"信道编码"的作用是在传输信号中按某种规律加入一定数量的多余码元（称为监督码元），使它们满足一定的约束关系。这样，由信息码元和监督码元共同组成一个由信道传输的码字。一旦传输过程中发生错误，即可在接收端按照既定的规则校验这种约束关系，从而达到发现和纠正错误的目的。

"数字调制"的主要作用有三点。

（1）将数字基带信号的频谱搬移到信道的频带之内，以便在信道中传输。

（2）便于对信道进行频分复用，从而有效地利用信道的频率资源。

（3）降低信道噪声对信号传输质量的影响。

"数字解调"的作用是从已调数字信号中解调出数字基带信号，并与数字调制相配合，提高通信系统的抗噪能力。"数字解码"的作用是配合信源编码和信道编码，恢复原始数字基带信号。

另外，实际的通信系统要正常工作，稳定的同步系统必不可少。整个通信系统中需要高度的协同工作，同步系统确保收、发端之间具有一定的时间关系。同步系统性能的好坏程度，直接影响通信系统性能的优劣。

3．有线通信系统和无线通信系统

有线通信通常采用的传输介质有双绞线、同轴电缆、光纤等；无线通信采用的是无线电波或红外线。通信系统按信道的具体形式可分为有线通信系统和无线通信系统，如图 5-17 所示。

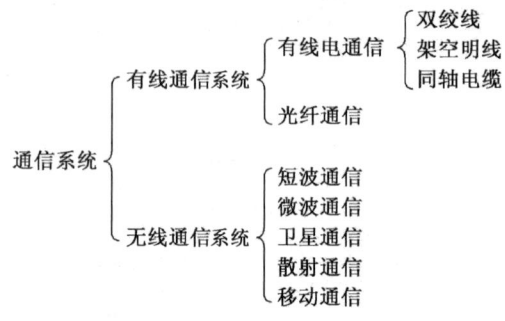

```
                          ┌ 有线电通信 ┌ 双绞线
              ┌ 有线通信系统 ┤           ┤ 架空明线
              │            │           └ 同轴电缆
              │            └ 光纤通信
通信系统 ─────┤
              │            ┌ 短波通信
              │            │ 微波通信
              └ 无线通信系统 ┤ 卫星通信
                           │ 散射通信
                           └ 移动通信
```

图 5-17　通信系统按信道分类

4．模拟通信系统与数字通信系统的比较

通信的任务是传输信息，因此传输信息的有效性和可靠性就是通信系统最主要的质量指标。

有效性：是指要求系统高效率地传输信息。

可靠性：是指要求系统可靠地传输信息。

有效性和可靠性的要求是相互矛盾的。提高有效性会降低可靠性，反之亦然。这种矛盾在工程上会经常碰到。在实际处理时，必须根据具体情况寻求适当的折中解决办法。通信系统从模拟到数字化不断发展的过程，其实就是不断用各种新方法、新技术来解决信号传输中可靠性和有效性的过程。

模拟通信在历史上曾经占过主导地位。但近 20 年来，随着数字通信的可靠性和有效性不断改善，大多数的模拟通信系统已被数字通信系统所取代。尽管在未来的一段时间内，数字通信系统还不能完全取代模拟通信系统，但通信朝着数字化方向发展是不会改变的。当然，模拟通信技术也不会退出历史舞台。这都是由数字通信和模拟通信自身的特点所决定的。图 5-18 所示为两种系统的比较。

> 数字通信系统与模拟通信系统相比，具有明显的优点：
> 抗干扰、抗噪声能力强。模拟信号在传输过程中和叠加的噪声很难分离，噪声会随着信号被传输、放大，严重影响通信质量。数字信号易于加密，信息传输比较安全。数字信号的特殊形式，使得信息加密变得十分容易。数字移动通信GSM系统就是采用了信息加密技术。模拟信号虽然也可以加密，但操作起来要复杂得多

VS

> 模拟通信系统与数字通信系统相比，也有自己的优点：
> 模拟通信系统设计较简单，电路的功率消耗一般比较低。若要实现数字通信，也要使用模拟信号，数字通信是建立在模拟通信的基础上的。我们从大自然首先采集到的就是模拟信息，因此若没有模拟信号就无法发送消息。所以数字通信系统不是单独存在的，也不可能单独存在

图 5-18　模拟通信系统与数字通信系统的比较

5.1.4 多路复用技术

在通信系统中，传输线路的建设和维护成本占整个系统成本相当大的份额，一条传输线路（铜线、光纤、无线电波）的容量通常远超过传输一路用户信号所需的能力，降低成本采用的技术——多路复用技术（Multiplexing），可使多路信号使用同一条传输线同时进行传输。所采用的方法是：频分多路复用（FDM）、时分多路复用（TDM）、波分多路复用（WDM）和码分多址（CDMA），如图 5-19 所示。

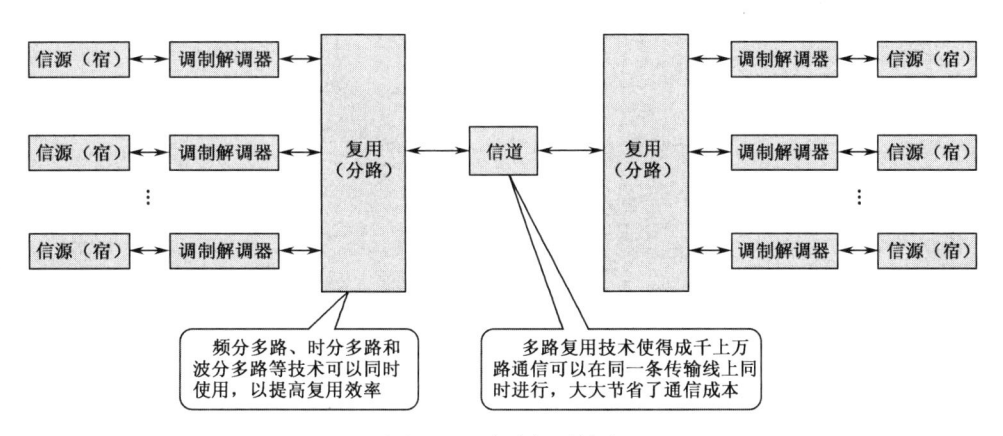

图 5-19 多路复用技术

1. 频分多路复用（Frequency Division Multiplexing，FDM）

频分多路复用是指将每个通信终端发送的信号调制在不同频率的载波上，通过频分多路复用器（MUX）将它们复合成一个信号，然后在同一传输线路上进行传输。抵达接收端后，借助分路器（DEMUX）把不同频率的载波分离出来，送到不同的接收设备，如图 5-20 所示。

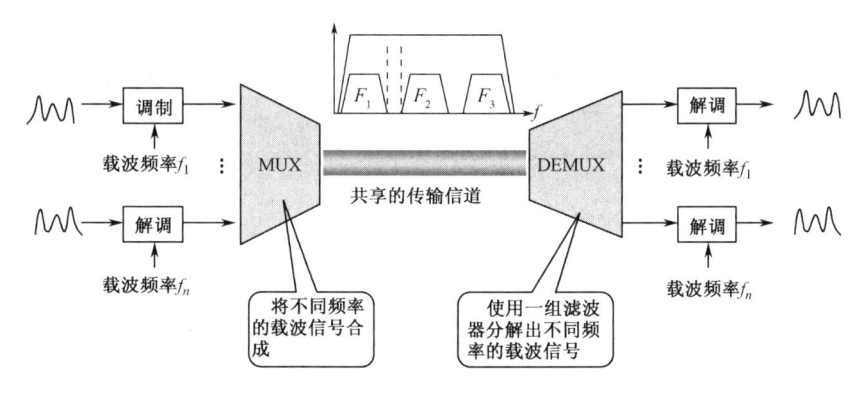

图 5-20 频分多路复用

电视节目的发送与接收就是频分多路复用的例子，如图 5-21 所示。

2. 时分多路复用（Time Division Multiplexing，TDM）

时分多路复用是指各通信终端（计算机、电话）以规定的顺序和时间轮流使用同一传输线路进行数据传输，如图 5-22 所示。它主要使用在数字通信领域，如电话中继通信、GSM 手机、总线式以太网等。

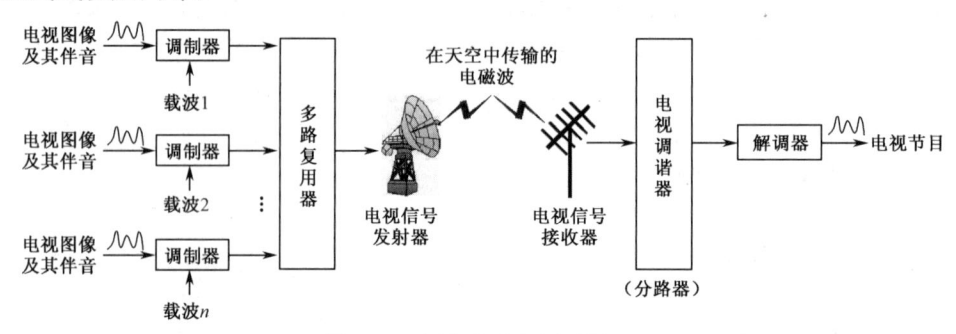

图 5-21　频分多路复用示例

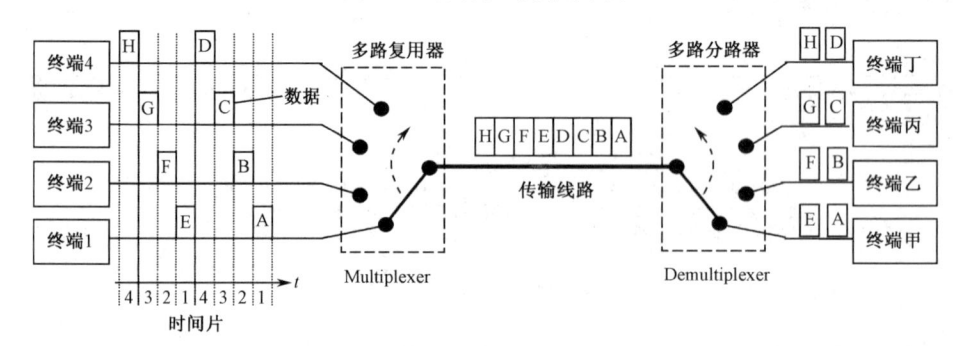

图 5-22　时分多路复用

3. 波分多路复用（Wavelength Division Multiplexing，WDM）

光的波分多路复用是指在一根光纤中传输多种不同波长的光信号，由于波长不同，所以各路光信号互不干扰，最后再用波长解复用器将各路波长分解出来。波分多路复用实质上是利用了光具有不同的波长的特征。随着光纤技术的使用，基于光信号传输的复用技术得到重视。波分多路复用的原理是：利用波分复用设备将不同信道的信号调制成不同波长的光，并复用到光纤信道上；在接收方，采用波分设备分离不同波长的光，如图 5-23 所示。

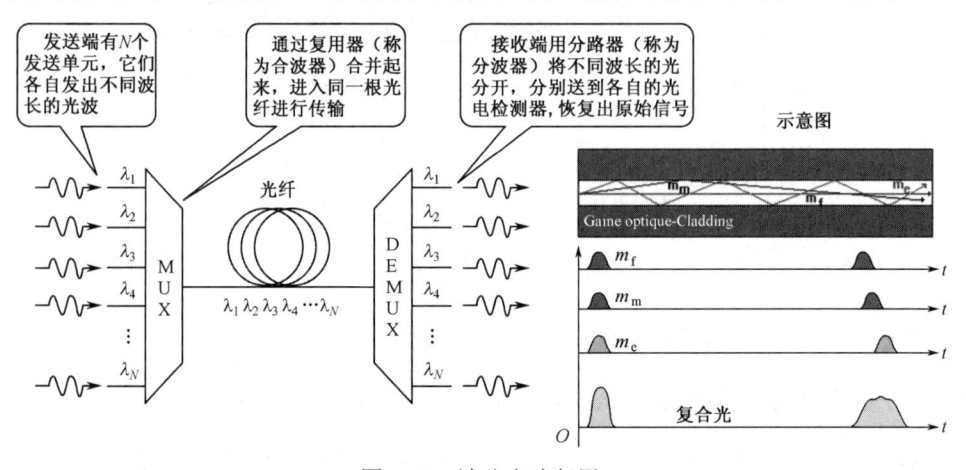

图 5-23　波分多路复用

4．码分多址（Code Division Multiple Access，CDMA）

码分多址对时间和带宽都没有限制，每个通信终端可随时使用分配给它的信道或系统的带宽发送数据，也叫扩展频谱多址方式。在给定带宽范围内各站可以用来同时传送数据，信号的分离是根据各通信终端唯一的码型实现的。系统的所有通信终端可能在同一时间使用相同的频率发送信号。一个通信终端可能同时接收来自多个通信终端的信号，但每个终端的码不能与其他终端的码相同，是唯一的码。为了接收某个终端发送的数据，接收终端必须掌握该终端的码。

码分多址是用一组相互正交的码字区分信号的多路复用方法。在码分多址中，各路信号码元在频谱上和时间上都是混叠的，但是代表每路信号的码字是正交的，如图 5-24 所示。由于展频信号在很宽的频带上被展宽了，单位频宽内的功率很小，所以隐蔽性好；通信双方必须先同步其正交码才可解码，所以安全性高；由于使用了正交编码，所以无同频干扰，并且可以增加用户的容量。

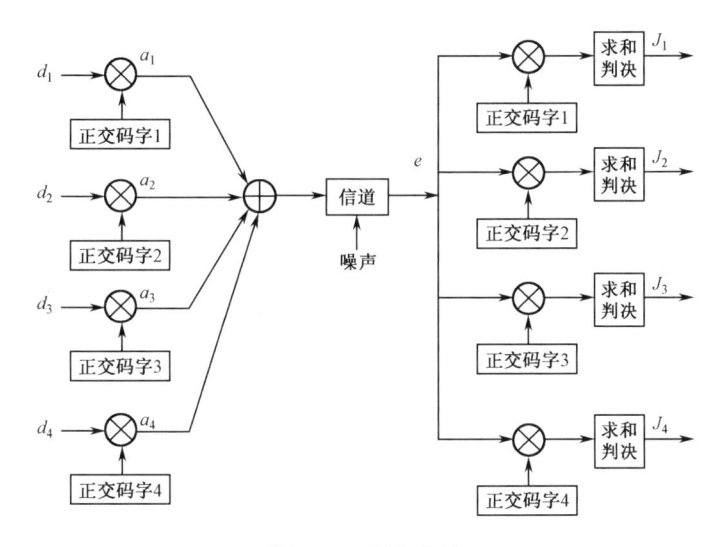

图 5-24　码分多址

5.2　信号的编码与解码

当用 Word 编辑软件把文章写完，保存好文件后，再用 PCTOOLS 工具软件把文件打开，一定能看到你想象不到的东西，内容全是一些十六进制的数字，这些数字就叫代码，它与文章中的字符一一对应，如图 5-25 所示。

现在换一种方法，用小画板软件来写同样内容的文章。你又会发现，用小画板软件写出来的 BMP 文件，占的内存（文件容量）是 DOC 文件的几十倍，这是为什么呢？原来 Word 编辑软件使用了编码技术，压缩编码技术使得两者在工作效率上相差几十倍。本节将介绍数字通信系统中的关键技术之一——编码技术。

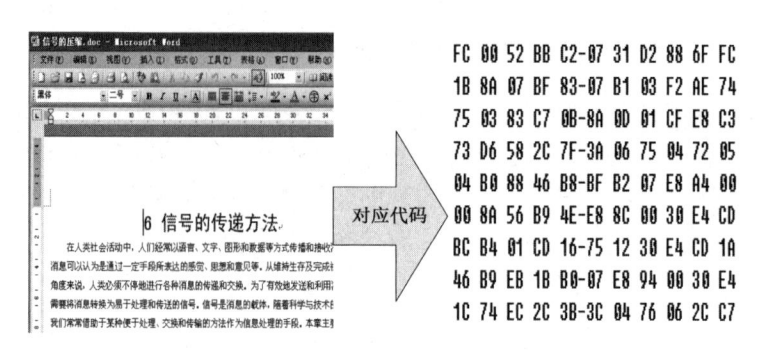

图 5-25　文字及与文字所对应的代码

所谓编码就是用预先规定的方法将文字、数字、语音、图像或其他对象编成数码，或者将信息、数据转换成规定的电脉冲信号的过程，编码的目的是为了有效地传输或存储信息。

一般模拟信号要通过数字网络可靠、高效地传输，必须先将模拟信号转换为数字信号，然后再进行信源编码和信道编码。数字信号经数字网络传输和处理后，又必须还原出模拟信号，才能供各种硬件设备进行播放，这个过程称为解码。解码是和编码相对应的逆过程，解码是为了还原能供人识别的图像和声音。编/解码在通信系统中的过程如图 5-26 所示。图 5-27 所示为几种常见的音频和视频编码器。

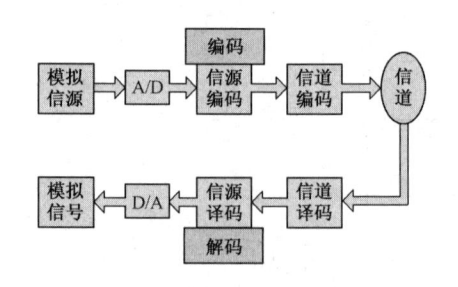

图 5-26　编/解码在通信系统中的过程 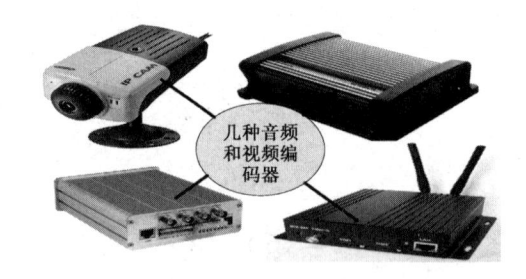　　　　图 5-27　几种常见的音频和视频编码器

编码一般分为对信源进行编码和对信道进行编码两大类，这两种编码在信息的整个传输过程中起着完全不同的作用，下面分别予以介绍。

5.2.1　信源编码

信源编码是以提高信息传输的有效性为目的的编码，它通常通过压缩信源的冗余度来实现。一般而言，信源输出的信息具有统计相关性，这种相关性即为信源的冗余度。信源编码的主要目的是去除信源的冗余度，以尽可能低的传输率获得尽可能好的语音和图像质量，提高通信的有效性。因此信源编码的核心观念就是进行数据的压缩。信源压缩编码的分类如图 5-28 所示。

由于大多数原始信号是模拟信号，所以信源编码的第一步是将模拟信号转换成数字信号（A/D 转换），然后再进行压缩编码。通过数字传输系统进行处理和传输后，在接收端，则需要进行信源译码，将数字信号转换成模拟信号（D/A 转换）。

例如，假设有一段字符串"DBBBBBB"，设定一个编码协议，如图 5-29 所示。经过编码后，变为一段在信道中传输的"1"和"0"的数字信号。

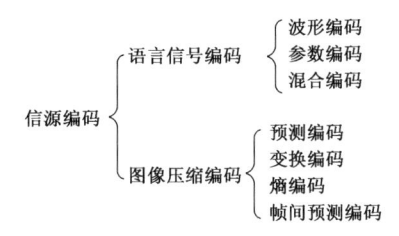

图 5-28　信源压缩编码的分类

假设用同样的编码协议，经过信源解码后又可变为一段与编码时相对应的字符串，这样就恢复了原始的信息。整个过程中通过压缩每个信源符号的平均比特数或信源码率，使传输同样多的信息能用较少的码率来实现，从而使单位时间内传送的平均信息量增加。如图 5-30 所示为字符解码过程示意图。

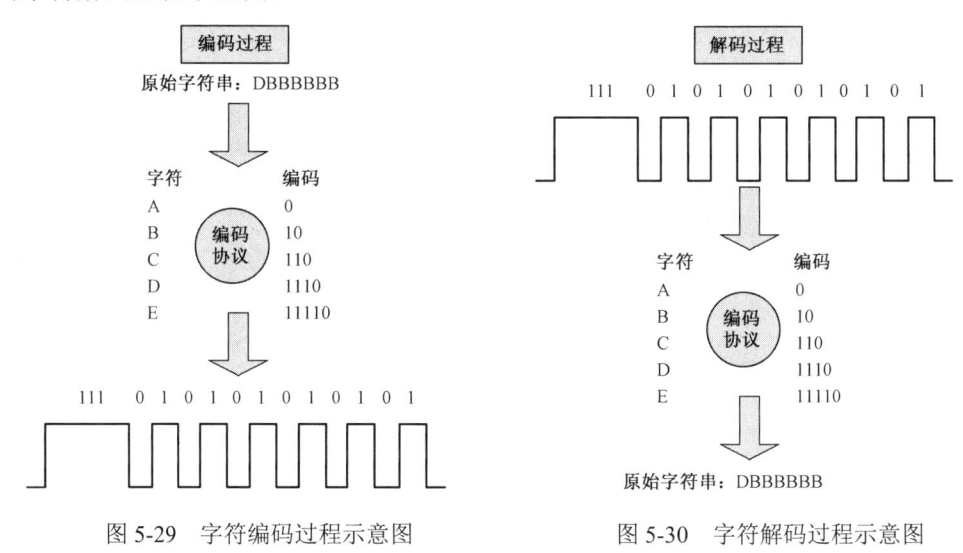

图 5-29　字符编码过程示意图　　图 5-30　字符解码过程示意图

无论数字电视、激光视盘机，还是多媒体通信和各种视听消费电子产品，都采用了音视频信源编码技术。通过压缩每个信源符号的平均比特数或信源码率，使传输同样多的信息能用较少的码率来实现，从而使单位时间内传送的平均信息量增加。

5.2.2　信道编码

信息通过信道传输，由于物理介质的干扰和无法避免的噪声，信道的输入和输出之间仅具有统计意义上的关系，在做出唯一判决的情况下无法避免差错，其差错概率完全取决于信道特性。因此，一个完整、实用的通信系统通常包括信道编/译码模块。

1．信道编码的概念

信道编码的实质是在信息码中增加一定数量的多余码元（称为监督码元），使它们满足一定的约束关系，这样，由信息码元和监督码元共同组成一个由信道传输的码字。一旦传输过程中发生错误，则信息码元和监督码元间的约束关系被破坏。在接收端按照既定的规则校验这种约束关系，从而可达到发现和纠正错误的目的，实现可靠的传输。

2. 信道编码的作用

我们知道信号在传输中往往由于各种噪声，使得在传送的数据流中产生误码，从而使接收端产生图像跳跃、不连续、出现马赛克等现象。信道编码技术通过对数码流进行编码处理，使系统具有一定的纠错能力和抗干扰能力，可极大地避免码流传送中误码的发生。提高数据传输效率、降低误码率是信道编码的任务。

3. 信道编码的过程

下面通过一个具体的例子来说明信道编码。

为了区分天气晴朗或下雨这个二元消息，发送端可分别用 1（晴）、0（雨）来表示。经过信道传输后，如果发生误码，则晴或雨的情况正好相反。若在表示晴或雨的信息码元后面加上一位起监督作用的码元，则构成由两个码元组成的码字，即 11（晴）或 00（雨）。此时若产生一位误码，接收到 01 或 10，则在判断晴或雨时，由于增加了一位码元，就可以进行"检错"，指出信息传输出了差错。只有 11 或 00 两个码元全部传错，接收端才误以为是"晴"或"雨"，而无法检出错误。因此增加监督码元后构成的码字要比单个码元传输具有较低的误码率，此时也增加了传输的码元数，降低了传输的可靠性。图 5-31 所示为信道编码过程。

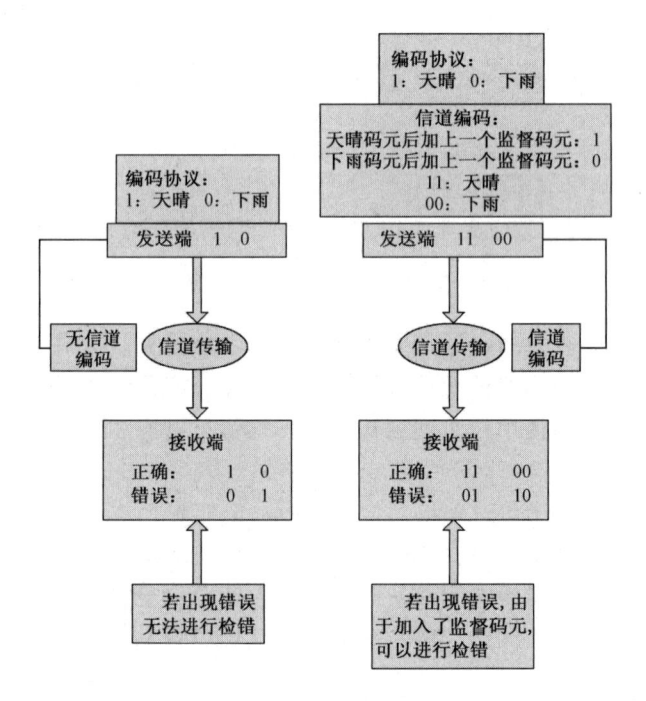

图 5-31　信道编码过程

依此类推，如果再增加几个多余的码元，构成更多个码元组成的码字，这样通过信道的传输将具有更低的误码率，但同时也大大增加了传输的码元数。

5.3 信号的调制与解调

1846年,人类用电线传输信号初期,开始是铺设海底电缆。尽管设计者知道,信号经过电缆时,信道的衰减会使信号变弱,而且导线越长,衰减越大,但设计者采用了加大发射功率并提高接收机灵敏度的办法来解决这个问题。然而接收端却收到与发送信号完全不相关的波形。通过研究,人们认识到这实际上是一个频率特性的问题:频率较低的成分可以通过信道,而频率较高的成分则被衰减掉了。由此,人们才认识到,信道是具有一定频率特性的,并不是信号中所有的频率成分都能通过信道进行传输。如图5-32所示,高频信号和低频信号通过信道后只有低频信号输出。

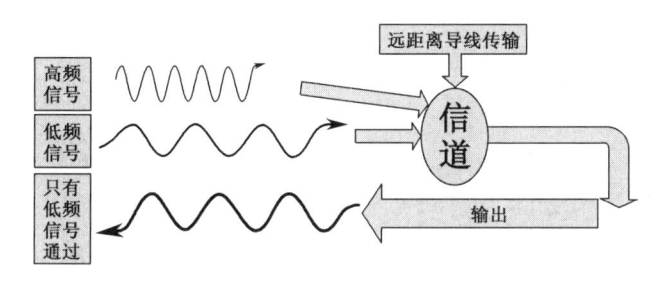

图 5-32 高、低频信号通过信道

怎样才能有效地在信道中传输信号而不出现频率失真?怎样才能节约信道?这就促使了调制技术的出现。

5.3.1 调制与解调

1. 基本概念

所谓调制,就是把信源产生的原始信号变换为适合于信道传输的波形。来自信源的原始信号称为调制信号或基带信号;被调制并起运载原始信号作用的信号称为载波,受调制后的载波称为已调信号。图5-33所示为调制的基本框图。

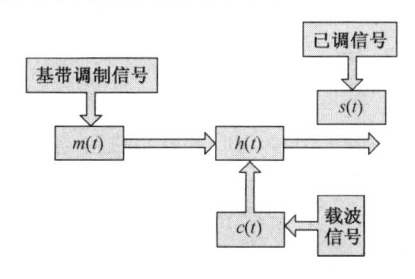

图 5-33 调制的基本框图

调制是通过改变高频载波(即消息的载体)信号的幅值、相位或频率,将信号频谱搬移到高频段,使其随着基带信号幅值的变化而变化来实现的。解调是调制的逆过程,是从携带信息的已调信号中恢复出原来的信息的过程。为了高效率地进行远程传输而采用调制技术，调制的目的如图 5-34 所示。

2. 调制与解调的过程

首先，高频振荡器产生高频振荡信号；然后，将振荡器产生的高频振荡电流和声音、图像的信号电流一同输入调制器中，使高频振荡电流随着传递的声音、图像信号发生相应的变化；最后，再把这样的高频振荡信号送到信道，信道中就带有要传递的声音、图像信号了。图 5-35 所示为信号调制的基本过程。

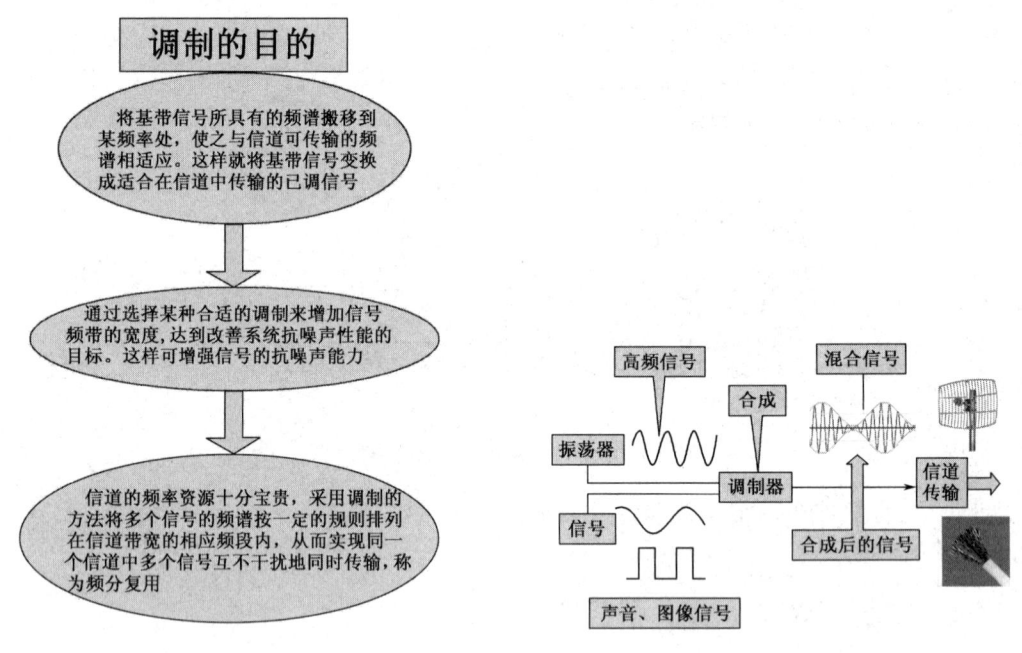

图 5-34 调制的目的

图 5-35 信号调制的基本过程

当信号在信道中传到目的地后，接收设备选择性地接收信道中需要的合成信号，让高频振荡合成信号经过解调器，就能将要传递的声音信号和图像信号从高频振荡信号中"检"出来。把声音信号和图像信号分别送到扬声器和电视机中，就能听到声音和看到图像。图 5-36 所示为信号解调的基本过程。

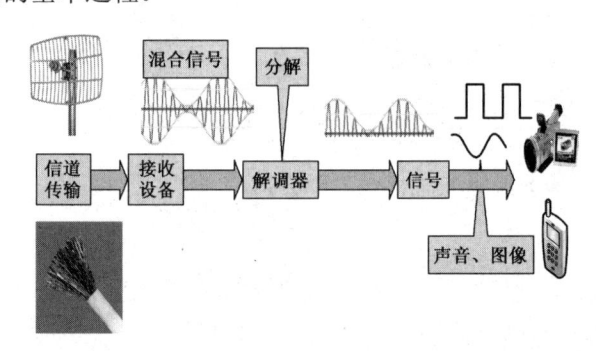

图 5-36 信号解调的基本过程

5.3.2 模拟调制

按照传输特性，模拟调制方式又可分为线性调制和非线性调制。线性调制是指已调波中被调参数随调制信号成线性变化的调制过程。线性调制有调幅（AM）、抑制载波的双边带调制（DSB-SC）和单边带调制（SSB）。非线性调制是在调制过程中对信号的频谱进行变换，产生新的频谱分量，因此称为非线性调制，包括调频（FM）和调相（PM）。模拟调制的分类如图 5-37 所示。

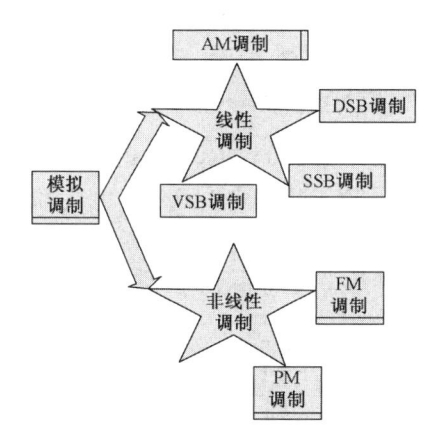

图 5-37 模拟调制的分类

模拟调制有调幅、调频和调相三种基本形式。

调幅（AM）：用调制信号控制载波的振幅，使载波的振幅随着调制信号变化。已调波称为调幅波。调幅波的频率仍是载波频率，调幅波包络的形状反映调制信号的波形。调幅系统实现简单，但抗干扰性差，传输时信号容易失真。图 5-38 所示为经过调制后的调幅波。

调频（FM）：用调制信号控制载波的振荡频率，使载波的频率随着调制信号变化。已调波称为调频波。调频波的振幅保持不变，调频波的瞬时频率偏离载波频率的量与调制信号的瞬时值成比例。调频系统实现稍复杂，占用的频带远比调幅波宽，因此必须工作在超短波波段；但其抗干扰性能好，传输时信号失真小，设备利用率也较高。图 5-39 所示为经过调制后的调频波。

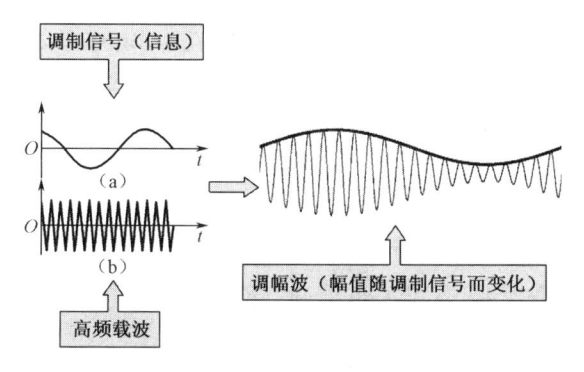

图 5-38 经过调制后的调幅波

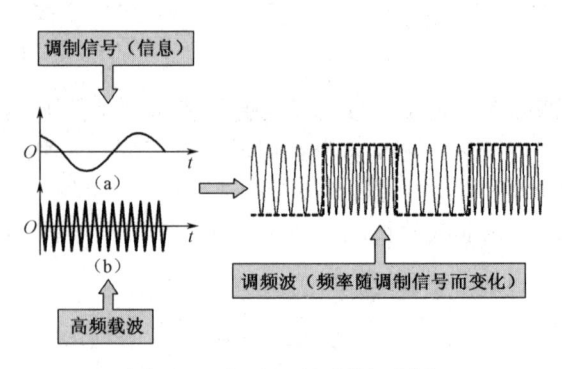

图 5-39 经过调制后的调频波

调相（PM）：用调制信号控制载波的相位，使载波的相位随着调制信号变化。已调波称为调相波。调相波的振幅保持不变，调相波的瞬时相角偏离载波相角的量与调制信号的瞬时值成比例。在调频时相角也有相应的变化，但这种相角变化并不与调制信号成比例；在调相时频率也有相应的变化，但这种频率变化并不与调制信号成比例。图 5-40 所示为经过调制后的调相波。

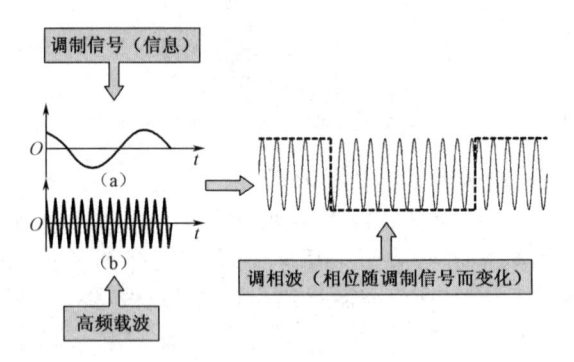

图 5-40 经过调制后的调相波

5.3.3 数字调制

根据正弦波受控参数的不同，常见的数字调制载波键控主要可以分为三大类：振幅键控（ASK）、频移键控（FSK）、相移键控（PSK）。它们分别是正弦波的幅值、频率、相位随着数字信号而变化，下面分别予以介绍。图 5-41 所示为数字调制的分类。

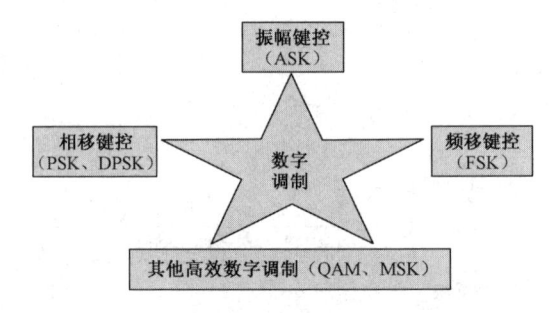

图 5-41 数字调制的分类

二进制振幅键控调制（2ASK）：指二进制信号控制载波包络的调制。如在二进制中，发

0时不发送载波，发1时发送载波。有时也把代表多个符号的多电平振幅调制称为振幅键控。振幅键控实现简单，但抗干扰能力差。图5-42所示为二进制振幅键控调制后的波形。

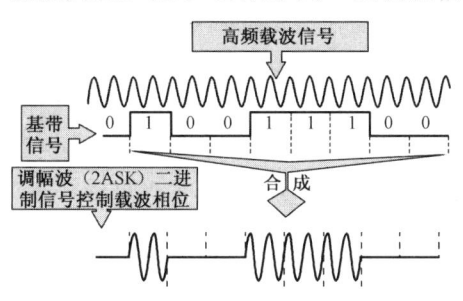

图 5-42　二进制振幅键控调制后的波形

二进制频移键控调制（2FSK）：指利用二进制信号控制载波频率变化的调制。用数字调制信号的正、负控制载波的频率。当数字信号的振幅为1时载波频率为 f_1，当数字信号的振幅为0时载波频率为 f_2。有时也把代表两个以上符号的多进制频率调制称为频移键控。频移键控能区分通路，但抗干扰能力不如相移键控。图5-43所示为二进制频移键控调制后的波形。

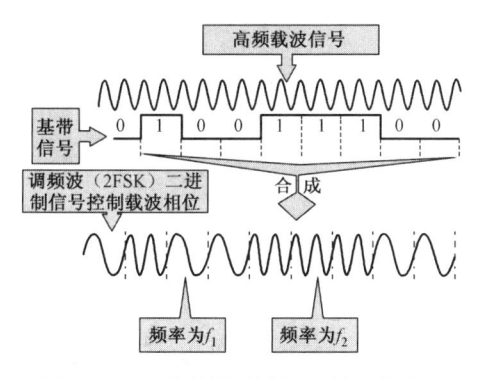

图 5-43　二进制频移键控调制后的波形

二进制相移键控调制（2PSK）：指利用二进制信号控制载波相位变化的调制。用数字调制信号的正负控制载波的相位。当数字信号的振幅为正时，载波起始相位取 0；当数字信号的振幅为负时，载波起始相位取 180°。有时也把代表两个以上符号的多相制相位调制称为相移键控。相移键控抗干扰能力强，但在解调时需要有一个正确的参考相位，即需要相干解调。图5-44所示为二进制相移键控调制后的波形。

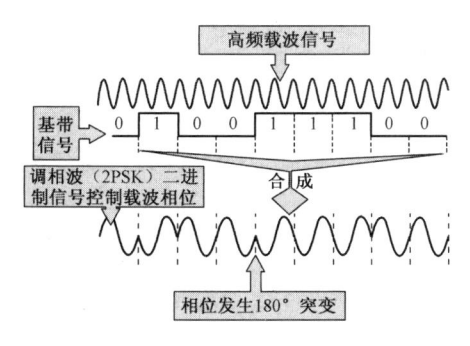

图 5-44　二进制相移键控调制后的波形

由上述内容可知，调制技术无论模拟还是数字调制技术，不仅可以进行频谱搬移，把调制信号的频谱搬移到所希望的位置，从而将调制信号转换成适合传播的已调信号，而且它对系统的传输有效性和传输的可靠性有着很大的影响，调制方式往往决定了一个通信系统的性能。随着技术的进步，模拟调制技术许多性能都远不如数字调制技术。因此，数字调制技术越来越多地应用于卫星通信、移动通信、微波通信、光纤通信等现代通信系统中。

图 5-45 和图 5-46 所示是采用数字通信技术的例子。图 5-45 所示是长途电话系统的中继通信，图 5-46 所示是卫星电视数字传输（用数字传输技术传输模拟信号）。

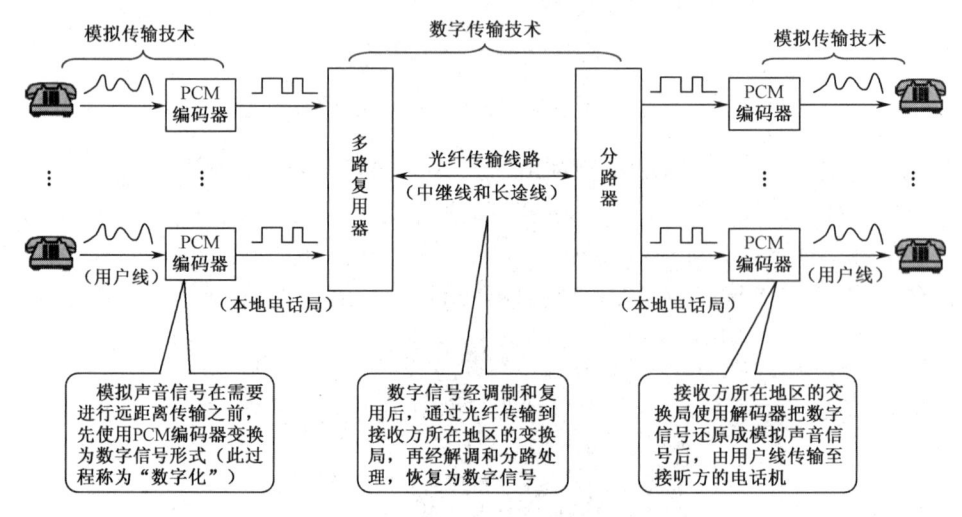

图 5-45 长途电话系统的中继通信

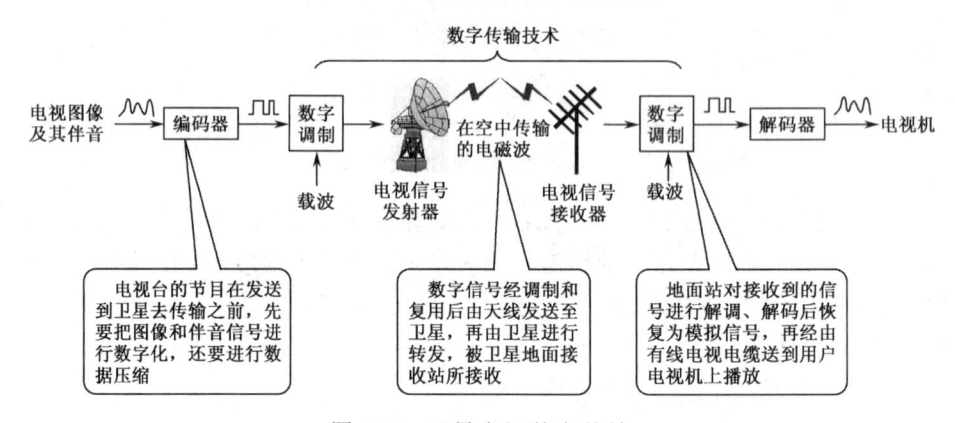

图 5-46 卫星电视数字传输

5.4 信号的传输通道

信号的传输通道（也称为信道）就是传送信号的物理系统，包括所有的传输线路和中间设备，如图 5-47 所示为信号传输过程图。在信号的传输中，传输系统的基本任务是如何可靠、有效地传输信息，也就是如何将信号快速、安全地传送到目的地。无论电缆通信、光纤通信，还是微波通信、卫星通信,它们的基本结构形式都类似,不同传输系统之间的差异仅在于电信号载体、传输媒介、传输设备不同。

从图 5-47 可以直观地看到,信号传输就是将发送设备处理好的信号频谱搬移到对应传输媒介的传输频段内,通过传输媒介传输到对方的接收设备。

信号的传播需要借助一定的物理媒介,这种物理媒介称为传输媒质,图 5-48 所示为两种传输媒介的示意图。传输媒介从大的分类上来区分有两种:一种是信号在某种传输导线(双绞线、电缆、光缆)中传输,这种传输方式叫有线传输;另一种是电磁波在自由空间中通过大气层(对流层、平流层、电离层)的反射传输,这种传输方式叫无线传输,如微波通信、卫星通信等。传输方式的分类、特点及应用如表 5-1 所示。

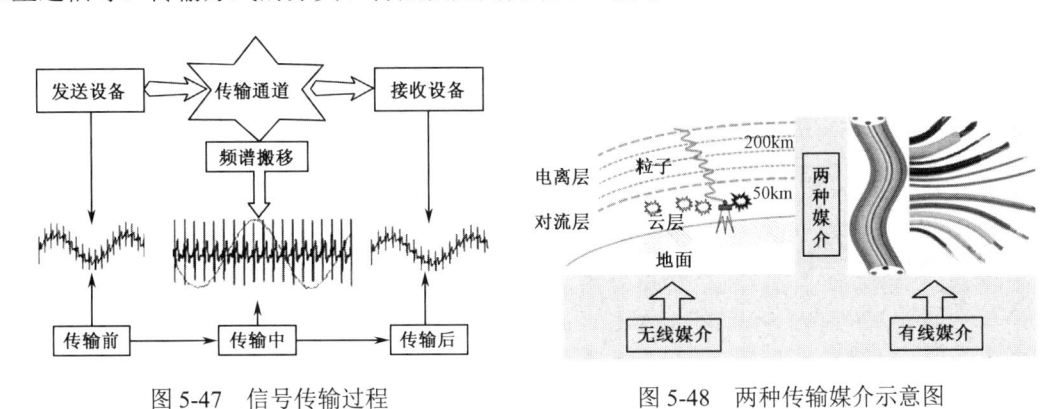

图 5-47　信号传输过程　　　　图 5-48　两种传输媒介示意图

表 5-1　传输方式的分类、特点及应用

	介质类型	特　点	应　用
有线通信	双绞线	成本低,易受外部高频电磁波干扰,误码率较高;传输距离有限	固定电话本地回路、计算机局域网
	同轴电缆	传输特性和屏蔽特性良好,可作为传输干线长距离传输载波信号,但成本较高	固定电话中继线路、有线电视接入
	光缆	传输损耗小,通信距离长,容量大,屏蔽特性非常好,不易被窃听;质量轻,便于运输和铺设。缺点是精确连接两根光纤很困难	电话、电视等通信系统的远程干线,计算机网络的干线
无线通信	自由空间	使用微波、红外线、激光等,建设费用低,抗灾能力强,容量大,无线接入使得通信更加方便。但易被窃听、易受干扰	广播、电视、移动通信系统、计算机无线局域网

5.4.1　有线传输

1. 双绞线及同轴电缆

双绞线采用一对互相绝缘的金属导线互相绞合的方式来抵御一部分外界电磁波干扰,更主要的是降低自身信号的对外干扰。把两根绝缘的铜导线按一定密度互相绞在一起,可以降低信号干扰的程度,每一根导线在传输中辐射的电波会被另一根导线发出的电波抵消。"双绞线"的名字也由此而来。图 5-49 所示为双绞线所结构与实物图。

同轴电缆由单根实心铜芯芯线(内导线)、绝缘层、网状编织的屏蔽层(外导体)及保护外层所组成,如图 5-50 所示。由于外导体可以屏蔽外来的电磁干扰,因此同轴电缆具有很好的抗干扰特性,并且因趋肤效应所引起的功率损失也大大减小。与双绞线相比,同轴电缆具有更宽的带宽、更高的传输速率和更低的误码率。

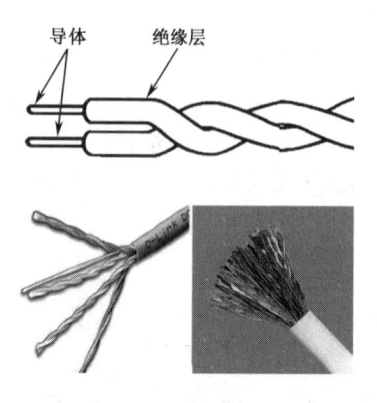

图 5-49　双绞线的结构与实物图 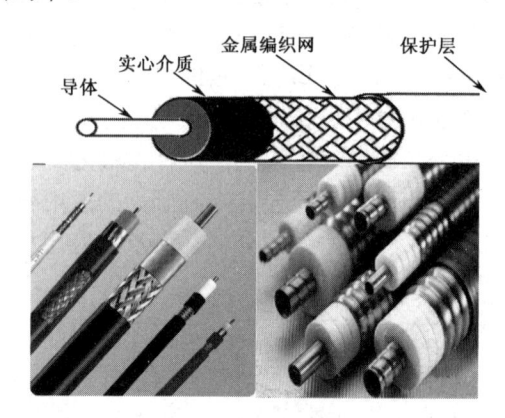　　图 5-50　同轴电缆的结构与实物图

图 5-51 所示是传统的有线载波电话,是模拟通信技术应用的例子。

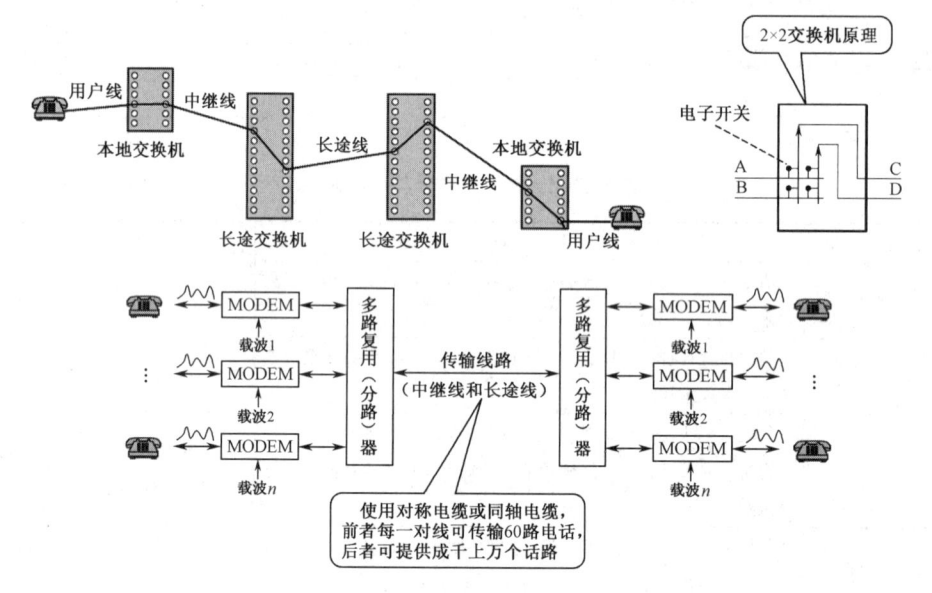

图 5-51　有线载波电话

2. 光纤与光缆

光纤通信是以光波为载波、以光导纤维为传输媒质的通信。光纤由纤芯、包层和涂覆层构成。纤芯由高度透明的材料构成;包层的折射率略小于纤芯,从而可以形成光波导效应,使大部分的光被束缚在纤芯中传输;涂覆层的作用是增强光纤的柔韧性。光缆(Optical Fiber Cable)主要是由光导纤维(细如头发的玻璃丝)和塑料保护套管及塑料外皮构成的,它是一定数量的光纤按照一定方式组成缆心,外包有护套,有的还包覆外护层,用以实现光信号传输的一种通信线缆(见图 5-52)。

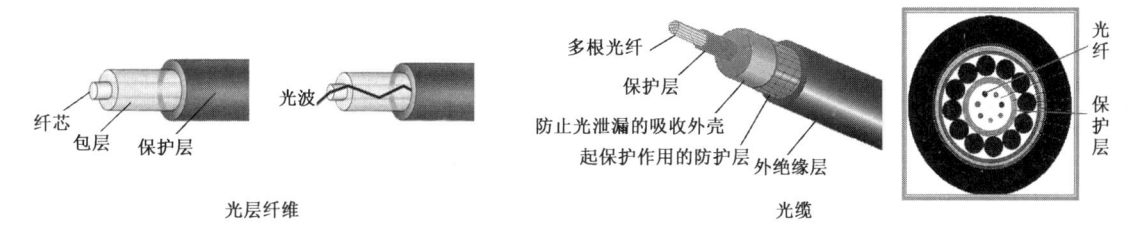

图 5-52 光纤结构、光传输路径示意图

光纤的主要优点是：频带宽，容量大，中继距离长；抗干扰性好，误码率低，保密性强；成本低廉，原料为石英，节省金属材料；绝缘、抗电磁干扰性能强；抗腐蚀能力强，抗辐射能力强，可绕性好，无电火花，泄漏小，保密性强，可在特殊环境或军事上使用。光纤通信是利用光波作为载波，以光纤作为传输媒质，将信号从一处传至另一处的通信方式。1996 年，英籍华人高锟博士发表了一篇划时代的论文，他提出利用带有包层材料的石英玻璃光学纤维作为通信媒质，从此，开创了光纤通信领域的研究工作。

光纤主要用于传输数字信号，0 信号或 1 信号直接对光进行调制（即控制激光的通或断——振幅键控 ASK），光波的频率为 1014～1015Hz，目前一束光每秒能携带 2.5GB 或 10GB 的二进制信号，通过波分多路复用（WDM）技术还可达到更大的通信容量。为提高传输效率，1 根光纤中可以同时传输几种不同波长的光波，每种光波各自传输自己所携带的信息，速率可达到 40～100Gb/s。图 5-53 所示是光纤通信系统的组成框图，图 5-54 所示是光纤通信链路示意图。

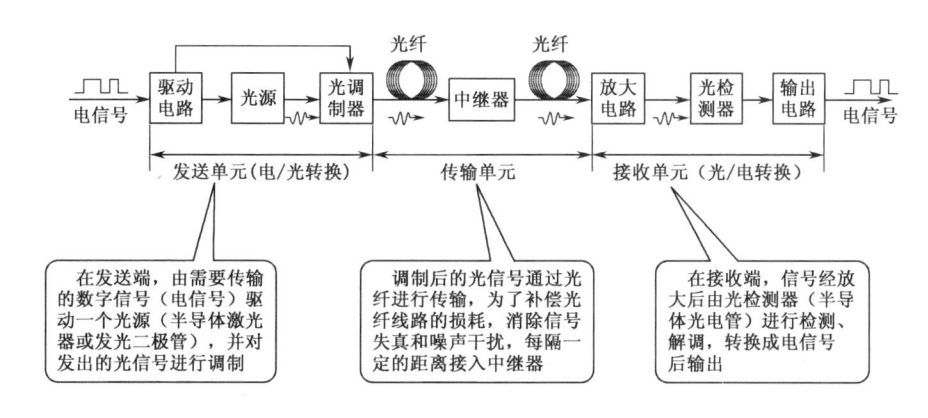

图 5-53 光纤通信系统的组成框图

5.4.2 无线传输

利用无线电磁波来充当传输载体，通过大气层的对流层、平流层、电离层来传播无线电磁波的传输系统称为无线传输系统。无线传输适用于远程通信系统中，而且采用无线传输方式便于终端的移动，可以达到普通网络电缆无法达到的地方。图 5-55 所示为无线电磁波在大气层中的传输。

图 5-54　光纤通信链路示意图

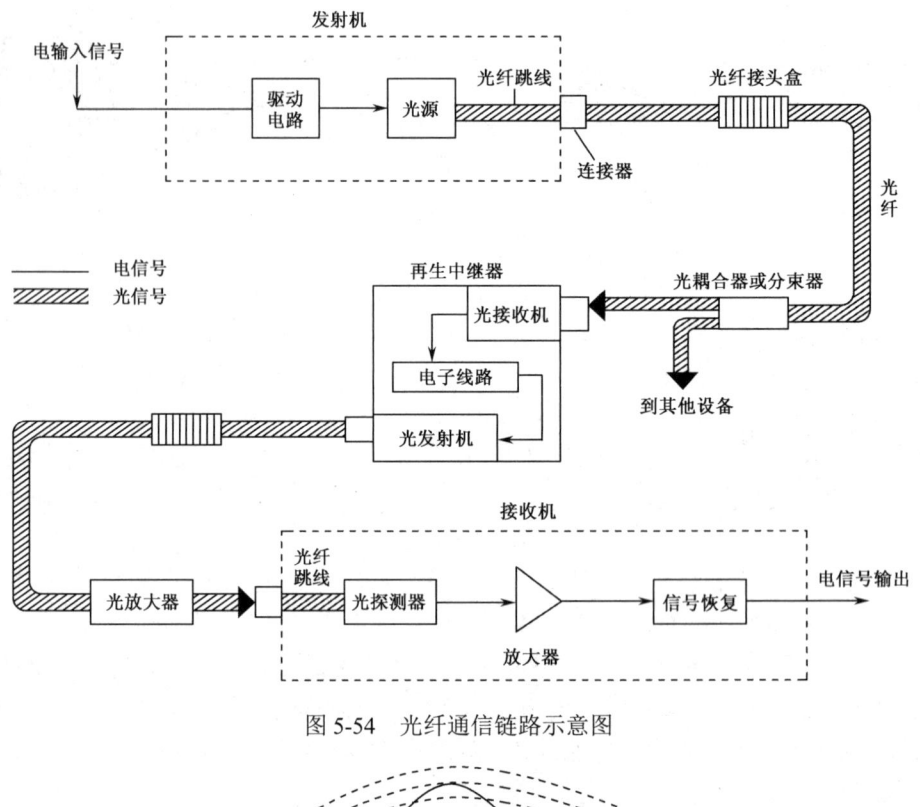

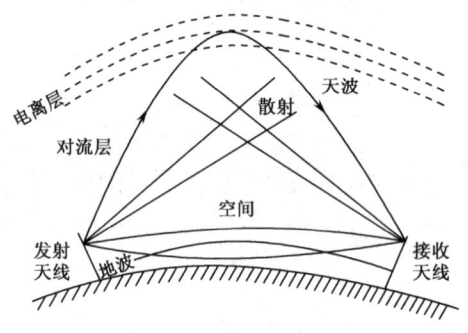

图 5-55　无线电磁波在大气层中的传输

然而，广阔的天空中存在着各种各样的电磁波，各种电磁波在使用时有可能产生相互干扰，所以在使用无线电时，需要考虑的一个重要问题就是电磁波频率的范围，电视、广播及其他一些系统所用电磁波的频率范围如图 5-56 所示。

下面就无线通信中几种主要类型予以介绍。

1. 微波中继通信

微波的电磁波范围是 300MHz～300GHz，波长为 1mm～1m。微波通信是利用微波作为载波并采用中继（接力）方式在地面上进行的无线电通信。

对于地面的远距离微波通信，采用中继方式的直接原因有两个：第一，当通信距离超过一定数值时，电磁波传播将受到地面的阻挡，为了延长通信距离，需要在通信两地之间设立若干中继站，进行电磁波转接；第二，因为微波传播有损耗，随着通信距离的增加信号衰减，有必要采用中继方式对信号逐段接收、放大后发送给下一段，延长通信距离。图 5-57 所示为远距离微波中继通信系统的中继示意图。

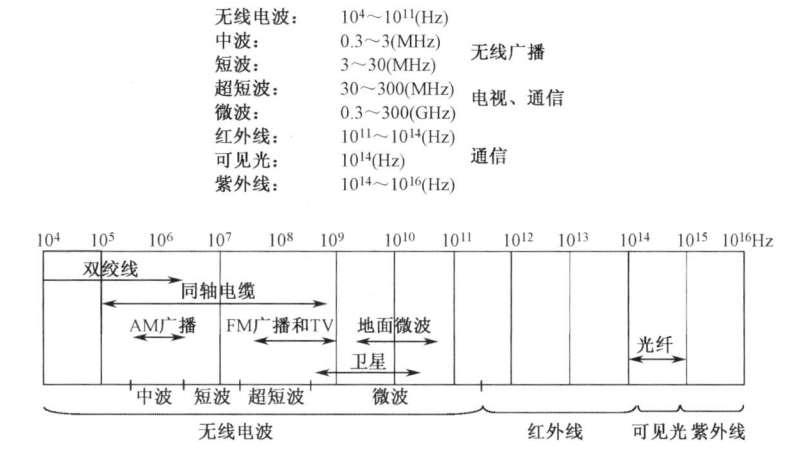

图 5-56 电磁波的种类与频率范围

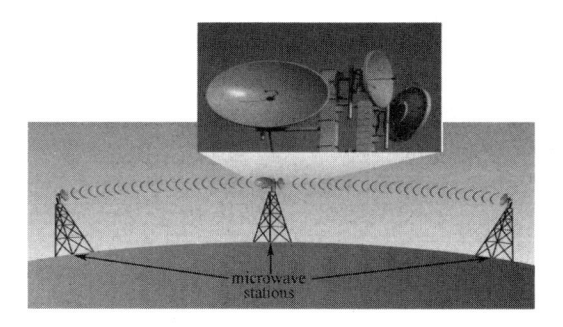

图 5-57 远距离微波中继通信系统的中继示意图

微波通信的特点如下：

（1）通信频段的频带宽，传输信息容量大。微波频段占用的频带约 300GHz，一套微波中继通信设备可以容纳几千甚至几万条话路同时工作，或者传输图像信号等宽带信号。

（2）通信稳定、可靠。数字微波通信中继站能对数字信号进行再生，使数字微波通信线路的噪声不逐站积累，增加了抗干扰性。因此，微波通信稳定、可靠。

（3）通信灵活性较大。微波中继通信采用中继方式实现地面上的远距离通信，在遭遇地震、洪水、战争等灾祸时，通信的建立、转移都较容易，这些方面比有线通信具有更大的灵活性。

（4）微波经空中传送，易受干扰，在同一微波电路上不能使用相同频率于同一方向传输，因此微波电路必须在无线电管理部门的严格管理下进行建设。

2．卫星通信

卫星通信，简单地说就是地球上（包括地面和低层大气中）的无线电通信站间利用卫星作为中继站而进行的通信。卫星通信系统由卫星和地球站两部分组成。卫星在空中起中继站的作用，即把地球站发上来的电磁波放大后再送回另一地球站；地球站则是卫星系统形成的链路。图 5-58 所示为卫星通信系统。

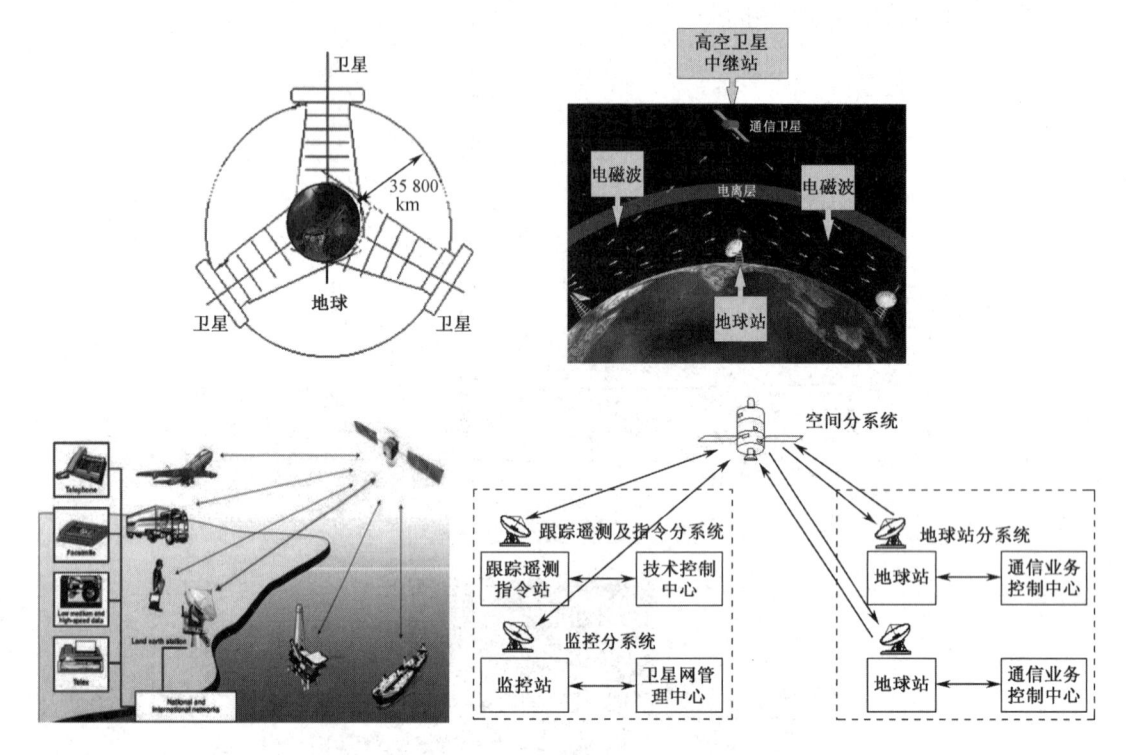

图 5-58　卫星通信系统

卫星通信的特点是：通信范围大；只要在卫星发射的电波所覆盖的范围内，任何两点之间都可进行通信；不易受陆地灾害的影响（可靠性高）；只要设置地球站电路即可开通（开通电路迅速）；同时可在多处接收，能经济地实现广播；电路设置非常灵活，可随时分散过于集中的话务量；同一信道可用于不同方向或不同区间。图 5-59 所示为卫星通信的应用。

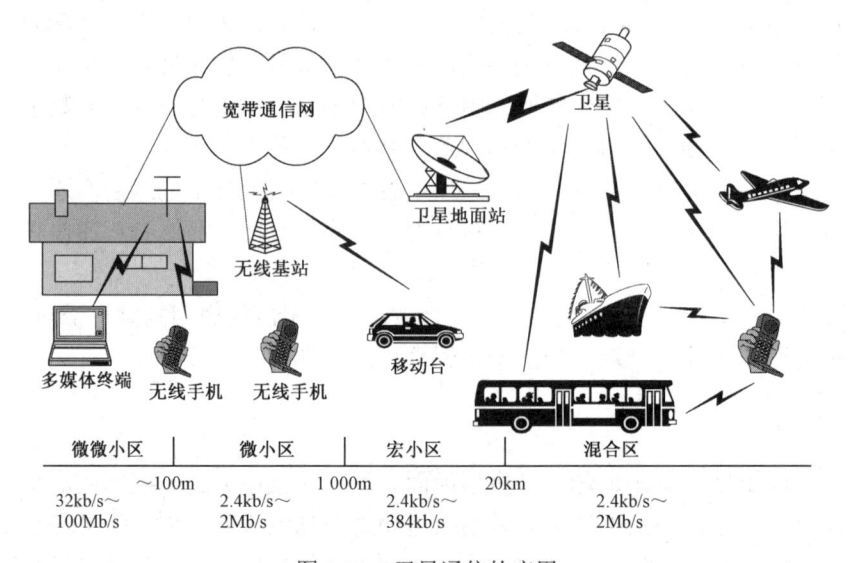

图 5-59　卫星通信的应用

3. 北斗卫星导航系统

我国自行研制生产的北斗卫星导航系统具备在任何时间、任何地点为用户确定其所在的地理经纬度和海拔的能力，而且在定位性能上有所创新。北斗系统不仅能使用户知道自己的所在位置，还可以告诉别人自己的位置，特别适用于需要导航与移动数据通信场所。此外，我国还致力于提高北斗卫星导航系统与其他全球卫星导航系统的兼容性，促进卫星定位、导航、授时服务功能的应用。图 5-60 所示为我国自行研发的北斗卫星定位系统。

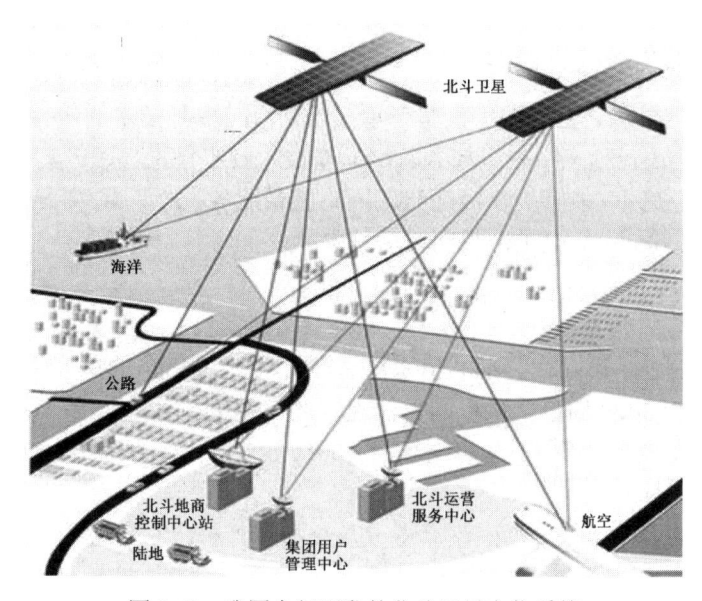

图 5-60 我国自行研发的北斗卫星定位系统

4. 移动通信

从 20 世纪 70 年代末商用的第一代移动通信（1G）开始，移动通信走过了 40 多年的历史，如图 5-61 所示。

- 第一代移动通信技术，采用的是模拟蜂窝网技术，主要实现措施包括频分多址和频率规划的载波复用技术等。代表性的商用系统有北美的 AMPS、北欧的 NMT、英国的 TACS 和日本的 HCMTS 系统。
- 第二代移动通信技术（2G），采用的是数字通信技术，在 20 世纪 90 年代初期投入商用，主要采用时分多址技术和码分多址两种多址方式。商用系统包括欧洲的 GSM 和北美的 IS-95，引入了包括均衡、交织、RAKE 接收和功率控制等新技术。
- 第三代移动通信技术（3G），采用的是码分多址技术，以视频电话为典型业务的多媒体数据业务为主要特征，在 21 世纪初期商用，引入了多用户检测、智能天线和 Turbo 编码等新技术。主要商用系统包括欧洲（包括日本）的 WCDMA、北美的 CDMA2000 和我国的 TD-SCDMA 等。
- 第四代移动通信技术（4G），采用的是 OFDM（正交频分复用）与智能天线技术、软件无线电（SDR）技术、多用户检测技术和 IPV6 技术等。

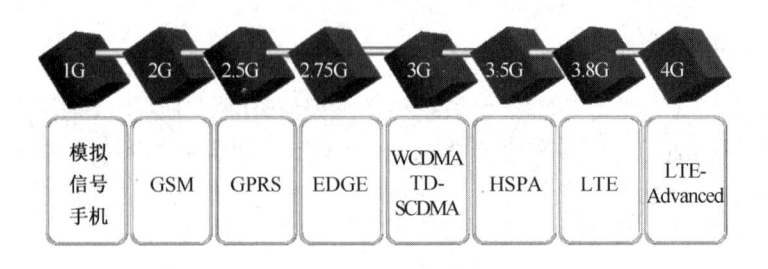

图 5-61 移动通信在 3GPP 中的演进过程

4G 是 3G 技术的进一步演化，是在传统通信网络和技术的基础上不断地提高无线通信的网络效率和功能。同时，它包含的不仅是一项技术，而是多种技术的融合。不仅包括传统移动通信领域的技术，还包括宽带无线接入领域的新技术及广播电视领域的技术。最能概括 4G 技术就是两句话：一是 4G 能够提供高速移动网络宽带服务；二是 4G 基于全球移动通信 LTE 标准（Long Term Evolution，LTE，长期演进技术）之上。

5. 4G 通信的优点

- 通信速度更快。第四代移动通信系统最高可以 100Mbps 的速度传输无线信息，这种速度相当于 2009 年最新手机的传输速度的 1 万倍左右。
- 网络频谱更宽。每个 4G 信道会占有 100MHz 的频谱，相当于 WCDMA 3G 网路的 20 倍。
- 通信更加灵活。4G 手机应该算得上是小型计算机，它有更惊人的突破，任何一件物品都有可能成为 4G 终端。4G 通信使人们不仅可随时随地通信，更可双向下载传递资料、图像、影像，和陌生人网上联线对打游戏等。
- 智能性能更高。第四代移动通信可以实现许多难以想象的功能。如能根据环境、时间以及其他因素来适时地提醒手机主人此时该做何事，或者不该做何事；也可以被当作手提电视。
- 兼容性能更平滑。第四代移动通信系统具备全球漫游、接口开放、能和多种网络互联、终端多样化以及能从第二代平稳过渡等特点。
- 提供各种增值服务。4G 移动通信系统技术以正交多任务分频技术（OFDM）最受瞩目，利用这种技术人们可以实现无线区域环路（WLL）、数字音频广播（DAB）等方面的无线通信增值服务。
- 实现更高质量的多媒体通信。4G 通信能满足第三代移动通信尚不能达到的在覆盖范围、通信质量、造价上支持的高速数据和高分辨率多媒体服务的需要，它又被称为"多媒体移动通信"。
- 频率使用效率更高。第四代移动通信可以让更多的人使用与以前相同数量的无线频谱做更多的事情，而且做这些事情的时候速度相当快。
- 通信费用更加便宜。通信营运商们会考虑采用逐步引入的方法，有效地降低运行者和用户的费用。

全球移动通信业移动化、宽带化、多媒体化的发展趋势日益明显，2012 年全球移动互联网用户已经突破了 20 亿户，占移动通信用户的 30%。移动互联网应用的迅猛发展为全球电信运营企业、设备制造企业、增值电信服务企业在移动互联网时代带来了新的发展机遇。大力发展 TD-LTE 等新一代移动通信技术不仅有利于促进信息通信业自身的持续健康发展，而且还可以大幅度地拉动新型的信息消费，有效地带动经济的增长和转型发展，意义深远。我国自主创新的 4G 国际主流标准 TD-LTE 以其优异的技术性能，成为许多国家发展新一代移动通信网络的重要选择。

本章结束语

通信系统是用以完成信息传输过程的技术系统的总称。现代通信系统主要借助电磁波在自由空间的传播或在导引媒体中的传输机理来实现，前者称为无线通信系统，后者称为有线通信系统。当电磁波的波长达到光波范围时，称为光通信系统，其他电磁波范围的通信系统则称为电磁通信系统，简称电信系统。由于光的导引媒体采用特制的玻璃纤维，因此有线光通信系统又称光纤通信系统。一般电磁波的导引媒体是导线，按其具体结构可分为电缆通信系统和明线通信系统；无线电信系统按其电磁波的波长分为微波通信系统、短波通信系统、中波通信系统和长波通信系统。

移动通信就是通信双方至少有一方在运动状态中进行信息交换，它包括移动用户之间的通信、固定用户与移动用户的通信，概括来说就是"动中通"。现代移动通信技术是一门复杂的高新技术，不但集中了无线通信、有线通信的最新技术成就，而且集中了网络技术和计算机技术的许多成果。通信技术日新月异，给人们带来不少享受。随着数据通信与多媒体业务需求的发展，适应移动数据、移动计算及移动多媒体运作需要的第四代移动通信开始兴起，因此第四代移动通信技术给人们带来了更加美好的未来。另一方面，4G 也因为其拥有的超高数据传输速度，被中国物联网校企联盟誉为机器之间当之无愧的"高速对话"。

第6章 信息交换及网络技术

通信的目的是在信息的源和目的之间传送信息，信息源和目的对应的是各种通信终端，如两个人远程通话，最简单的就是各自拿起电话机，用一条通信线路连接起来实现通话，如图6-1（a）所示；同样，两个人要想传送文件，可各自使用一台计算机，通过串口线经RS232口连接起来，实现信息的传送，如图6-1（b）所示。点到点通信方式的系统构成如图6-1（c）所示。这种最简单的通信方式称点到点的通信方式，也就是只有两个终端和连接两个终端的传输线路的通信方式。当有多个终端要实现相互之间的通信，同样采用上述方法，即两两之间通过传输线路分别连接起来时，就会形成通信网络。如果终端数非常多，则其工程巨大，几乎没有可行性。为此，人们考虑采用交换技术来解决这个问题。在信息传输过程中，网络作为一种传媒，可以使互连在一起的网络进行信息的传输，网络技术为人们建立了相互交流、相互沟通、相互参与的互动平台，带来了人类通信技术的一次革命。本章第一部分主要讲述有关信息交换的基本原理和方法，第二部分主要介绍有关计算机网络技术的基础知识。

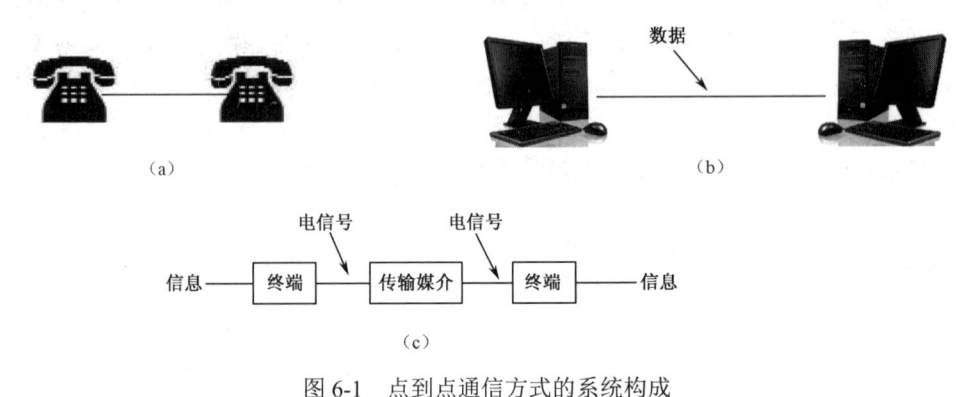

图6-1 点到点通信方式的系统构成

6.1 信息交换基础

在通信系统中，当存在多个终端且希望它们中的任何两个都可以进行点对点通信时，最直接的方法是把所有终端两两相连，如图6-2所示，这种连接方式称为全互连式。全互连式连接存在下列一些缺点。

（1）当存在 N 个终端时，需用 $N(N-1)/2$ 条线对，线对数量以终端数的平方增加。

（2）当这些终端分别位于相距很远的两地时，两地间需要大量的长线路。

（3）每个终端都有 $N-1$ 对线与其他终端相接，因此每个终端都需要 $N-1$ 个线路接口。

（4）增加第 $N+1$ 个终端时，必须增设 N 对线路。当 N 较大时，无法实用化。

（5）由于每个用户处的出线过多，因此维护工作量较大。

如果在用户分布密集的中心安装一个设备——交换机（switch，也叫交换节点），每个用户的终端设备经各自的专用线路（用户线）连接到交换机上，如图 6-3 所示，就可以克服全互连式连接存在的问题。

在图 6-3 中，当任意两个用户之间要交换信息时，交换机将这两个用户的通信线路连通。用户通信完毕，两个用户间的连线断开。有了交换设备，N 个用户只需要 N 对线就可以满足要求，线路的投资费用大大降低，用户线的维护也变得简单容易。尽管这样增加了交换设备的费用，但它的利用率很高。交换机所起的作用就是通过自身的控制功能实现任意两个用户间的连接，一方面减少了连接线路的数量，降低了成本；另一方面降低了控制的复杂程度，从而提高了整个网络的可靠性。

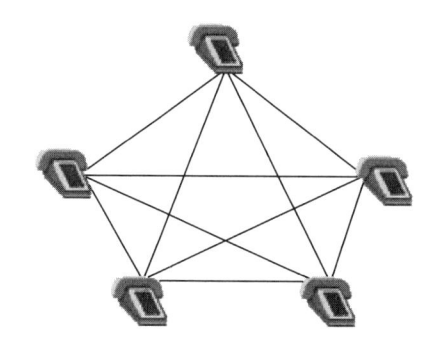

图 6-2　多用户直接相连方式　　　　图 6-3　多用户交换相连方式

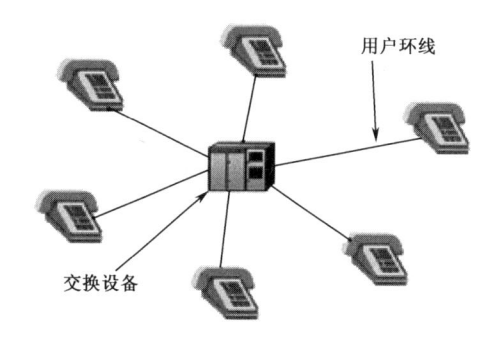

当用户数量较多且分布地域较广时，就要设置多台交换机，各交换机之间通过线路按照一定的拓扑结构互相连接，即组成通信网交换网络，如图 6-4 所示。

网中直接连接电话机或终端的交换机称为本地交换机或市话交换机；仅与各交换机连接的交换机称为汇接交换机。当通信距离很远时，汇接交换机常称为长途交换机。交换机之间的线路称为中继线。长途交换设备仅涉及交换机之间的通信，而市内交换设备既涉及交换设备之间的通信，又涉及交换设备与终端的通信。

所有的通信网都是由终端、交换机和传输系统组成的。终端只是信息产生的源点或接收信息的目的点。传输系统负责传送信息。网络中的复杂控制只能由交换机来完成，因此，交换机的性能决定了网络的性能。通信网一般采用结构式等级的网络结构，对每台交换机都分配一个等级，低级别的交换机要连到高级别的交换机上。由此，当网络等级升高时，进行一次交换所需要的次数也增多，既占用了大量的线路又增加了管理的复杂程度，所以要根据服务的地域范围和用户数量合理规划交换网络的结构。

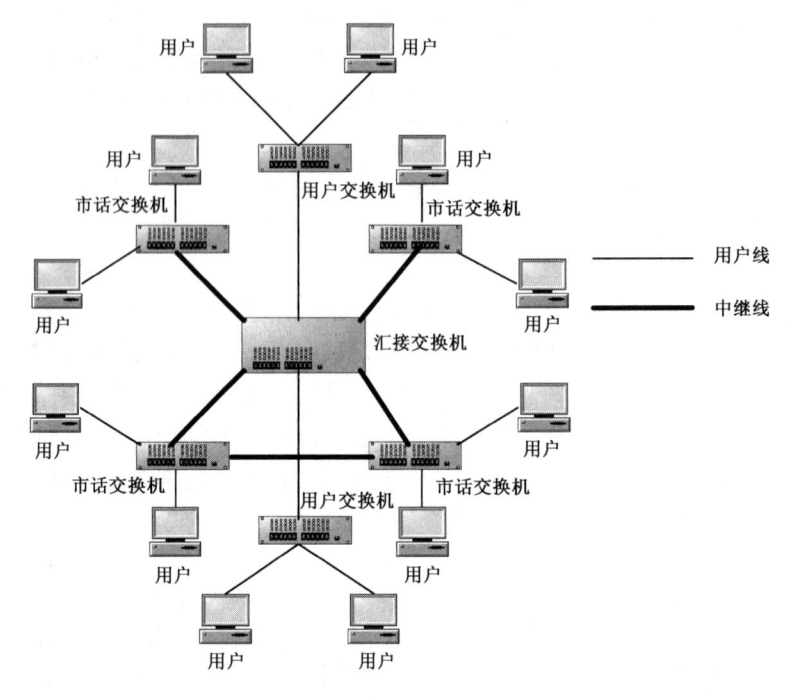

图 6-4 通信网交换网络

6.2 信息交换方式

为了满足高速数据通信的需要，建立了公用数据交换网（PSDN）。公用数据交换网分为两大类：电路交换方式和存储交换方式。后者根据存储、传输信息单位的不同，又可分为报文交换方式和分组交换方式。简而言之，数据交换方式有电路交换、报文交换和分组交换三种基本方式。

6.2.1 电路交换

通信双方在进行通话之前，必须先由交换设备在两者之间建立一条专用线路，并且该线路在通话结束之前由双方独占的交换方式称为电路交换。

电路交换是出现最早的一种交换技术，且主要应用于语音通信领域。图 6-5（a）所示为一个电路交换系统的组成框图。电路交换系统的主要部分是电路接续网络和控制系统。每个用户都有一个用户线路与电路接续网络间的接口电路，称为用户接口，用来监视用户的呼入/呼出信号，并送交给控制系统。在局间接续时起配合作用的接口又称为中继器，其主要作用是配合局间接续。电路接续网络主要用来为用户提供接续通路，不同的交换制式接续网络不同。

电路交换具有严格的三个阶段：呼叫建立、传送信息、呼叫拆除。电路交换是固定分配带宽，连接建立后，即使无信息传送也虚占电路，电路利用率低；要预先建立连接，有一定的连接建立时延，通路建立后可实时传送信息，传输时延一般可以不计；无差错控制措施，对于数据交换的可靠性没有分组交换高；电路交换适用于电话交换、文件传送、高速传真，不用于突发（Burst）业务和对差错敏感的数据业务。电路交换的基本过程如图6-5（b）所示。

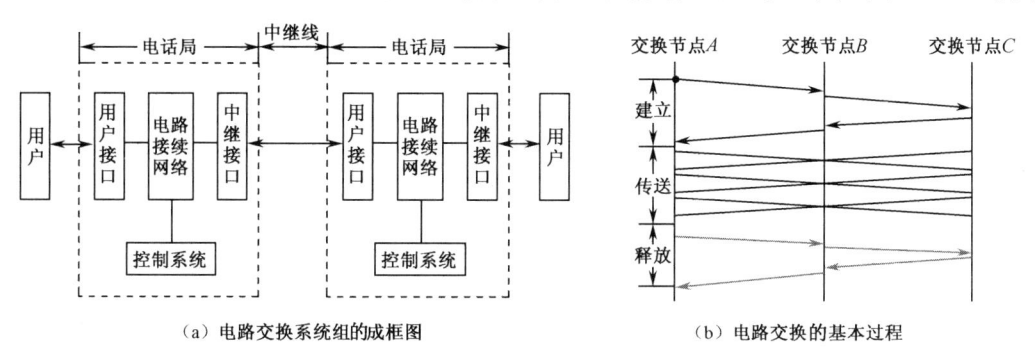

图 6-5 电路交换

电路交换具有以下特点：交换处理简单，时延低，适用于语音和低速数据服务；对突发性的信息处理功能不强；电路资源被通信双方独占，电路利用率低；不能实现与其他网络和业务的相连。

电路交换方式通常应用于公用电话网、公用电报网和电路交换的公用数据网等通信网络。如图6-6所示，A和B通话经过四个交换机，C和D通话只经过一个本地交换机。

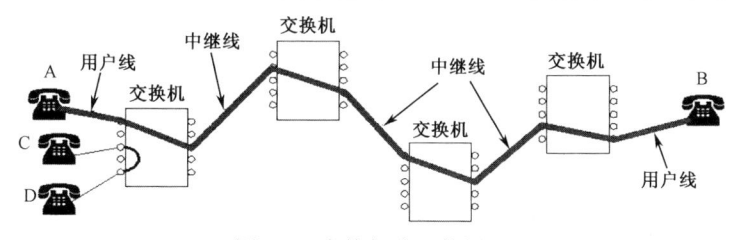

图 6-6 交换机应用的例子

6.2.2 报文交换

报文交换机的组成如图6-7所示。在报文交换中，以报文为单位接收、存储和转发信息。报文由报头、正文和报尾三部分组成。报文交换（Message Switching）又称存储转发交换，与电路交换的原理不同，不需要提供通信双方的物理连接，而是将所接收的报文暂时存储。报文中除用户要传送的信息，还有目的地址和源地址。图6-8所示为报文交换的原理图。公用电信网的电报自动交换是报文交换的典型应用，有的专用数据网也采用报文交换方式。

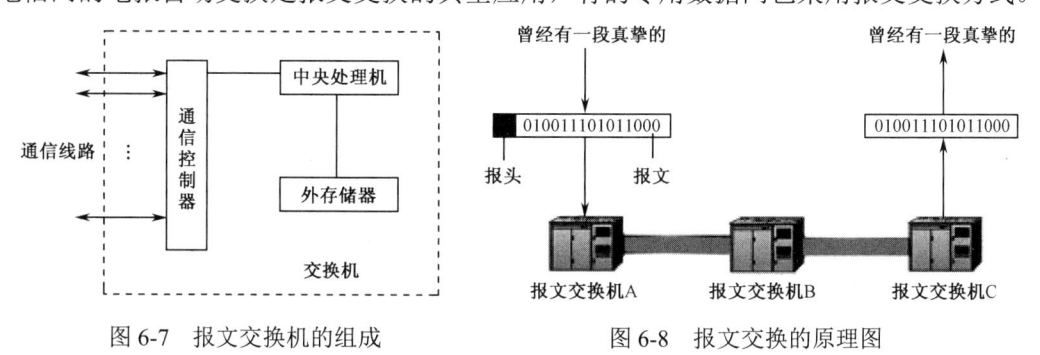

图 6-7 报文交换机的组成　　图 6-8 报文交换的原理图

报文交换的主要优、缺点是：报文以存储转发方式通过交换机，可以实现各种不同类型终端之间的相互通信；报文交换过程中没有电路接续过程，线路可以始终工作在最高传输能力的状态，提高了线路的利用率；信息通过交换机时的时延大，而且时延变化也比较大，不利于实时通信；交换机要有能力存储用户发送的报文，有的报文可能很长，要求转换机要有高速处理能力和大的存储容量；报文交换不适用于立即对话的通信方式。

报文交换方式适用于实现不同速率、不同协议、不同代码终端的终端间或一点对多点的进行存储转发的数据通信。由于这种方式网络时延大，并且占用了大量的内存与外存空间，因而不适用于要求系统安全性高、网络时延小的数据通信。

6.2.3 分组交换

分组交换（Packet Switching）也采用报文转换的存储转发机制，但不像报文交换那样以报文为单位交换，而是把报文截成许多比较短的、被规格化了的"分组"（Packet）进行转换和传输。如图6-9所示，将报文按一定长度分组，每一个组中包含一个分组头，其中包含所分配的逻辑信道号和其他控制信息。

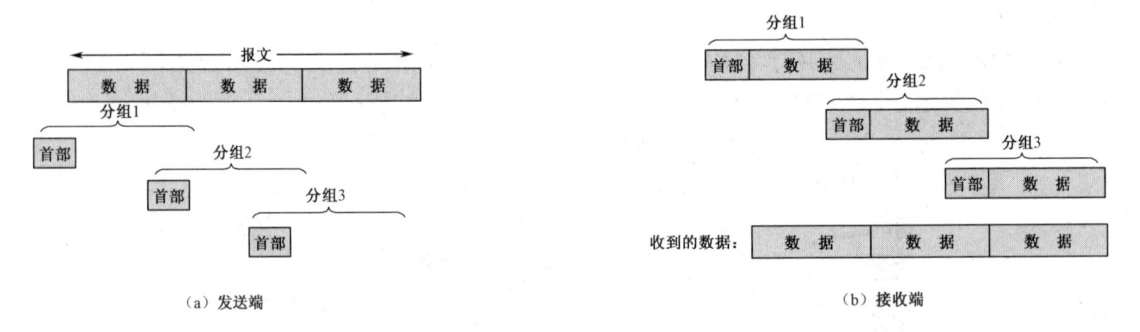

图 6-9 分组交换中的数据格式

在发送端，先把较长的报文划分成较短的、固定长度的数据段，每一个数据段前面添加首部构成分组；分组交换网以"分组"作为数据传输单元，依次把各分组发送到接收端；接收端收到分组后剥去首部还原成报文。

分组交换在线路上采用动态复用技术传送分组。每个分组标识后，在一条物理链路上采用动态复用技术，同时传输多个分组。把来自用户发送端的数据暂存在交换机的存储器中，接着在网内转发；到达接收端再去掉分组头，将各数据字段按顺序重新装配成完整的报文。

如图6-10所示，假定A站有三个数据块要送到C站，它将数据块1、2、3一连串地发给节点1。节点1需对每个数据块做出路由选择的决定。在数据块1到来后，节点1得知节点2的队列短于节点4，于是将数据块1排入节点2的队列。数据块2也是如此。但是对于数据块3，节点1发现现在到节点4的队列最短，因此将数据块3排在去节点4的队列中。在以后通往C站路由的各节点上，都作类似的处理。这样，每个路由虽都有同样的目的地址，但并不遵循同一路由。另外，数据块3先于数据块2到达节点6是完全有可能的，因此，这些数据块有可能以一种不同于它们发送时的顺序投送到C站，这就需要C站来重新排列它们，以恢复它们原来的顺序。此外，在网络传送过程中，分组也有可能出现丢失，C站还要负责检测分组的丢失问题，并解决如何恢复。

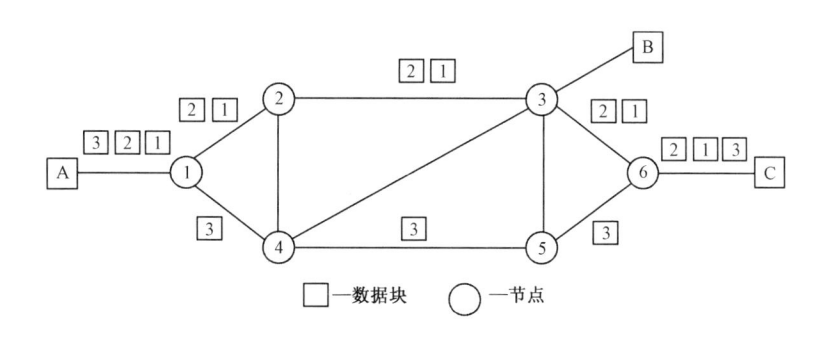

图 6-10 分组交换示例

图 6-11 是对电路交换、报文交换和分组交换进行的比较。其中，分组交换向用户提供不同的速率，以及不同代码、不同同步方式、不同通信控制规程的数据终端之间能够相互通信的灵活通信环境；信息传输时延较小，且变化范围不大，能很好地满足会话型通信的实时性要求；可靠性高，经济性好；信息以分组为单位在交换机中存储和处理，不要求交换机具有很大的存储容量，降低了设备的费用，节省了维护管理费用；由于网络附加的传输信息较多，对长报文的通信传输效率比较低；技术实现复杂，要求交换机要有较高的处理能力。

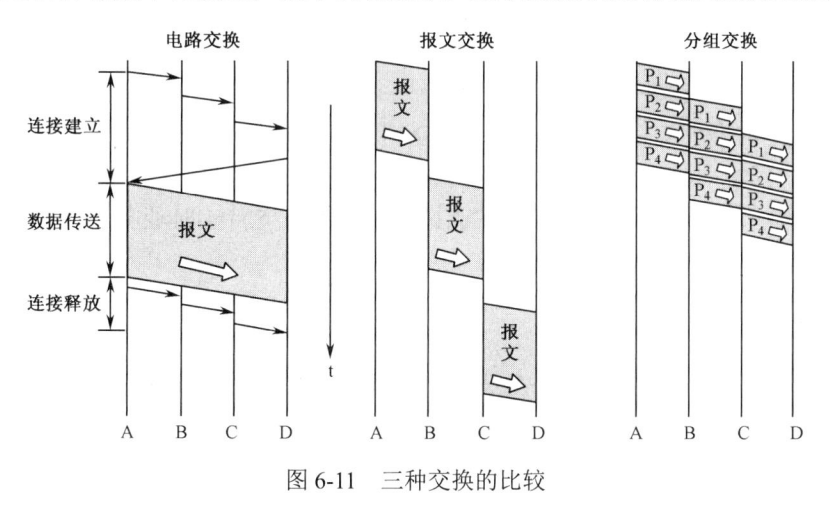

图 6-11 三种交换的比较

分组交换是在存储转发机制的基础上发展起来的，但它兼有电路交换及报文交换的优点。它适用于对话式的计算机通信，传输量高，成本较低，并且可在不同速率终端之间通信。

6.2.4 ATM 交换

分组技术的广泛应用和发展，出现了传送语音业务的电路交换网络和传送数据业务的分组交换网络两大网络共存的局面。语音业务和数据业务的分别传送，促使一种能同时提供电路交换和分组交换的优点，并且同时向用户提供统一的服务，包括语音业务、数据业务和图像信息的全新技术的出现——异步传输模式（Asynchronous Transfer Mode，ATM）。

ATM 交换以信元为基本处理单位，完成信元交换。ATM 交换结构完成两方面的基本功能：一是空间交换，即将信元从一条传输线交换到另一条传输线上，又叫路由选择；二是时间交换，即将信元从一个时隙转移到另一个时隙中。

ATM 交换机一般由入线处理部件、出线处理部件、交换结构和连续控制单元等模块组成，如图 6-12 所示。

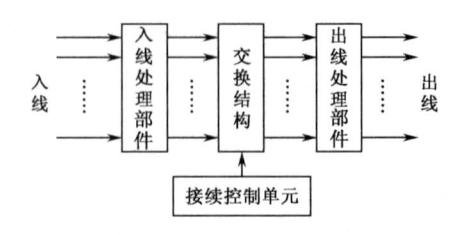

图 6-12 ATM 交换机结构

> 入线处理部件：用于接收输入信元，并将其转换成适合送入 ATM 交换结构的形式。
> 出线处理部件：用于将 ATM 交换结构输出的信元转换成适合在线路上传输的形式。
> 交换结构：是整个交换机的核心，它提供了信元交换的通路，通过交换结构的两个基本功能（排队和选路），将信元从一个端口交换到另一个端口。交换结构还完成一定的流量控制功能，主要是优先级控制和一些业务的流量控制。
> 接续控制单元：控制部分是交换机的中央枢纽，它完成 ATM 信元处理、资源管理和流量控制中的连接控制，以及设备管理、网络管理等功能。在实现时，设备管理和网络管理多在外界的管理维护平台上完成。
> ATM 交换的特点有：采用统计时分复用；以固定长度（53B）的信元为传输单位，响应时间短；采用面向连接并预约传输资源的形式工作；在 ATM 网络内部取消逐段链路的差错控制和流量控制；支持综合业务，支持实时业务，以及数据透明传输与语音、数据、图像等综合业务。

6.2.5 光交换

随着光技术的发展，光纤的巨大频带资源和优异的传输性能，使它成为高速大容量传输的理想媒介，从而能满足爆炸式发展的各种通信业务对通信网的带宽和容量要求。为了克服光网络中的电信号处理瓶颈，具有高度实用性的全光网络成为宽带通信网未来的发展目标。而光交换技术作为全光网络中的支持技术，在全光通信系统中发挥着重要的作用。

一般的光交换系统组成如图 6-13 所示。光交换技术是指不经过任何光电和电光转换，在光域中直接将输入光信号交换到不同的输出端。光交换系统主要由输入接口、光交换矩阵、输出接口和控制单元四部分组成。

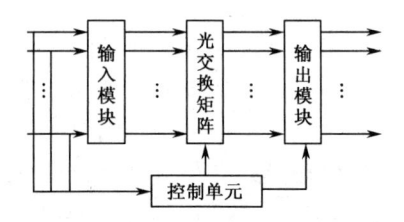

图 6-13 一般的光交换系统组成

由于目前光逻辑器件的功能还比较简单,不能完成控制部分复杂的逻辑处理功能,因此现有的光交换控制单元还要由电信号来完成,即所谓的电控光交换。在控制单元的输入端进行光电转换,而在输出端需要完成电光转换。随着光器件技术的发展,光交换技术的最终发展趋势将是光控光转换,即全光交换。

光交换的实现方式包括光电交换、光机械交换、热光交换、液晶光交换、声光交换和采用微电子机械技术的光交换。

目前从交换技术的角度来说,光交换技术可分为光的电路交换和分组光交换两种主要类型。

光的电路交换类似于电路交换技术,采用光器件设置光通路,中间节点不需要使用光缓存。光电路交换又可以分为光时分交换技术、光波分交换技术、光空分交换技术和光码分交换技术。

分组光交换系统主要应用于小粒度的业务,能根据用户的需求灵活地进行带宽的动态分配和资源的统分复用。根据对控制包头处理及交换粒度的不同,又可分为光分组交换技术(OPS)、光突发交换技术(OBS)和光标记分组交换技术(OMPLS)。

光交换的主要特点是:光交换不会受到电子器件处理速度的制约,能与光纤传输速率匹配,从而可以实现网络的高速传输,完全可以克服纯电子交换的容量瓶颈问题;光交换根据波长对信号进行路由选择,与通信采用的协议、数据格式和传输速率无关,可以实现透明的数据传输;光交换易于保证网络的稳定性,可以大大提高网络的重构灵活性和生存性;采用光交换可以大量节省建网和网络升级成本。

6.3 计算机网络

21世纪的一些重要特征就是数字化、网络化和信息化,它是一个以网络为核心的信息时代。这里所说的网络是指电信网络(主要业务是电话,但也有其他业务,如传真、数据等)、广播电视网络和计算机网络。这三种网络通常简称为"三网"。所谓"三网融合",就是指电信网、广播电视网和计算机通信网的相互渗透、相互兼容,并逐步整合成为全世界统一的信息通信网络。"三网融合"是为了实现网络资源的共享,避免低水平的重复建设,形成适应性广、易于维护、费用低的高速带宽的多媒体基础平台。本节主要介绍计算机网络的基础知识。

6.3.1 计算机网络系统的组成

计算机网络是利用通信设备和线路将地理位置不同的、功能独立的多个计算机系统连接起来,以功能完善的网络软件实现网络的硬件、软件及资源共享和信息传递的系统。简单地说,即连接两台或多台计算机进行通信的系统。组建计算机网络的目标是:实现资源共享和信息传输。

为了简化计算机网络的分析与设计,有利于网络的硬件和软件配置,按照计算机网络的系统功能，一个网可分为"资源子网"和"通信子网"两大部分，如图 6-14 所示。"资源子网"则主要负责全网的信息处理，为网络用户提供网络服务和资源共享功能等。它主要包括网络中所有的主计算机、I/O 设备和终端，各种网络协议、网络软件和数据库等。而"通信子网"则主要负责全网的数据通信，为网络用户提供数据传输、转接、加工和转换等通信处理工作。它主要包括通信线路（即传输介质）、网络连接设备（如网络接口设备、通信控制处理机、网桥、路由器、交换机、网关、调制解调器和卫星地面接收站等）、网络通信协议和通信控制软件等。

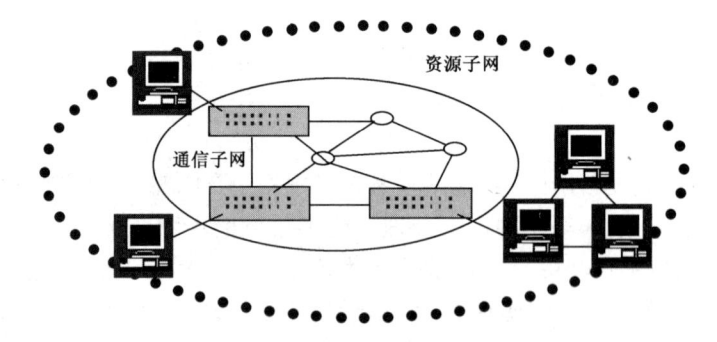

图 6-14　计算机网络系统的组成

6.3.2　计算机网络分类

在现实生活中，将计算机网络分成若干类：
（1）按网络的拓扑结构分类，有环形网、星形网、总线型网、树形网等，如图 6-15 所示。

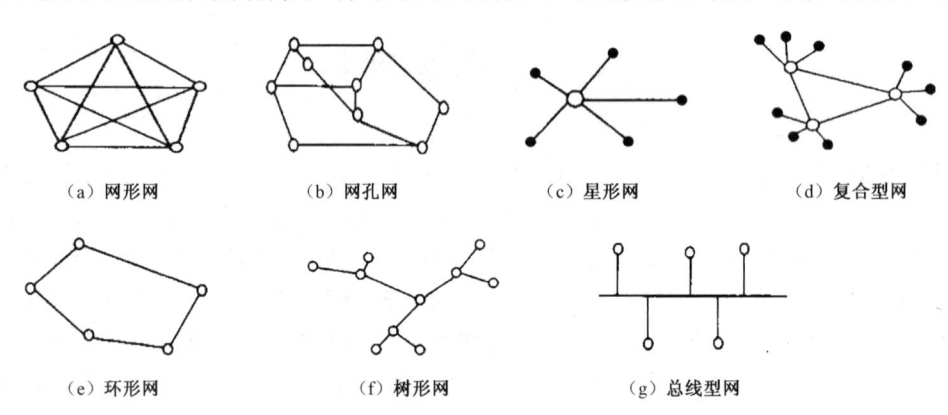

(a) 网形网　　(b) 网孔网　　(c) 星形网　　(d) 复合型网

(e) 环形网　　(f) 树形网　　(g) 总线型网

图 6-15　网络的各种拓扑结构

（2）按通信介质分类，有双绞线网、同轴电缆网、光纤网和无线卫星网等。
（3）按信号频带占用方式分类，有基带网和宽带网。
（4）按网络规模和覆盖范围分类，有局域网（LAN）、广域网（WAN）和城域网（MAN）。要注意的是，因特网（Internet）是世界上最大的广域网。

下面对各种拓扑结构进行简单的介绍。

总线型结构是指各工作站和服务器均挂在一条总线上，各工作站地位平等，无中心节点控制，公用总线上的信息多以基带形式串行传递，其传递方向总是从发送信息的节点开始向两端扩散，如同广播电台发射的信息一样，因此又称广播式计算机网络，如图6-16所示。各节点在接收信息时都进行地址检查，看是否与自己的工作站地址相符，相符则接收网上的信息。

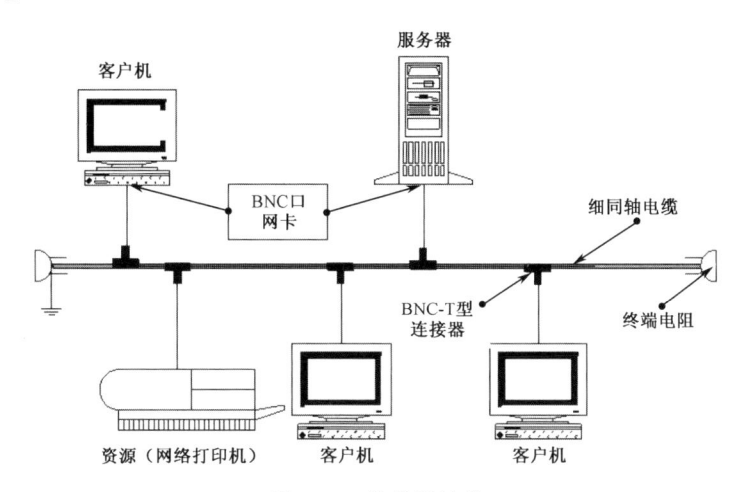

图 6-16 总线型结构

星形结构是指各工作站以星形方式连接成网。网络有中央节点，其他节点（工作站、服务器）都与中央节点直接相连，这种结构以中央节点为中心，因此又称为集中式网络，如图6-17所示。

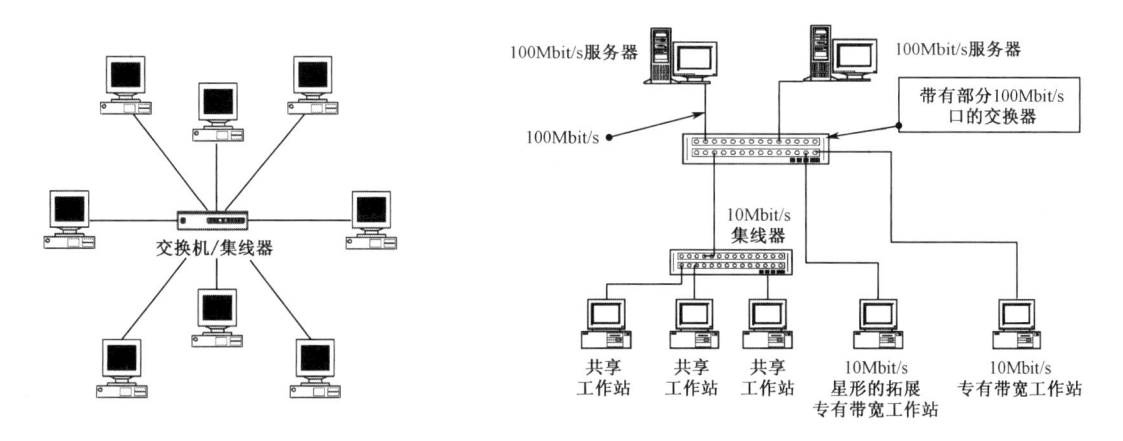

图 6-17 星形结构

环形结构由各节点首尾相连形成一个闭合环形线路。环形网络中的信息传送是单向的，即沿一个方向从一个节点传到另一个节点；每个节点需安装中继器，以接收、放大、发送信号。这种结构的优点是结构简单，建网容易，便于管理；其缺点是当节点过多时，将影响传输效率，不利于扩充，如图6-18所示。

树形结构是一种分级结构。在树形结构的网络中，任意两个节点之间不产生回路，每条通路都支持双向传输。这种结构的特点是扩充方便、灵活，成本低，易推广，适合于分主次或分等级的层次型管理系统，如图6-19所示。

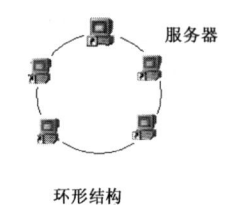

图 6-18 环形结构　　　　　　　图 6-19 树形结构

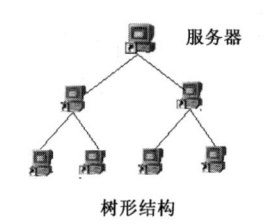

以上 4 种结构的比较见表 6-1。

表 6-1　4 种结构优、缺点比较

	总线型	星形	环形	树形
优点	拓扑简单、易实现、易维护、易扩充	故障检测比较容易，易于实现，便于管理	结构简单，传输延时确定，抗故障性能好	易于扩展，故障容易隔离，便于网络的分布式管理
缺点	故障检测比较困难	中心节点是全网可靠性的瓶颈，需增加硬件的资金投入	每个节点与连接节点的通信线路是全网可靠性的瓶颈；维护复杂	对根节点的依赖性太大

6.4　计算机网络体系结构

近 40 年来，计算机网络飞速发展，已成为一种复杂、多样的大系统，计算机网络的实现要解决很多复杂的技术问题：支持多种通信媒体（如电话线、铜缆、光纤、卫星等）；支持多厂商、异种机互连，包括软件的通信约定至硬件接口的规范；支持多种业务，如批处理、交互分时、数据库等；支持高级人机接口，满足人们对多媒体日益增长的需求。如何有效地解决这所有的问题？

网络设计者通常采用分层模型来开发网络协议，分层模型描述了把通信问题分为几个子问题的方法，每个子问题对应一层。即"分而治之"，将一个复杂的系统分解成一个个容易处理的子问题，然后加以解决。

分层设计方法是按照信息的传输过程将网络的整体功能划分为一个个子功能层，每层完成特定的功能，同等功能层之间采用相同的协议，相邻功能层之间通过接口进行信息传递；各层协调起来实现整个网络系统。下面以日常写信并通过邮局邮寄的过程为例，说明网络传输信息的过程和分层设计的需要。

如有一封信件由 A 地送往 B 地，对通信双方来讲，真正关心的是信的内容，但为了将信传递到对方手中，需要进行相应的处理，中间经历多个环节，如图 6-20 所示。

为了实现信件由 A 地送往 B 地，整个系统是由多个协议或约定构成的，如用户之间的约定、用户与邮局之间的约定和运输部门之间的约定等。虽然这些协议多而杂，但是通过对它们进行层次的划分，可以很清楚地将它们划归到各自的子层中。例如，不同部门之间的约定包括用户与邮局之间的约定和邮局与运输部门之间的约定；相同部门之间的约定包括用户之间的约定、邮局之间的约定、运输部门之间的约定。由此可见,整个过程包括3个子层:用户子层、邮局子层和运输部门子层。邮局子层是为用户服务的,运输部门子层是为邮局服务的,如图6-21所示。

6.4.1 网络中数据的传递过程

所谓网络的体系结构(Architecture)就是计算机网络各层次及其协议的集合,是对计算机网络通信所需要完成的功能的精确定义。

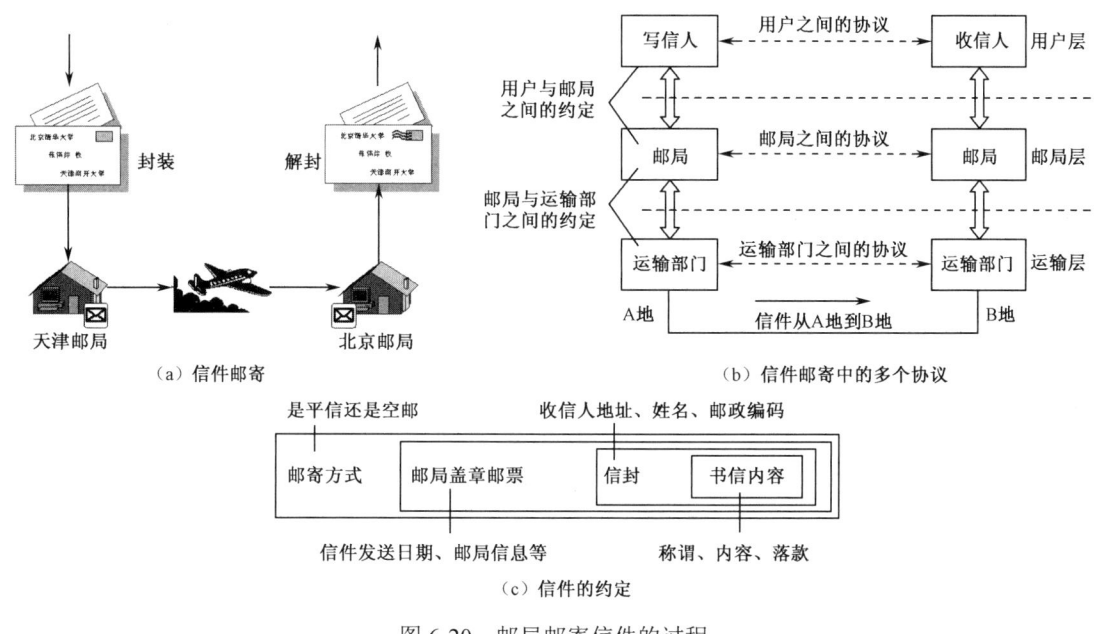

图 6-20 邮局邮寄信件的过程

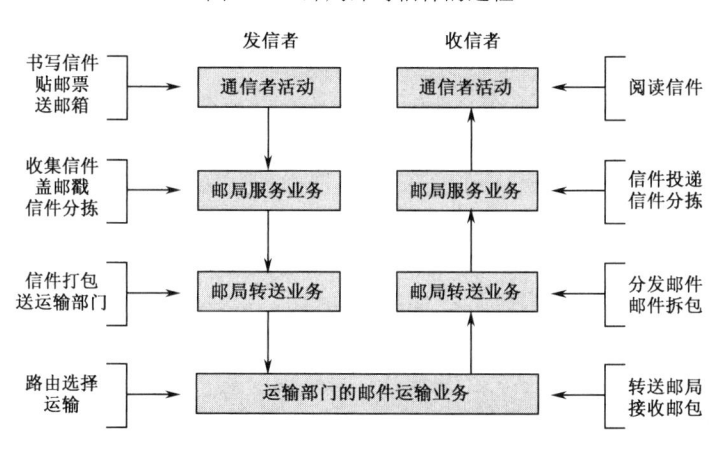

图 6-21 用户子层、邮局子层和运输部门子层

为了相互通信,把每个计算机互连的功能划分成有明确定义的层次,规定了同层次进程通信的协议和相邻层之间的接口及服务。将这些同层进程通信的协议及相邻层接口的集合统称为网络体系结构,一般以垂直分层模型来表示。

例如，在和朋友聊天时，要发送这样一句话："Dear friend,I love you forever!"下面来看网络是怎样传送这句话的。

在网络中传送的其实都是数据帧（包），而且每个数据帧的大小是有限定的，就像我们邮寄的信件也有质量限制一样。因此，计算机先对要发送的数据进行分割，使它符合帧大小的规定。这里假设帧长为 22 个英文字符（包括空格），因此这句话将被分割成两个帧，如图 6-22 所示。

图 6-22 数据帧（包）

分割完后，一个句子就被打散成两个帧，为了在数据到达目的地后能够正确地将这些帧连接成一个完整的句子，需要为分割后的各个数据帧加入序号，这是对数据帧的第一层封装。数据在传输过程中可能受外界电磁干扰等因素的影响，产生误码，因此需要对数据加入帧长度和差错控制等信息，这是对数据帧的第二层封装。传输数据时总有一个目的地，因此需要加入数据目的地的地址，即接收方的 IP 地址，有时还需要加入发送方的 IP 地址，这是对数据帧的第三层封装。最后，在网络的底层还要加入各种控制信息和路由信息等，完成数据帧的第四层封装，如图 6-23 所示。

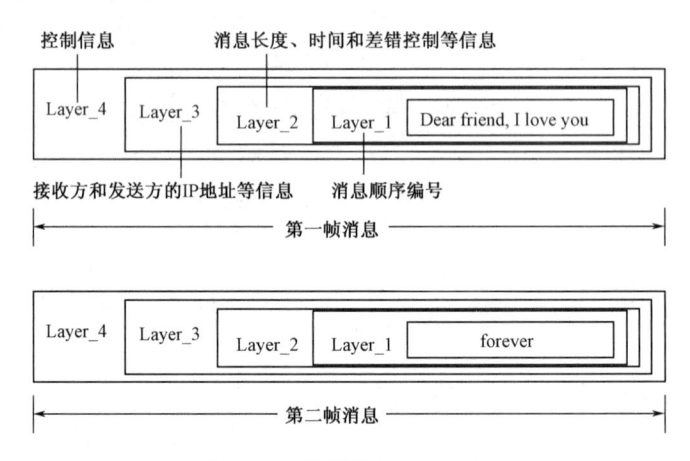

图 6-23 数据帧的 4 层封装

第二帧封装与第一帧类似，当数据封装完毕后，通过网络最底层的连接电缆进行传输。当数据到达目的地后，将进行相反的过程，计算机按照顺序把分散的各帧连接成一个完整的句子，最终传送给用户，在不同的层次上对数据进行不同的处理。

6.4.2 OSI 参考模型

网络体系结构是对构成计算机网络的各组成部分之间的关系及所要实现功能的一组精

确定义。

当前网络体系结构广泛采用国际标准化组织发布的开放系统互连参考模型（OSI）。OSI 采用三级抽象，即体系结构、服务定义和协议规格说明。OSI 将网络划分为七个层次，其中，1～3 层直接与通信子网相连，一般称它为低层协议；相应地，4～7 层称为高层协议。通信子网通过物理互连媒体进行连接，如图 6-24 所示。

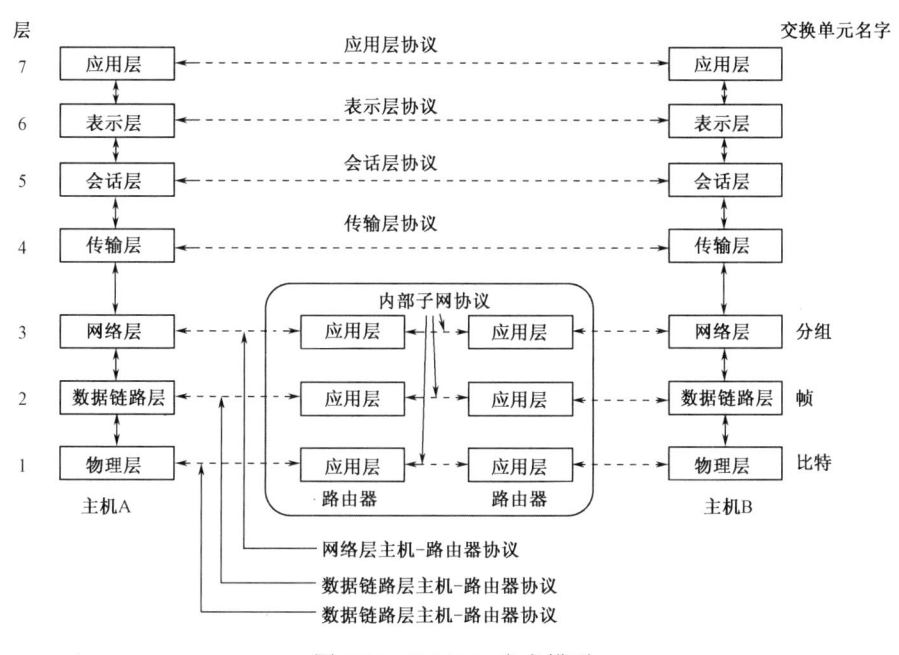

图 6-24 ISO/OSI 参考模型

6.5 局域网和广域网

局域网（Local Area Network），简称 LAN，是指在某一区域内由多台计算机互连构成的计算机组。"某一区域"指的是同一办公室、同一建筑物、同一公司和同一学校等，一般在方圆几千米以内。局域网可以实现文件管理、应用软件共享、打印机共享、扫描仪共享、工作组内的日程安排、电子邮件和传真通信服务等功能。局域网是封闭型的，可以由办公室内的两台计算机组成，也可以由一个公司内的上千台计算机组成，如图 6-25 所示。

广域网（Wide Area Network），简称 WAN，是一种跨越大的、地域性的计算机网络的集合。通常跨越省、市，甚至一个国家。广域网包括大大小小不同的子网，子网可以是局域网，也可以是小型的广域网。图 6-26 是由局域网和广域网组成互联网的示意图。

局域网的硬件平台一般由以下几部分组成。

（1）一个或多个文件服务器：一般是专用服务器或由高档微机充当服务器。

（2）多台工作站：目前因硬件的大幅度降价，工作站均采用有盘的微机来担任。

（3）传输媒体：一般由同轴电缆和双绞线组成，高性能局域网采用光纤来连接网络。

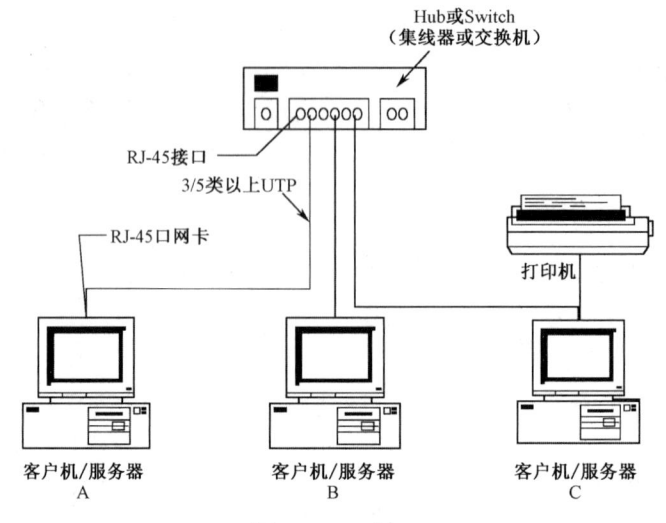

图 6-25 局域网

（4）网络适配卡：称为网卡，目前使用的网卡大都采用 10/100MB/s 的传输速率。
（5）网间连接器：主要有中继器、网桥、路由器和网关等设备。

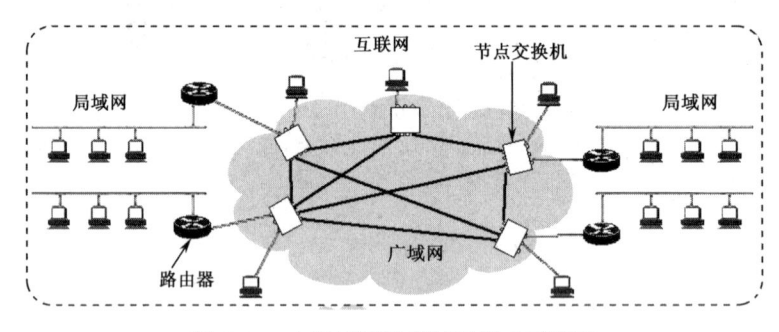

图 6-26 由局域网和广域网组成互联网

6.6 网络的硬件设备

要组成一个完整的网络，需要主体设备、连接设备和软件系统。主体设备主要包括网络服务器和工作站；连接设备包括中继器、网桥、路由器等；网络软件系统包括网络操作系统、网络软件。

6.6.1 主体设备

1. 网络服务器

从广义上讲，网络服务器是指网络中能对其他机器提供某些服务的计算机系统（如果一个 PC 对外提供 FTP 服务，也可以叫服务器）；从狭义上讲，服务器是专指某些高性能计算机，能通过网络对外提供服务。相对于普通 PC 来说，服务器的稳定性、安全性、性能等方面要求更高，因此在 CPU、芯片组、内存、磁盘系统、网络等硬件方面和普通 PC 有所不同。

2．工作站（Workstation）

工作站是一种以个人计算机和分布式网络计算为基础，主要面向专业应用领域，具备强大的数据运算与图形、图像处理能力，为满足工程设计、动画制作、科学研究、软件开发、金融管理、信息服务、模拟仿真等专业领域而设计开发的高性能计算机。

工作站是一种高档的微型计算机，通常配有高分辨率的大屏幕显示器及容量很大的内存储器和外部存储器，并且具有较强的信息处理功能和高性能的图形、图像处理功能及联网功能。

6.6.2 连接设备

1．中继器

中继器在 OSI 参考模型的物理层上实现信号放大和再生，如图 6-27 所示。

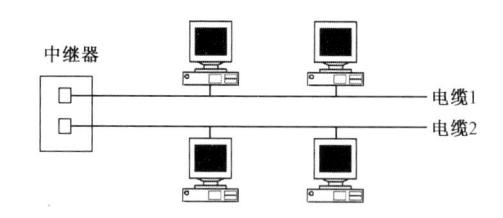

图 6-27 中继器的应用

2．网桥

网桥是在 OSI 参考模型的数据链路层上实现互连的设备。网桥能够读取目标地址信息，并决定是否向网络的其他段转发，如图 6-28 所示。

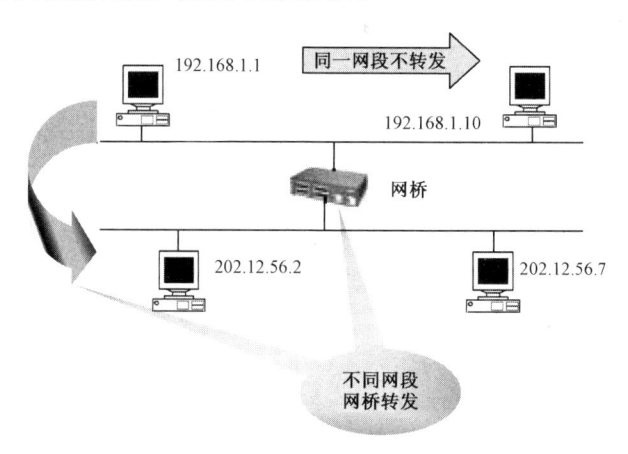

图 6-28 网桥的应用

3．路由器

路由器是连接多个网络或网段的网络设备，在 OSI 参考模型的网络层上实现互连。不同网络之间数据格式转换和转发，维护和更新路由表，寻找一条最佳传输路径，进行网络控制和管理，如图 6-29 所示。

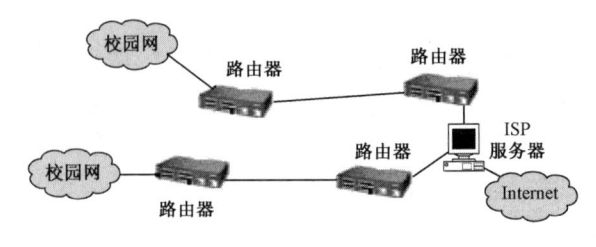

图 6-29　路由器的应用

4．交换机

交换机取代集线器和网桥，增强路由选择功能如图 6-30 所示，交换和路由之间的主要区别就是交换发生在 OSI 参考模型的数据链路层，而路由发生在网络层。

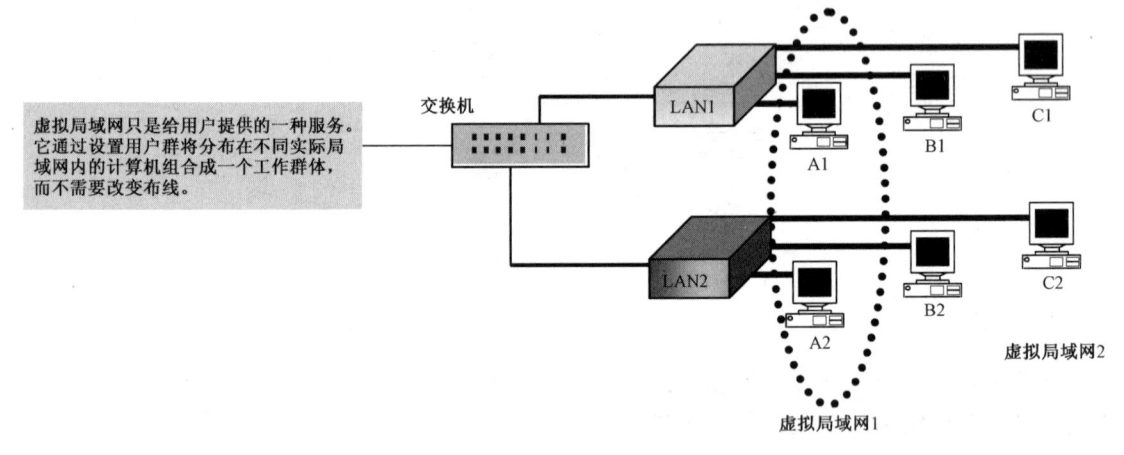

> 虚拟局域网只是给用户提供的一种服务。它通过设置用户群将分布在不同实际局域网内的计算机组成一个工作群体，而不需要改变布线。

图 6-30　交换机的应用

5．网关

网关的连接操作是在 OSI 参考模型 7 层协议的传输层以上，用于连接使用不同通信协议或结构的网络，如图 6-31 所示。

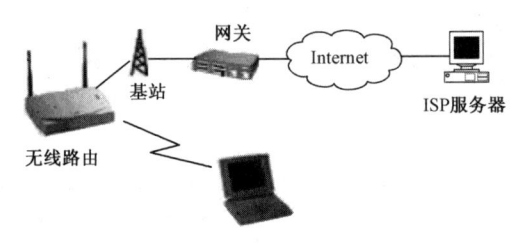

图 6-31　网关的应用

6．调制解调器

调制解调器是一种通过公用电话网（PSTN）连接计算机的设备，实现模拟信号和数字信号的转换，如图 6-32 所示。

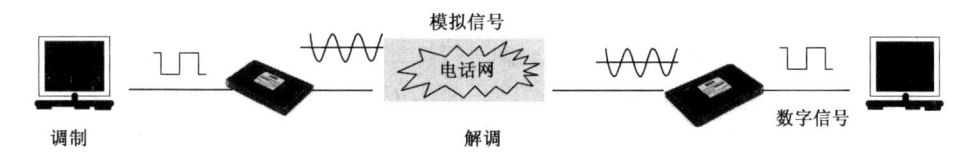

图 6-32　调制解调器的应用

7．网络适配器（Network Interface Card，NIC）

网络适配器又称网卡或网络接口卡，它是使计算机联网的设备。平常所说的网卡就是将 PC 和 LAN 连接的网络适配器。网卡插在计算机主板插槽中，负责将用户要传递的数据转换为网络上其他设备能够识别的格式，通过网络介质传输。它的主要技术参数为带宽、总线方式、电气接口方式等。它的基本功能为：从并行到串行的数据转换，包的装配和拆装，网络存取控制，数据缓存和网络信号。目前主要是 8 位和 16 位网卡，如图 6-33 所示。

8．集线器（Hub）

"Hub"是"中心"的意思，主要功能是对接收到的信号进行再生整形放大，以扩大网络的传输距离，同时把所有节点集中在以它为中心的节点上。它工作于 OSI 参考模型的第一层，即"物理层"。集线器与网卡、网线等传输介质一样，属于局域网中的基础设备，采用 CSMA/CD（一种检测协议）访问方式，如图 6-34 所示。

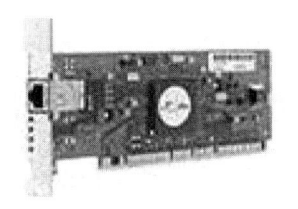

图 6-33　网络适配器（网卡）　　　　图 6-34　集线器（Hub）

6.6.3　网络软件系统

1．网络操作系统（NOS）

网络软件系统是网络的心脏和灵魂，是向网络计算机提供服务的特殊的操作系统。它在计算机操作系统下工作，使计算机操作系统增加了网络操作所需要的能力。例如前面已谈到的，当在 LAN 上使用字处理程序时，用户 PC 操作系统的行为像在没有构成 LAN 时一样，这正是 LAN 操作系统软件管理了用户对字处理程序的访问。网络操作系统运行在称为服务器的计算机上，并由连网的计算机用户共享，这类用户称为客户。

现在最常见的有 Netware 网络操作系统、Windows NT 网络操作系统和 Windows 2000 Server 操作系统。Netware 网络采用的是客户/服务器结构，典型的 Netware 网络应包括：运行文件服务器软件的一个或多个服务器；运行客户端软件的多个工作站。

2. 网络软件（Network Software）

网络软件是在计算机网络环境中，用于支持数据通信和各种网络活动的软件。连入计算机网络的系统，通常根据系统本身的特点、能力和服务对象，配置不同的网络应用系统。其目的是为了使本机用户共享网中其他系统的资源，或是为了把本机系统的功能和资源提供给网中其他用户使用。为此，每个计算机网络都制定一套全网共同遵守的网络协议，并要求网中每个主机系统配置相应的协议软件，以确保网中不同系统之间能够可靠、有效地相互通信和合作，如图 6-35 所示。

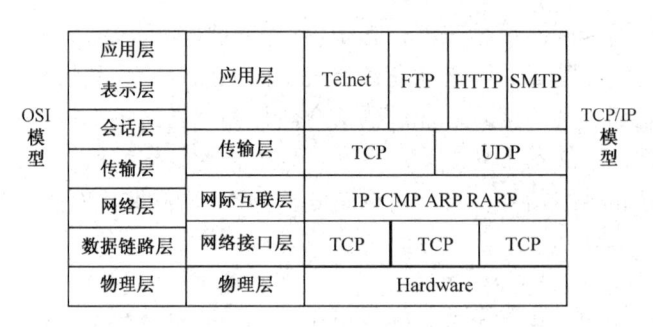

OSI 模型	TCP/IP 模型				
应用层	应用层	Telnet	FTP	HTTP	SMTP
表示层					
会话层					
传输层	传输层	TCP		UDP	
网络层	网际互联层	IP ICMP ARP RARP			
数据链路层	网络接口层	TCP	TCP		TCP
物理层	物理层	Hardware			

图 6-35　网络软件系统

6.7　局域网架构

本节以一个简单的局域网架构为例，介绍和展示网络的实际应用。

首先，硬件方面准备网络服务器一台，工作站若干台，网线（5 类双绞线），8 口（或 16 口）集线器，网卡（PCI 总线带 RJ-45 接口的 100M 网卡）若干个，RJ-45 插头（俗称水晶头）若干个。

然后，开始安装硬件。先安装网卡，再安装网卡驱动程序，接着安装集线器，最后制作网线。

硬件部分都连接完成以后，要设置网络属性。在"网上邻居"图标上单击鼠标右键，在弹出的快捷菜单中选择"属性"，或者在"控制面板"中双击"网络"图标，打开"网络"对话框，安装网络协议和配置网络。这里可细分为以下 4 步。

第一步，设置计算机名和工作组。打开"标识"选项卡，在"计算机名"中输入此计算机在网络中的标识名，在"工作组"中输入此计算机所属的工作组。

第二步，添加网络客户。在"配置"选项卡中单击"添加"按钮并进行相应的操作。

第三步，设置文件和打印机共享。在"配置"选项卡中单击"文件及打印共享"按钮。

第四步，添加网络协议。在"配置"选项卡中单击"添加"按钮，添加相关协议。

接下来需要进行网络测试，以保证网络的正常运行。

第一步，双击桌面上的"网上邻居"图标，打开网络浏览窗口，可以看到同一工作组中的全部计算机，打开"整个网络"，可以看到其他工作组中的计算机。

第二步，安装 TCP/IP 协议并正确设置 IP 地址后，可以通过 Ping 命令测试网络是否连通且正常。

以上两步分别对网上邻居和 TCP/IP 进行测试。两步测试通过，表示局域网可以正常通信，下面可以设置文件及打印机的共享。

要设置文件共享，需在磁盘或文件夹图标上单击右键，在弹出的快捷菜单中选择"共享"。要设置打印机共享，通过"开始"→"设置"→"打印机"，打开的打印机管理窗口，将本机的打印机设为共享打印机即可。

通过以上步骤，一个简单的局域网就组建完成了，图 6-36 所示为局域网的组装流程。

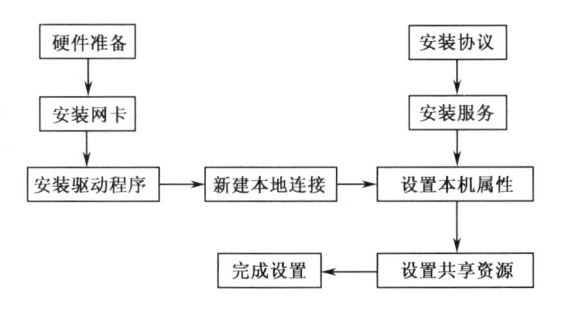

图 6-36　局域网组装流程

本章结束语

人类社会的生活方式与劳动方式从根本上说具有群体性、交互性、分布性与协作性；信息交换技术和计算机网络技术使人类这种本质的特征得到了充分的体现。从通信资源的分配角度来看，"交换"就是按照某种方式动态地分配传输线路的资源。电路交换就是通信过程中维持的是实际的电子电路（物理线路），这条电子电路建立后用户始终占用从发送端到接收端的固定传输带宽。报文交换是以报文为数据交换的单位，报文携带有目标地址、源地址等信息，在交换节点采用存储转发的传输方式。分组交换仍采用存储转发的传输方式，但将一个长报文先分割为若干个较短的分组，然后把这些分组（携带源、目的地址和编号信息）逐个发送出去。

计算机网络是按照网络协议，将地球上分散的、独立的计算机相互连接的集合。连接网络的传输线有 4 种基本类型：同轴电缆、双绞线电缆、光纤和无线电波。计算机网络具有共享硬件、软件和数据资源的功能，具有对共享数据资源集中处理及管理和维护的能力。计算机网络的应用可以大大缩短人与人之间的时间与空间距离，进一步扩大人类社会群体之间的交互与协作范围。

第 7 章 计算机科学与技术

早期计算机主要从事计算和数据处理工作，现代计算机首先是从硬件（Hardware）设备性能的发展和完善开始，随后软件（Software）技术的发展赋予计算机更加强大的功能。为了让软件各司其职，软件又被分为专门与硬件打交道的操作系统（Operating System）和建立在操作系统之上的应用软件（Application）；由于许多应用软件要求有强大的数据处理功能，人们又开发出数据库系统（Database System）软件。到了网络时代，为了更好地适应网络软件的开发，应用软件中又抽象出应用服务器（Application Server），提供各种服务功能。

7.1 计算机科学基础

计算机科学技术是研究计算机的设计与制造和利用计算机进行信息获取、表示、存储、处理、控制等的理论、原则、方法和技术的学科。它包括科学与技术两方面。科学侧重于研究现象、揭示规律；技术则侧重于研制计算机和研究使用计算机进行信息处理的方法与技术手段。科学是技术的依据，技术是科学的体现；技术得益于科学，它又向科学提出新的课题。科学与技术相辅相成、互为作用，二者高度融合是计算机科学技术学科的突出特点。计算机科学技术除了具有较强的科学性，还具有较强的工程性。因此，它是一门科学性与工程性并重的学科，表现为理论性和实践性紧密结合的特征。

计算机科学的研究领域有：计算机系统结构，程序设计科学与方法论，软件工程基础理论，人工智能与知识处理，网络、数据库及各种计算机辅助技术，理论计算机科学，计算机科学史等。

从学科体系和知识结构看，现在的计算机科学与技术学科可分为应用层、专业基础层和基础层三个层面的内容。

应用层主要包括计算机应用的各个应用方向，如移动计算与全球定位、计算机自动控制、模式识别与图像处理、软件测试技术等。

专业基础层为应用层提供技术与环境，如软件开发方法学、软件工程技术、软件开发工具与环境、计算机系统基础、计算机接口与通信、计算机网络与数据通信技术等。

基础层主要包括计算的数学理论、逻辑理论，如控制论基础、信息论基础、算法理论、可计算性理论、数字系统设计基础等。

7.2 计算机系统的组成结构

计算机的种类很多,在规模和性能上存在很大的差别,然而各种计算机的逻辑结构和工作原理基本相同。计算机系统都是由硬件系统和软件系统两大部分组成的,如图 7-1 所示,其层次结构如图 7-2 所示。

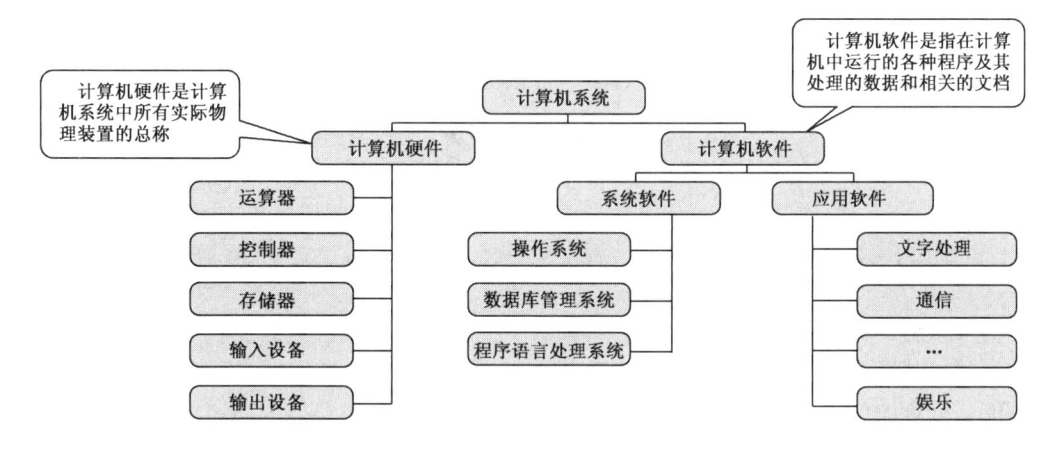

图 7-1 计算机系统的组成

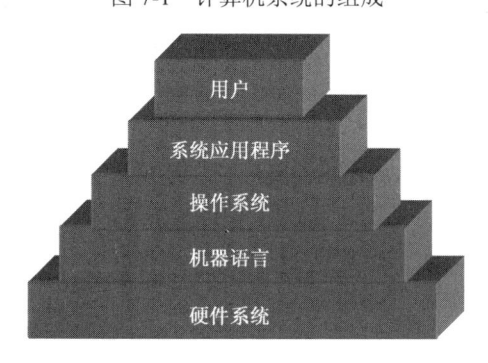

图 7-2 计算机的层次结构

7.2.1 计算机的硬件系统

计算机硬件(Hardware)是计算机系统使用的电子线路和电子元件等物理设备的总称。硬件是构成计算机的物质基础,是计算机系统的核心。

20 世纪 40 年代中期,美国科学家冯·诺依曼大胆地提出了采用二进制作为数字计算机的数制基础的理论。同时,他还提出计算机组成结构、程序存储和计算机应该按照程序顺序执行的思想。冯·诺依曼指出,计算机硬件系统应由运算器、控制器、存储器、输入设备、输出设备五大部分构成,基本结构框图如图 7-3 所示。

在实际应用中,以上 5 个部分通过不同的硬件设备来组成,详细构成如图 7-4 所示。

图 7-3　计算机的基本结构

图 7-4　计算机硬件系统

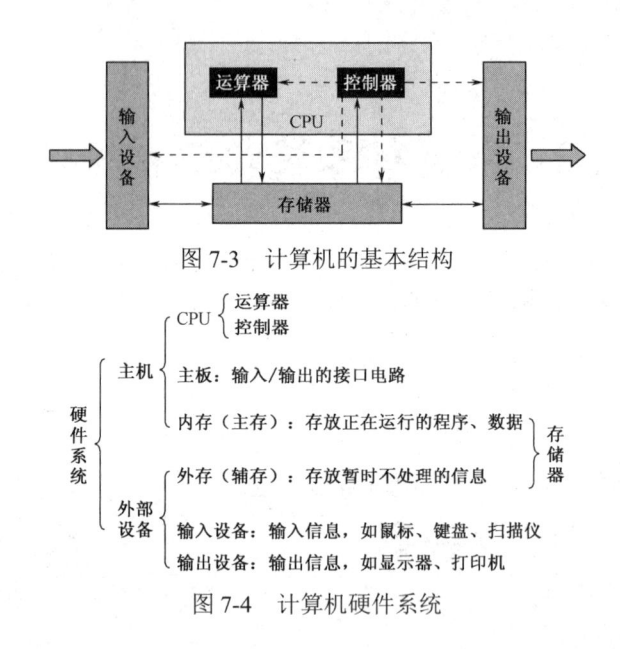

1. 最重要的硬件——主机

（1）中央处理器（CPU），它合成了运算器和控制器的功能，是计算机系统的心脏；它负责算术运算、逻辑运算及系统控制，是计算机硬件的核心部分。CPU 发展到今天，已使微机在整体性能、处理速度、3D 图形图像处理、多媒体信息处理及通信等诸多方面达到甚至超过了以前的中小型机。若将运算器、控制器集成在一个芯片上，则将该 CPU 也称为微处理器。

（2）内部存储器简称内存，它是计算机系统工作时存储程序、数据的记忆装置。内存读/写数据的速度很快，与 CPU 的速度相当，因此，正在运行的程序总是放在内存中。

内存总体分为随机存取存储器（Random Access Memory，RAM）和只读存储器（Read Only Memory，ROM）。

RAM 的优点是可快速地存入或取出数据，缺点是一旦掉电，其中的数据会全都丢失。ROM 虽然称为只读存储器，但可通过专用设备写入数据。它的优点是掉电后，其中的数据不会丢失，缺点是数据读出的速度很快，但是写入数据的速度相对慢得多。

在 PC 中，作为内存的 ROM 一般只有一片，用于存放基本输入/输出系统（Basic Input/Output System）。BIOS 含有与主板搭配的各种设备的驱动程序和初始化程序，PC 启动时，首先运行的是 BIOS 程序。多片 RAM 芯片被焊在一个长条形的印制电路板上构成内存条，一个或多个内存条插入主板的内存插槽中构成内存主体。

（3）主板（MainBoard）是一块有各种接口、插槽及复杂的控制元器件的电路板、主机箱中几乎所有的部件都与它相接，运算器、控制器、I/O 接口和内存储器，以及相关的导线、电阻、电容、插座等均固定在这块印制电路板上。CPU、内存条、主板如图 7-5 所示。

图 7-5　CPU、内存条、主板

2. 外部设备

外部设备是计算机系统中输入、输出设备和外存储器的统称，对数据和信息起着传输、转送和存储的作用，是计算机系统中的重要组成部分。

外围设备涉及主机以外的任何设备。外围设备是附属的或辅助的、与计算机连接起来的设备。外围设备能扩充计算机系统。

（1）外存储器简称外存或辅存。内存虽然速度快，但价格昂贵、容量小，所以，还需要外存来存放数据。

当前的外存储器有磁盘（软盘和硬盘）、光盘（CD-ROM、VCD-ROM 和 DVD-ROM）、闪存盘（U 盘），如图 7-6 所示，早期还有磁鼓与磁带。现在多用硬盘、光盘、U 盘等，它们的共同特点是存储容量大、成本低，可以永久保存程序、数据和信息，但存取速度比内存储器慢。计算机不能直接处理外存储器中的数据和信息，需要调入内存中才能进行相应的处理。另外，当今流行的 U 盘兼有 ROM 和 RAM 的性能，具有大容量、高速度、非易失、可在线擦写等优点。

图 7-6 软盘、硬盘、光盘、U 盘

（2）输入设备的功能是将文本、图形、图像、声音及其他形式的信号转换成计算机能接收的数据形式并传送给计算机。

早期的输入设备有卡片读入机、光电输入机、纸带读入机、操作控制键盘等；现在的输入设备要先进得多，更便于使用，如键盘、鼠标、摄像头、触摸屏、游戏杆、扫描仪、读卡（IC 卡、磁卡）机等，如图 7-7 所示。

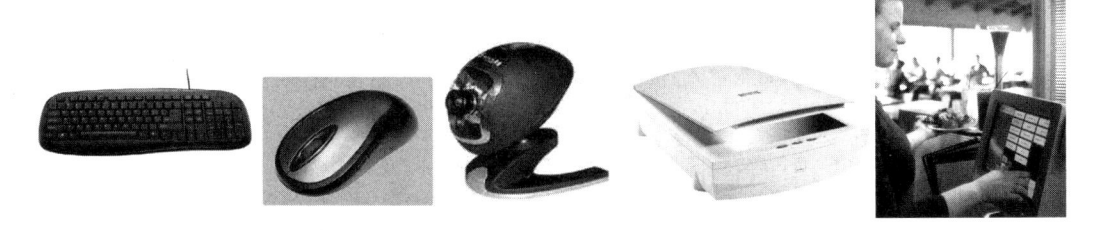

图 7-7 键盘、鼠标、摄像头、图像扫描仪、触摸屏

（3）输出设备的功能是将计算机处理的数据转换为文本、图形、图像及声音等信号形式。

早期的输出设备有卡片穿孔机、纸带穿孔机、打印机和显示器等；现在以显示器和打印机为主，如图 7-8 所示；此外，还有绘图仪、刻录机和各种语音输出设备（如耳麦）等。理想的输出设备应该会写会说，当前已经有许多满足要求的成熟的产品投入使用。

图 7-8　显示器和打印机

7.2.2　计算机的软件系统

软件系统是计算机正常工作所需要的各种程序和数据的总和。根据软件用途的不同，可将其分为两大类：系统软件和应用软件。软件系统的详细分类如图 7-9 所示。

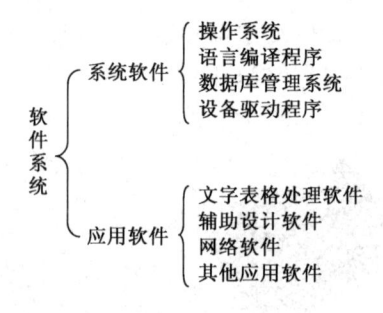

$$
\text{软件系统}\begin{cases} \text{系统软件}\begin{cases} \text{操作系统} \\ \text{语言编译程序} \\ \text{数据库管理系统} \\ \text{设备驱动程序} \end{cases} \\ \text{应用软件}\begin{cases} \text{文字表格处理软件} \\ \text{辅助设计软件} \\ \text{网络软件} \\ \text{其他应用软件} \end{cases} \end{cases}
$$

图 7-9　软件系统的详细分类

1. 系统软件

系统软件主要指面向硬件或者开发者所设立的软件，如操作系统、编译系统、数据库管理系统、中间件等面向开发者的软件。

（1）操作系统是人与计算机进行交流的接口程序，用来管理计算机的全部硬件、软件资源和数据资源，为用户提供高效、周到的服务界面。应用较为广泛的有 Windows、Linux、UNIX 等。

（2）语言编译程序是人与计算机交流信息的工具，分为机器语言、汇编语言和高级语言。

（3）数据库管理系统目前主要用于档案管理、财务管理、图书资料管理及仓库管理等。

（4）设备驱动程序用来使一个特定的硬件或软件与一个特定的操作系统建立联系。

2. 应用软件

应用软件是计算机软件的主要分类之一，是指为针对使用者的某种应用目的所编写的软件。

（1）文字表格处理软件中，应用最为广泛的就是 Windows Office。Office 是一套由微软公司开发的办公软件，它为 Microsoft Windows 操作系统而开发。与办公室应用程序一样，它包括联合的服务器和基于互联网的服务。

（2）辅助设计软件目前在汽车、飞机、船舶、超大集成电路等项目的设计、制造过程中，占据着重要的地位。

（3）网络软件相对较为丰富，包括通信支撑平台软件、网络服务支撑平台软件、网络应用支撑平台软件、网络应用系统、网络管理系统，以及用于特殊网络站点的软件等。

（4）用户为解决实际问题，还编写了许多有特定作用的应用软件，如看图软件（ACDSee）、平面设计软件（Photoshop）、平面动画制作软件（Flash）、网页制作软件（Dreamweaver）等。

7.2.3 计算机的主要性能指标

（1）运算速度：是指计算机每秒能执行的指令数，单位为每秒百万条指令，简称 MIPS（Million Instructions Per Second）。1980～1987 年，速度为 1～2MIPS，目前已达几千 MIPS。

（2）主频（时钟频率）：是指计算机的 CPU 在单位时间内输出的脉冲数。通俗地讲，可理解为每秒钟运算的次数，它在很大程度上决定了计算机的运行速度。其单位为 MHz，Intel486 的主频为 33～120MHz。目前，微机的主频为几 GHz。

（3）字长：是指计算机能够同时处理的二进制数据的位数，它是一个重要的技术指标，直接影响计算机的计算精度和速度。计算机的字长越长，表示的有效位数越多，因而精度和速度就越高，功能越强。字长主要由 CPU 的型号而定，有 32 位（微机）、64 位（工作站）、128 位（大、中型机）。

（4）内存容量：是指随机存储器 RAM 存储容量的大小，它反映了计算机处理数据量的能力。内存容量越大，计算机处理时与外存储器交换数据的次数越少，处理速度越快。目前微机的内存容量有 64MB、128MB、256MB、512MB，计算机的主频越高、字长越长，计算机的运算速度越快。

（5）可靠性与可用性。

系统的可靠性：指在给定的时间内，计算机系统能正常运转的概率，通常用平均无故障工作时间 MTBF（Mean Time Between Failures）表示。MTBF 越长，系统的可靠性越高。

系统的可维护性：指计算机的维修概率，通常用平均修复时间 MTTR（Mean Time To Repair）表示，即从故障发生到故障修复所需的时间。

系统的可用性：若 MTBF 很高，且 MTTR 很低，则称该计算机具有很高的可用性。

（6）性能/价格比：是一项综合评价计算机性能的指标，包括机器允许配置外部设备的最大数目、计算机系统的文字处理能力、数据库管理系统及网络功能等。

7.3 软件工程

软件（Software）是一系列按照特定顺序组织的计算机数据和指令的集合。一般来讲，软件被划分为系统软件和应用软件。其中，系统软件为计算机使用提供最基本的功能，但是并不针对某一特定应用领域；而应用软件则恰好相反，不同的应用软件根据用户和所服务的领域提供不同的功能。

软件并不只是包括可以在计算机上运行的程序，与这些程序相关的文档一般也被认为是软件的一部分。简单地说，软件就是程序加文档的集合体。软件被应用于世界的各个领域，对人们的生活和工作都产生了深远的影响。

7.3.1 软件的发展

从 1946 年出现了世界上第一台计算机之后，就有了程序的概念。在几十年的发展中，计算机经历了程序设计阶段、程序系统阶段、软件工程阶段和第四阶段。如表7-1所示。

表7-1 计算机发展的几个阶段

阶　段	程序设计阶段	程序系统阶段	软件工程阶段	第 四 阶 段
典型技术	面向批处理 有限的分布 自定义软件	多用户 实时 数据库 软件产品	分布式系统 嵌入"智能" 低成本硬件 消费者的影响	强大的桌面系统 面对对象技术、专家系统 人工神经网络、并行计算 网格计算

7.3.2 软件危机

20世纪60年代以前，计算机刚刚投入实际使用，软件设计往往只是为了一个特定的应用而在指定的计算机上设计和编制，采用密切依赖于计算机的机器代码或汇编语言，软件的规模比较小，文档资料通常也不存在，很少使用系统化的开发方法，设计软件往往等同于编制程序，基本上是个人设计、个人使用、个人操作、自给自足的私人化的软件生产方式。20世纪60年代中期，大容量、高速度计算机的出现，使计算机的应用范围迅速扩大，软件开发急剧增长。高级语言开始出现；操作系统的发展引起了计算机应用方式的变化；大量数据处理导致第一代数据库管理系统诞生。软件系统的规模越来越大，复杂程度越来越高，软件可靠性问题也越来越突出。原来的个人设计、个人使用的方式不再能满足要求，迫切需要改变软件生产方式，提高软件生产率，软件危机开始爆发。

在软件的开发和维护过程中，如何在给定的成本和时间下开发出符合用户需求的软件，以及如何维护数量不断膨胀的已有软件产品，对于这些问题的出现，均可定义为软件危机。而产生这些问题有主观和客观两方面的原因，具体表现如下：

（1）产品不符合用户要求；
（2）对软件开发成本和进度的估计不准；
（3）软件产品的评价困难；
（4）软件的生产仍然存在着低层次的重复开发，难以实现可重用性；
（5）软件的可维护性差，维护代价昂贵；
（6）软件生产跟不上硬件发展的步伐，不能充分利用计算机硬件的潜力。

因此，人们在软件开发过程中开始研制和使用软件工具，用以辅助进行软件项目管理与技术生产，人们还将软件生命周期各阶段使用的软件工具有机地集合成一个整体，形成能够连续支持软件开发与维护全过程的集成化软件支援环境，以期从管理和技术两方面解决软件危机问题。

7.3.3 软件工程的概念

为应对和解决"软件危机"，在1986年秋季，NATO（北约）的科技委员会第一次提出了软件工程（Software Engineering）的概念。

软件工程是指导计算机软件开发和维护的一门工程学科，采用工程的概念、原理、技术和方法来开发与维护软件，把经过时间考验而证明正确的管理技术和当前能够得到的最好的技术方法结合起来,从管理和技术两方面研究如何更好地开发和维护计算机软件,是一门新兴学科。它涉及程序设计语言、数据库、软件开发工具、系统平台、标准、设计模式等方面。

7.3.4 软件工程的三要素

软件工程包括三个要素:方法、工具和过程。

方法为软件开发提供了"如何做"的技术。它包括项目计划与估算、软件系统需求分析、数据结构、系统总体结构的设计、算法的设计、编码、测试和维护等。

工具为软件工程方法提供了"如何更有效地做"的项目支撑。由软件工具集成起来形成的软件开发支撑系统,即为计算机辅助软件工程(CASE)。

过程是软件开发的一系列框架的集合,解决"采用什么途径"来开发和维护软件的问题,是方法和工具的综合,主要包括以下基本活动。

(1)软件定义:进行软件规格和使用限制的定义。
(2)软件开发:根据软件规格定义制作出软件产品。
(3)软件验证:确认软件能够满足用户提出的要求。
(4)软件维护:修正软件缺陷,并能根据用户的需求变化改进软件。

7.3.5 软件生命周期

如同任何事物都有一个发生、发展、成熟直到衰亡的全过程,软件系统或软件产品也有一个目标的提出、定义、开发、运行和维护直到被废弃不用的全过程。整个软件的生命周期可分为软件定义、软件开发、软件运行维护 3 个阶段。在这 3 个阶段中,可细分为多个步骤,如图 7-10 所示。

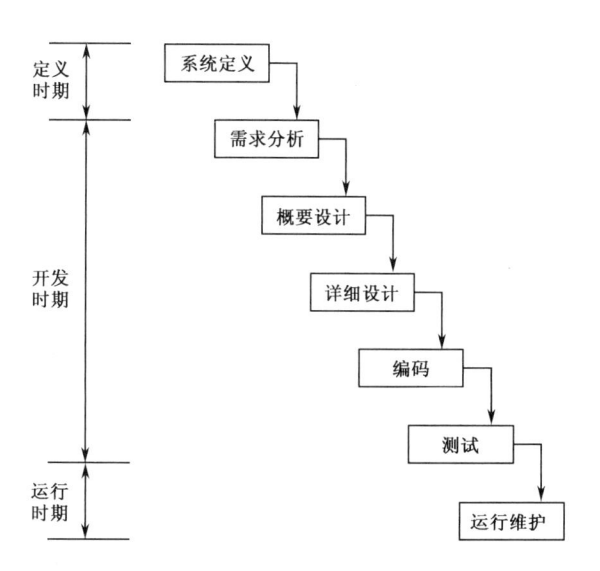

图 7-10 软件生命周期

(1)定义时期:主要任务是收集和分析用户的要求,确定软件开发的总目标,给出系统功能、性能结构、可靠性及接口等方面的要求。通过与用户充分的交流,研究该软件的可行性，制订软件项目的开发计划，最后提交项目报告。

（2）开发时期：在定义完成之后，要对软件进行设计和生产，设计包括功能需求分析、概要设计和详细设计，生产则包括编码的实现和软件测试验证。

（3）运行时期：将软件交付给用户后就进入运行时期。软件产品不同于硬件产品，没有机械磨损和化学性质的改变，但是在运行时期会出现开发时期未考虑到的问题，所以需要对软件进行维护和更新。

1. 软件开发模型

软件开发模型（Software Development Model）又称为软件生存期模型，是软件开发实际过程的抽象与概括，是对开发过程中各阶段之间关系的描述和表示。经过几十年的发展，已经形成了各式各样的模型，至今仍在不断发展和改进，较为经典的模型有瀑布模型和原型进化模型等，图 7-11 是这两种典型的模型。

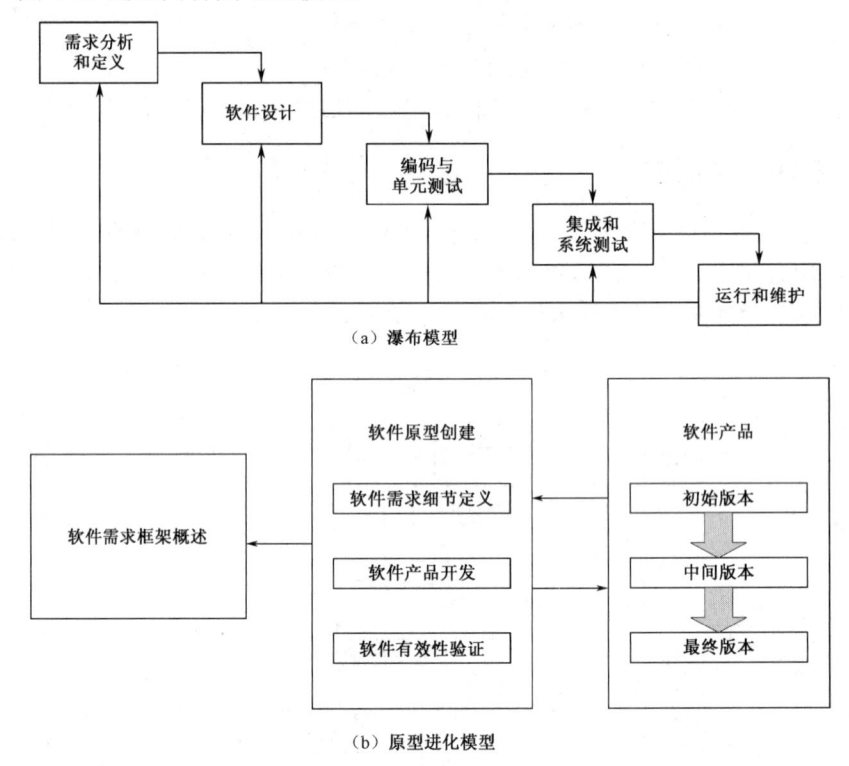

（a）瀑布模型

（b）原型进化模型

图 7-11　两种典型的软件开发模型

2. 软件定义

如图 7-12 所示，在定义时期，根据定义的不同阶段，需要完成不同的工作。

首先说明软件项目的最基本情况并形成项目报告，通过与用户的交流，了解待开发软件项目的类型（应用软件、系统软件、通用软件、专用软件）、性质（新软件、软件升级）、目标（使用功能）、大致规模等问题。

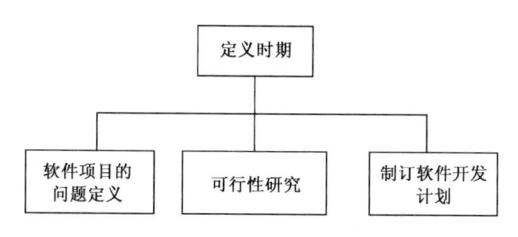

图 7-12 定义时期的分段

在问题定义阶段,不必讨论软件项目的细节。而可行性研究阶段是在明确了上述问题之后,对软件项目从技术、经济等各方面进行研究与分析。可行性研究的基础和出发点是问题定义阶段的结果,通常经历 4 个阶段:确认、分析、结论、书写文档,如图 7-13 所示。

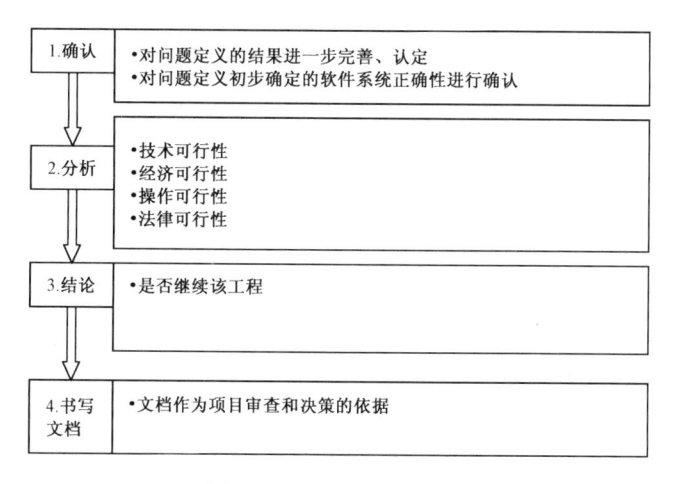

图 7-13 可行性研究流程

可行性研究之后,进入制订软件开发计划阶段。这是一个综合的计划,作用于开发的全部过程,是开展项目活动的基础,是软件项目跟踪与监控的基础,更是开发者对用户需求理解的体现。制订计划一般分为 6 个步骤,如图 7-14 所示。

3. 需求分析

需求分析的任务是借助当前系统的逻辑模型导出新系统的逻辑模型,决定新系统做什么的问题。这相当于"分析、理解和表达"的过程。具体任务在于:

(1) 确定对系统的综合需求(功能需求、性能需求、数据需求、运行环境需求);
(2) 提出新系统的逻辑模型;
(3) 修正系统开发计划;
(4) 开发原型系统。

根据需求分析的任务,需求分析的流程如图 7-15 所示。

需求分析中的各个环节,均可分为 5 个步骤来实现:获取用户需求、分析用户需求、编写需求文档、评审需求文档、管理需求。

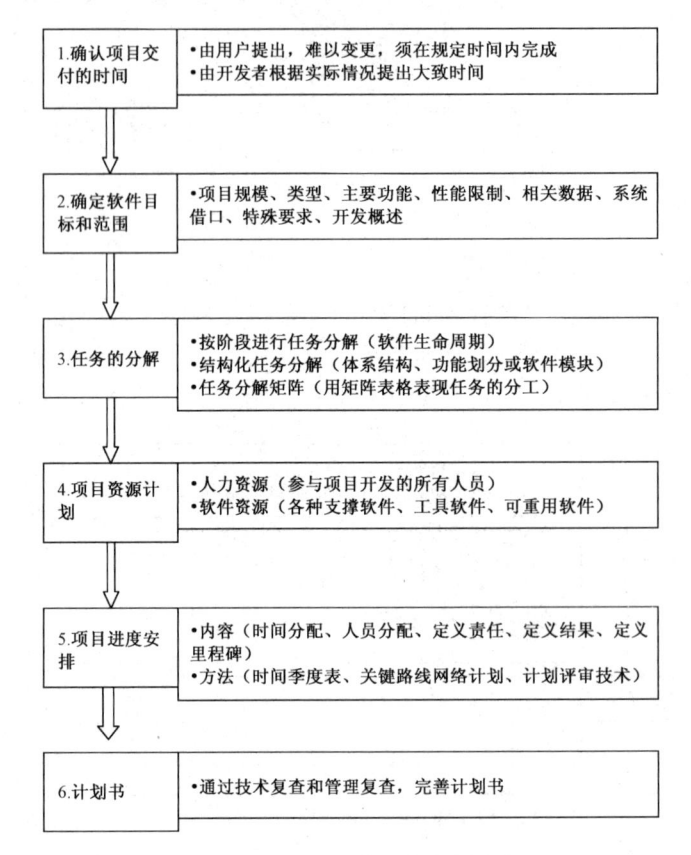

图 7-14 软件开发计划流程

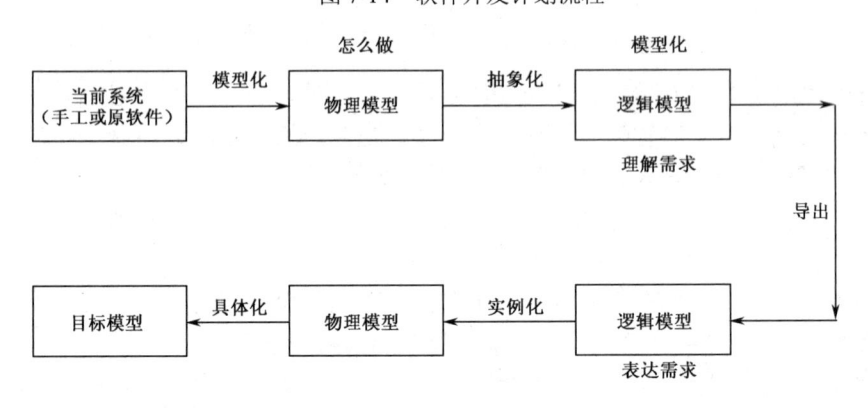

图 7-15 需求分析流程

4．软件设计

在需求分析之后，知道了系统"做什么"，但还不知道系统"怎么做"，软件设计的任务就是实现需求的过程。而实现过程中，包含着"概况的描述"的概要设计和"具体的描述"的详细设计。在详细设计给出目标系统的精确描述后，在编码阶段就可以完成计算机程序。

1) 概要设计

概要设计主要是将需求分析的内容转换为具体的软件结构。为了完成此目的，设计人员通常要进行 4 个设计过程和步骤：数据设计、软件结构设计、接口设计和过程设计。

（1）数据设计是从分析阶段得到的逻辑模型出发，设计出相应的数据结构。
（2）软件结构设计定义了系统主要结构元素之间的关系，得到软件层次化的结构图。
（3）接口设计是描述系统内部、系统与系统之间及系统与用户之间的通信。
（4）过程设计是从分析阶段得到的软件过程说明，对系统各个功能进行过程化的描述。

2）详细设计

详细设计的目标是在概要设计的基础上具体地设计目标系统的实现过程，得到新系统的详细规划，主要包括下列任务。

（1）算法过程的设计，描述出每个处理过程的详细算法。
（2）数据结构的设计，对于处理过程中涉及的概念性的数据类型进行定义。
（3）数据库的设计，确定那些依赖于数据库系统的数据的存储格式、存储方法等。
（4）信息编码设计，将某些数据项的值用代号来表示，以提高数据处理的效率。
（5）测试用例的设计，测试用例需要提供测试数据和测试结果，检测系统是否完善，一般由进行了软件详细设计的人员提供测试用例。
（6）其他设计，包括人机对话设计、系统配置设计和网络系统设计等。
（7）编写"详细设计说明书"，这是详细设计阶段最重要的任务，编写之后必须进行评审，直到满足要求为止。

5．编码与测试

编码又称程序设计，是使用选定的程序设计语言，将详细设计中得到的内容转换成能在计算机系统上运行的源代码。目前，各类程序设计语言有许多种，不同的语言有不同的特点及适用范围，为了提高代码的可读性、可测试性、可维护性和可靠性，应该选择恰当的程序设计语言进行编码。

测试是通过执行软件来发现软件中可能出现的错误和缺陷，从而改善软件的可用性与可靠性。测试的过程可分为4个步骤：单元测试、集成测试、确认测试和系统测试，如图7-16所示。

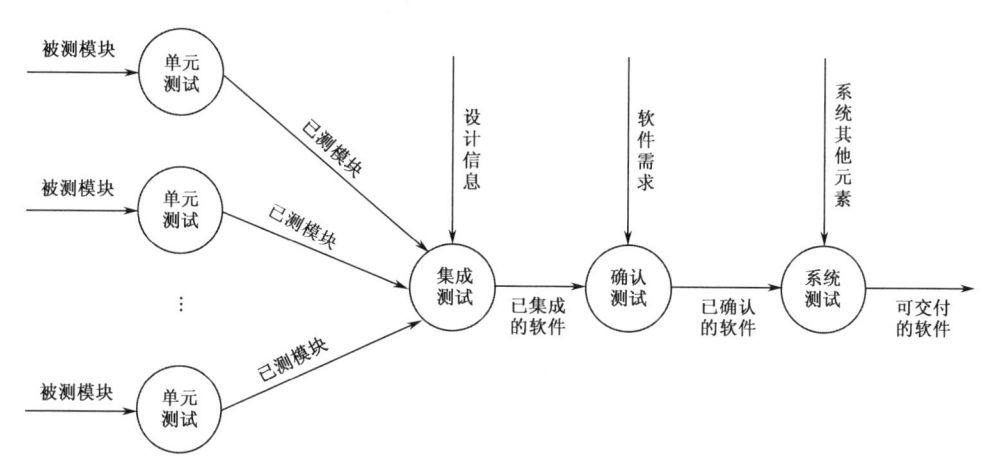

图7-16 软件测试流程

6. 运行维护

软件的维护就是软件在交付之后对软件产品进行修改。根据软件维护的原因，维护活动可分为 4 种类型。

(1) 改正性维护。开发时测试不彻底、不完全，导致软件在使用期间可能会发现程序的错误，也可能是性能上的错误。对这些错误进行识别、修正的过程，称为改正性维护。

(2) 适应性维护。由于计算机科学技术领域的飞速进步，外部环境或数据环境可能发生变化，为使软件适应这些变化而做的修改的过程称为适应性维护。

(3) 完善性维护。在使用过程中，用户会提出新的要求来改变软件某些功能或者增强某些功能。为了满足用户的要求而进行的维护活动称为完善性维护。

(4) 预防性维护。为了提高未来的可维护性和可靠性，或给未来的改进工作奠定基础而进行的维护活动，称为预防性维护。

统计数字表明：在整个软件维护阶段花费的全部工作量中，预防性维护只占 4%左右；完善性维护占 51%左右；改正性维护占 20%左右；适应性维护占 25%左右。

7.4 计算机应用技术

进入 21 世纪以来，计算机的发展非常迅速，在科学技术、国防事业、经济、工农业生产及人类社会的各个方面所起的作用越来越大，它替代了许多烦琐的工作，提高了人们的工作效率。它在通信技术上的应用，给人们的生活带来了极大的方便；在工业自动化应用上，使产品的质量和数量都大幅度得到提高，特别是在现代尖端科学技术方面，更离不开计算机。计算机革命几乎冲击了所有的领域，计算机作为 20 世纪科学技术的卓越成就之一，正在改变并将继续影响和改变人类的学习、工作和生活方式。计算机诞生以后，信息的交流和传播起了质的变化，计算机科学这门年轻的学科，正越来越被人们所重视。

7.4.1 指令系统

指令就是指挥机器工作的指示和命令，程序就是一系列按一定顺序排列的指令，执行程序的过程就是计算机的工作过程。

(1) 机器指令：要计算机执行某种操作的命令。

(2) 指令系统：所有指令的集合称为计算机的指令系统。指令系统是软件和硬件的界面，指令是对计算机进行程序控制的最小单位。

(3) 机器语言程序：用机器指令编写的程序，也是目标程序。

那么，指令是如何组成的呢？可以通过图 7-17 来说明。

计算机工作时，程序在装入存储器时是连续成片存放的，因此，每执行完一条指令后，PC（程序计数器）"加 1"就获得下一条指令的地址，从而保证程序自动连续的执行。

(1) 取指令：按照程序计数器的地址，从内存中取出指令，并送往指令寄存器。

(2) 分析指令：对指令寄存器存放的指令进行分析，由译码器对操作码进行译码，将指令的操作码转换成相应的控制信号；由地址码确定操作数的地址。

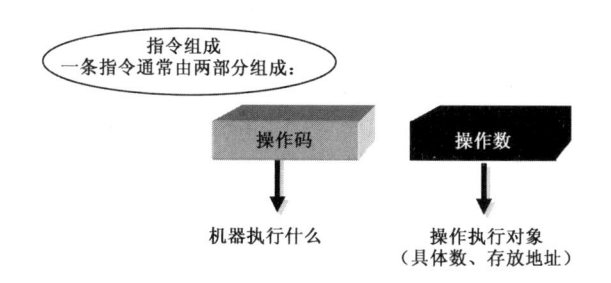

图 7-17 计算机指令组成

（3）执行指令：指令的操作码指明了该指令要完成的操作类型或性质，所以由操作控制线路发出完成该操作所需的一系列控制信息，去完成该指令所要求的操作。

一条指令执行完成后，程序计数器加 1 或将转移地址码送入程序计数器，然后开始取指令、分析指令、执行指令，一直到所有的指令执行完。

一般把计算机完成一条指令所花费的时间称为一个指令周期，指令周期越短，计算机执行速度越快。通常所说的 CPU 主频（或称为工作频率），就反映了指令执行周期的长短。

计算机在运行时，从内存中读出一条指令到 CPU 内执行，执行完后，再从内存中读出下一条指令到 CPU 内执行……CPU 不断地取指令、执行指令。一个程序完成某一任务，程序由指令所组成，当一个程序的所有指令都完成，该任务也就完成了，如图 7-18 所示。

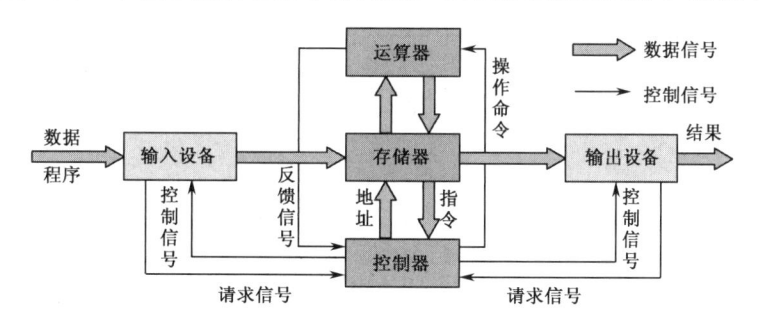

图 7-18 指令执行过程

7.4.2 计算机语言

计算机语言（Computer Language）指用于人与计算机之间通信的语言。计算机语言是人与计算机之间传递信息的媒介。计算机程序设计语言的发展，经历了从机器语言、汇编语言到高级语言的历程。

1. 机器语言

机器语言是指一台计算机全部的指令集合，是第一代计算机语言。

电子计算机所使用的是由"0"和"1"组成的二进制数，二进制是计算机语言的基础。计算机发明之初，人们只能写出一串串由"0"和"1"组成的指令序列交由计算机执行，这种计算机能够识别的语言就是机器语言，如 011011 001100 011100 000000。使用机器语言是十分痛苦的，特别是在程序有错需要修改时，更是如此。

因此，程序就是一个个的二进制文件。一条机器语言称为一条指令，指令是不可分割的最小功能单元。而且,由于每台计算机的指令系统往往各不相同,所以,在一台计算机上执行的程序,要想在另一台计算机上执行,必须另编程序,造成了重复工作。但由于使用的是针对特定型号计算机的语言,故而运算效率是所有语言中最高的。

2. 汇编语言

为了减轻使用机器语言编程的痛苦,人们进行了一种有益的改进:用一些简洁的英文字母、符号串来替代一个特定指令的二进制串,比如,用"ADD"代表加法,用"MOV"代表数据传递,等等,这样一来,人们很容易读懂并理解程序在干什么,纠错及维护就变得方便了。这种程序设计语言称为汇编语言,即第二代计算机语言。然而,计算机是不认识这些符号的,这就需要一个专门的程序,负责将这些符号翻译成二进制数的机器语言,这种翻译程序被称为汇编程序。

汇编语言同样十分依赖于机器硬件,移植性不好,但效率仍十分高。针对计算机特定硬件而编制的汇编语言程序,能准确发挥计算机硬件的功能和特长,程序精练且质量高,所以至今仍是一种常用而强有力的软件开发工具。

汇编语言源程序必须经过汇编,生成目标文件,然后执行,如图 7-19 所示。

图 7-19 汇编程序翻译器示意图

3. 高级语言

从最初与计算机交流的痛苦经历中,人们意识到,应该设计一种语言,这种语言接近于数学语言或人的自然语言,同时又不依赖于计算机硬件,编出的程序能在所有机器上通用。经过努力,1954 年,第一个完全脱离机器硬件的高级语言——FORTRAN 问世了。50 多年来,共有几百种高级语言出现,有重要意义的有几十种,影响较大、使用较普遍的有 FORTRAN、ALGOL、COBOL、BASIC、LISP、SNOBOL、PL/1、Pascal、C、PROLOG、Ada、C++、VC、VB、Delphi、Java 等。

特别要提到的,在 C 语言诞生以前,系统软件主要是用汇编语言编写的。由于汇编语言程序依赖于计算机硬件,其可读性和可移植性都很差;而一般的高级语言又难以实现对计算机硬件的直接操作(这正是汇编语言的优势),于是人们盼望能有一种兼有汇编语言和高级语言特性的新语言——C 语言。

高级语言源程序可以用解释、编译两种方式执行,通常用后一种。

我们常使用的 C 语言用的就是后者。

举一个简单的例子:

```
#include<stdio.h>
void main()
{
printf("helloWorld");
}
```

以上程序是 C 语言里最简单的一段"HelloWorld"程序,其功能是在显示屏上打印出"HelloWorld"字样。

对于以上三种语言,可以从语言的级别将它们进行规划,如图 7-20 所示。

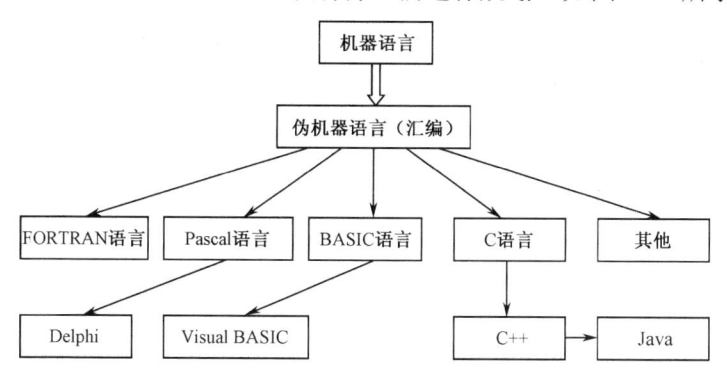

图 7-20 计算机语言

7.4.3 计算机操作系统

1. 操作系统的功能

操作系统能对计算机系统中的软件和硬件资源进行有效管理和控制,合理地组织计算机的工作流程,为用户提供一个使用计算机的工作环境,起到用户和计算机之间的接口作用。

而其具体又可分为如下五类管理工作。

(1)处理器管理:用于分配和控制处理器。
(2)存储器管理:主要负责内存的分配与回收。
(3)设备管理:负责设备的分配与操纵。
(4)文件管理:负责文件的存取、共享和保护。
(5)接口管理:提供两种方式的接口为用户服务。

2. 操作系统的分类

(1)按照与用户对话的界面分类,可分为命令行界面操作系统和图形用户界面系统。
(2)按照支持的用户数分类,可分为单用户操作系统和多用户操作系统。
(3)按照运行任务的多少分类,可分为单任务操作系统和多任务操作系统。
(4)按照系统的作用分类,可分为批处理系统、分时操作系统、实时操作系统和网络操作系统。

7.4.4 计算机的应用领域

计算机的应用已渗透到社会的各行各业,正在改变着传统的工作、学习和生活方式,推动着社会的发展。计算机的主要应用领域如下。

1. 科学计算(或数值计算)

科学计算是指利用计算机来完成科学研究和工程技术中提出的数学问题的计算。在现代科学技术工作中,科学计算问题是大量的和复杂的。利用计算机的高速计算、大存储容量和连续运算的能力,可以实现人工无法解决的各种科学计算问题。

例如,建筑设计中为了确定构件尺寸,通过弹性力学导出一系列复杂方程,长期以来由于计算方法跟不上而一直无法求解。而计算机不但能求解这类方程,并且引起弹性理论上的一次突破,出现了有限单元法。

2. 数据处理(或信息处理)

数据处理是指对各种数据进行收集、存储、整理、分类、统计、加工、利用、传播等一系列活动的统称。据统计,80%以上的计算机主要用于数据处理,这类工作量大面宽,决定了计算机应用的主导方向。

数据处理从简单到复杂已经历了三个发展阶段,它们是:

(1)电子数据处理(Electronic Data Processing,EDP),它是以文件系统为手段,实现一个部门内的单项管理。

(2)管理信息系统(Management Information System,MIS),它是以数据库技术为工具,实现一个部门的全面管理,以提高工作效率。

(3)决策支持系统(Decision Support System,DSS),它是以数据库、模型库和方法库为基础,帮助管理决策者提高决策水平,改善运营策略的正确性与有效性。

目前,数据处理已广泛应用于办公自动化、企事业计算机辅助管理与决策、情报检索、图书管理、电影电视动画设计、会计电算化等各行各业。信息正在形成独立的产业,多媒体技术使信息展现在人们面前的不仅是数字和文字,也有声情并茂的声音和图像信息。

3. 辅助技术(或计算机辅助设计与制造)

计算机辅助技术包括 CAD、CAM 和 CAI 等。

(1)计算机辅助设计(Computer Aided Design,CAD)

计算机辅助设计是利用计算机系统辅助设计人员进行工程或产品设计,以实现最佳设计效果的一种技术。它已广泛应用于飞机、汽车、机械、电子、建筑和轻工等领域。例如,在电子计算机的设计过程中,利用 CAD 技术进行体系结构模拟、逻辑模拟、插件划分、自动布线等,从而大大提高设计工作的自动化程度。又如,在建筑设计过程中,可以利用 CAD 技术进行力学计算、结构计算、绘制建筑图纸等,这样不但提高了设计速度,而且可以大大提高设计质量。

(2)计算机辅助制造(Computer Aided Manufacturing,CAM)

计算机辅助制造是利用计算机系统进行生产设备的管理、控制和操作的过程。例如,在产品的制造过程中,用计算机控制机器的运行,处理生产过程中所需的数据,控制和处理材料的流动,以及对产品进行检测等。使用 CAM 技术可以提高产品质量,降低成本,缩短生产周期,提高生产率和改善劳动条件。

将 CAD 和 CAM 技术集成,实现设计生产自动化,这种技术被称为计算机集成制造系统(CIMS)。它的实现将真正做到无人化工厂(或车间)。

（3）计算机辅助教学（Computer Aided Instruction，CAI）

计算机辅助教学是利用计算机系统使用课件来进行教学。课件可以用著作工具或高级语言来开发制作，它能引导学生循序渐进地学习，使学生轻松自如地从课件中学到所需要的知识。CAI 的主要特色是交互教育、个别指导和因人施教。

4．过程控制（或实时控制）

过程控制是利用计算机及时采集检测数据，按最优值迅速对控制对象进行自动调节或自动控制。采用计算机进行过程控制，不仅可以大大提高控制的自动化水平，而且可以提高控制的及时性和准确性，从而改善劳动条件、提高产品质量及合格率。因此，计算机过程控制已在机械、冶金、石油、化工、纺织、水电、航天等部门得到广泛的应用。

例如，在汽车工业方面，利用计算机控制机床、控制整个装配流水线，不仅可以实现精度要求高、形状复杂的零件加工自动化，而且可以使整个车间或工厂实现自动化。

5．人工智能（或智能模拟）

人工智能（Artificial Intelligence）是计算机模拟人类的智能活动，如感知、判断、理解、学习、问题求解和图像识别等。目前人工智能的研究已取得不少成果，有些已开始走向实用阶段。例如，能模拟高水平医学专家进行疾病诊疗的专家系统，具有一定思维能力的智能机器人，等等。

6．网络应用

计算机技术与现代通信技术的结合构成了计算机网络。计算机网络的建立，不仅解决了一个单位、一个地区、一个国家中计算机与计算机之间的通信，各种软、硬件资源的共享，同时也大大促进了国际间的文字、图像、视频和声音等各类数据的传输与处理。

7.5　未来计算机的发展

计算机技术是世界上发展最快的科学技术之一，产品不断升级换代。当前计算机正朝着巨型化、微型化、智能化、网络化等方向发展，计算机本身的性能越来越优越，应用范围也越来越广泛，从而使计算机成为工作、学习和生活中必不可少的工具。计算机技术的发展主要有以下 4 个特点。

（1）多极化。如今，个人计算机已席卷全球，但由于计算机应用的不断深入，对巨型机、大型机的需求也稳步增长，巨型、大型、小型、微型机各有自己的应用领域，形成了一种多极化的形势。如巨型计算机主要应用于天文、气象、地质、核反应、航天飞机和卫星轨道计算等尖端科学技术领域和国防事业领域，它标志一个国家计算机技术的发展水平。

（2）智能化。智能化使计算机具有模拟人的感觉和思维过程的能力，使计算机成为智能计算机。这也是目前正在研制的新一代计算机要实现的目标。智能化的研究包括模式识别、图像识别、自然语言的生成和理解、博弈、定理自动证明、自动程序设计、专家系统、学习系统和智能机器人等。目前，已研制出多种具有人的部分智能的机器人。

（3）网络化。网络化是计算机发展的又一个重要趋势。从单机走向联网是计算机应用发展的必然结果。所谓计算机网络化，是指用现代通信技术和计算机技术把分布在不同地点的计算机互连起来，组成一个规模大、功能强、可以互相通信的网络结构。网络化的目的是使网络中的软件、硬件和数据等资源能被网络上的用户共享。目前，大到世界范围的通信网，小到实验室内部的局域网已经很普及，互联网已经连接包括我国在内的150多个国家和地区。由于计算机网络实现了多种资源的共享和处理，提高了资源的使用效率，因而深受广大用户的欢迎，得到了越来越广泛的应用。

（4）多媒体。多媒体计算机是当前计算机领域中最引人注目的高新技术之一。多媒体计算机就是利用计算机技术、通信技术和大众传播技术，来综合处理多种媒体信息的计算机。这些信息包括文本、视频图像、图形、声音、文字等。多媒体技术使多种信息建立了有机联系，并集成为一个具有人机交互性的系统。多媒体计算机将真正改善人机界面，使计算机朝着人类接受和处理信息的最自然的方式发展。

基于集成电路的计算机短期内还不会退出历史舞台，但一些新的计算机正在跃跃欲试地加紧研究，这些计算机是：超导计算机、纳米计算机、光计算机、DNA计算机和量子计算机等。

1. 能识别自然语言的计算机

未来的计算机将在模式识别、语言处理、句式分析和语义分析的综合处理能力上获得重大突破，它可以识别孤立单词、连续单词、连续语言和特定或非特定对象的自然语言（包括口语）。今后，人类将越来越多地同机器对话，他们将向个人计算机"口授"信件，同洗衣机"讨论"保护衣物的程序，或者用语言"制服"不听话的录音机。键盘和鼠标的时代将渐渐结束。

2. 高速超导计算机

高速超导计算机的耗电仅为半导体器件计算机的几千分之一，它执行一条指令只需十亿分之一秒，比半导体元件快几十倍。以目前的技术制造出的超导计算机的集成电路芯片只有$3\sim5mm^2$大小。

3. 激光计算机

激光计算机是利用激光作为载体进行信息处理的计算机，其运算速度将比普通的电子计算机至少快1000倍。它依靠激光束进入由反射镜和透镜组成的阵列中来对信息进行处理。

与电子计算机相似之处是激光计算机也靠一系列逻辑操作来处理和解决问题。光束在一般条件下的互不干扰的特性，使得激光计算机能够在极小的空间内开辟很多平行的信息通道，密度大得惊人。

4. 分子计算机

分子计算机正在酝酿。1999年7月16日，美国惠普公司和加州大学宣布，已成功地研制出分子计算机中的逻辑门电路,其线宽只有几个原子直径之和,分子计算机的运算速度是目前计算机的 1000 亿倍,最终将取代硅芯片计算机。

5. 量子计算机

量子力学证明,个体光子通常不相互作用,但是当它们与光学谐振腔内的原子聚在一起时,它们相互之间会产生强烈影响。光子的这种特性可用来发展量子力学效应的信息处理器件——光学量子逻辑门,进而制造量子计算机。量子计算机利用原子的多重自旋进行,可以在量子位上计算,可以在 0 和 1 之间计算。在理论方面,量子计算机的性能能够超过任何可以想象的标准计算机。

6. DNA 计算机

科学家研究发现,脱氧核糖核酸(DNA)有一种特性,能够携带生物体的大量基因物质。数学家、生物学家、化学家以及计算机专家从中得到启迪,正在合作研究制造未来的液体 DNA 电脑。这种 DNA 电脑的工作原理是以瞬间发生的化学反应为基础,通过和酶的相互作用,将发生过程进行分子编码,把二进制数翻译成遗传密码的片段,每一个片段就是著名的双螺旋的一个链,然后对问题以新的 DNA 编码形式加以解答。

和普通的计算机相比,DNA 计算机的优点首先是体积小,但存储的信息量却超过现在世界上所有的计算机。

7. 神经元计算机

人类神经网络的强大与神奇是人所共知的。将来,人们将制造能够完成类似人脑功能的计算机系统,即人造神经元网络。神经元计算机最有前途的应用领域是国防:它可以识别物体和目标,处理复杂的雷达信号,决定要击毁的目标。神经元计算机的联想式信息存储、对学习的自然适应性、数据处理中的平行重复现象等性能都将异常有效。

8. 生物计算机

生物计算机主要是以生物电子元件构建的计算机,它利用蛋白质的开关特性,用蛋白质分子作元件制成生物芯片,其性能是由元件与元件之间电流启闭的开关速度来决定的。用蛋白质制成的计算机芯片,它的一个存储点只有一个分子大小,所以它的存储容量可以达到普通计算机的十亿倍。由蛋白质构成的集成电路,其大小只相当于硅片集成电路的十万分之一。而且运行速度更快,只有 10^{-11} 次方秒,大大超过人脑的思维速度。

本章结束语

计算机科学的发展与电子工程、数学和语言学的发展密切相关,是科学、工程和艺术的结晶。它是在 20 世纪最后的 30 年间发展起来的一门独立学科,是一门与各种计算和信息处理相关的系统学科。它主要研究计算机程序能做什么和不能做什么（可计算性）；如何使程序更高效地执行特定任务（算法理论）；程序如何存取不同类型的数据（数据结构和数据库）；人类如何与程序沟通（人机互动）；程序如何部分实现人脑的功能（人工智能）。

  计算机科学与其他学科相结合，改进了研究工具和研究方法，促进了各门学科的发展。计算机模拟技术已成为实验和理论两种研究途径之外的第三条科学研究途径。无论我们从事什么工作，也不论生活在什么地方，我们所面临的是科技高度发展的时代，掌握计算机知识已成为当代人类文化不可缺少的重要组成部分，计算机技能是人们工作和生活必不可少的基本手段。

第8章 自动控制技术

所谓自动控制系统，就是为完成某种"目标"而采用的一整套方法和步骤。在工业领域，自动控制系统常常是指那些在没有人直接参与的情况下，利用控制装置，对生产过程、工艺参数、目标要求等进行自动的调节与控制，以实现预订方案，达到设定指标的设备。自动控制系统是把若干装置有机地组合在一起，以部分代替人的职能。图 8-1 为液位人工手动控制与液位自动控制类别示意图。

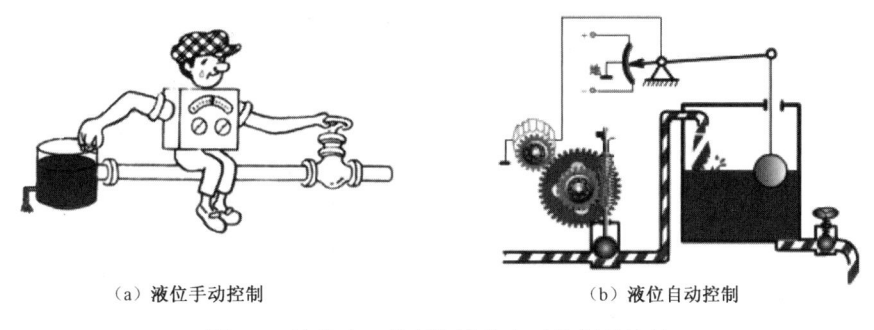

(a) 液位手动控制　　　　　　　(b) 液位自动控制

图 8-1　液位人工控制与液位自动控制的比较

8.1　自动控制系统基础

随着电子计算机技术的发展和应用，在宇宙航行、机器人控制、导弹制导及核动力等高新技术领域中，自动控制具有特别重要的作用。飞机自动驾驶仪是一种能保持或改变飞机飞行状态的自动装置。它可以稳定飞行的姿态、高度和航迹，可以操纵飞机爬高、下滑和转弯。飞机与自动驾驶仪组成的自动控制系统称为飞机—自动驾驶仪系统。

图 8-2 是系统稳定俯仰角的原理示意图，图中的垂直陀螺仪为测量元件，用以测量飞机的俯仰角，当飞机以给定俯仰角水平飞行时，陀螺仪电位器无电压输出；如果飞机受到扰动，使俯仰角向下偏离期望值，陀螺仪电位器输出与俯仰角偏差成正比的信号，经放大器放大后驱动舵机，一方面推动升降舵面向上偏转，产生使飞机抬头的转矩，以减小俯仰角偏差；同时还带动反馈电位器滑臂，输出与舵偏角成正比的电压并反馈到输入端。随着俯仰角偏差的减小，陀螺仪电位器输出的信号越来越小，舵偏角也随之减小，直到俯仰角回到期望值。

图 8-3 是飞机—自动驾驶仪系统稳定俯仰角的系统框图，图中的飞机是被控对象，俯仰角是被控量，放大器、舵机、垂直陀螺仪、反馈电位器等是控制装置，即自动驾驶仪。参考量是给定的常值俯仰角，控制系统的任务就是在任何扰动（如阵风或气流冲击）作用下，始终保持飞机以给定俯仰角飞行。

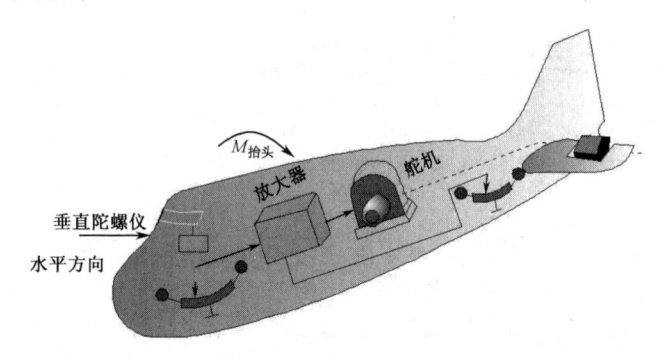

图 8-2 俯仰角原理示意图

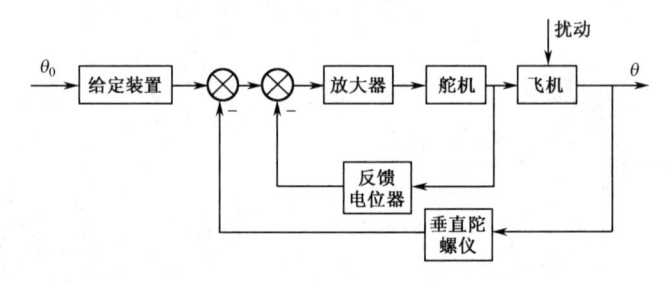

图 8-3 控制系统框图

8.1.1 自动控制的基本方法

自动控制系统有两种最基本的形式，即开环控制和闭环控制。复合控制是将开环控制和闭环控制适当结合的控制方式，可用来实现复杂且控制精度较高的控制任务。

1．开环控制系统

开环控制系统是指不带反馈装置的控制系统，即不存在由输出端到输入端的反馈通路。换句话说，就是指系统的控制输入不受输出影响的控制系统。在开环控制系统中，被控对象的输出量对控制装置（控制器）的输出没有任何影响，即控制装置与被控对象之间只有顺向控制作用，而没有反向联系的控制（见图 8-4）。正是由于缺少从系统输出端到输入端的反馈回路，因此开环控制系统精度低且适应性差。

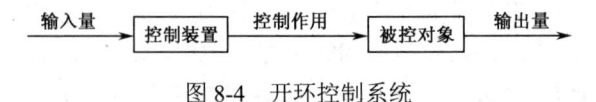

图 8-4 开环控制系统

图 8-5 是太阳能抽水机系统，抽水过程只与太阳能转换来的电流大小有关，它不能反映水池的蓄水情况。因此，这个控制系统存在着水资源的浪费问题。解决该问题可以采用下面介绍的闭环控制系统。

176

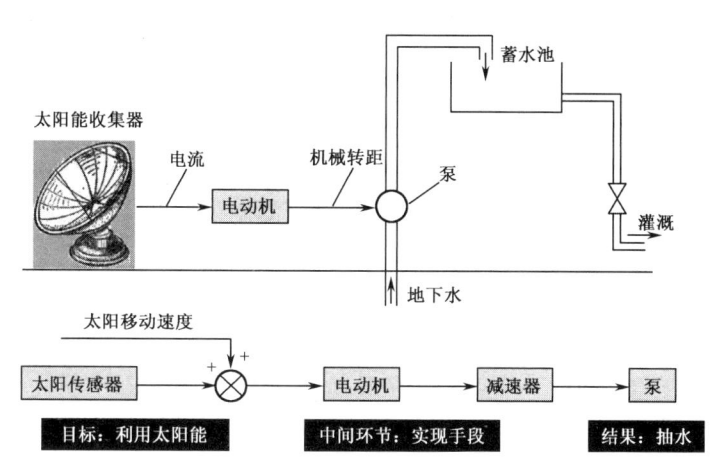

图 8-5　太阳能抽水机系统（开环）

2．闭环控制系统

闭环控制系统是指输出量直接或间接地反馈到输入端，形成闭环参与控制的系统。换句话说，就是将输出量反馈回来和输入量比较，使输出值稳定在期望的范围内。闭环控制系统的主要特点是被控对象的输出（被控制量）会反馈回来影响控制器的输出，形成一个或多个闭环或回路（见图 8-6）。对于图 8-5 控制系统存在的问题，可以采用图 8-7 的控制方式，以避免水资源的浪费。

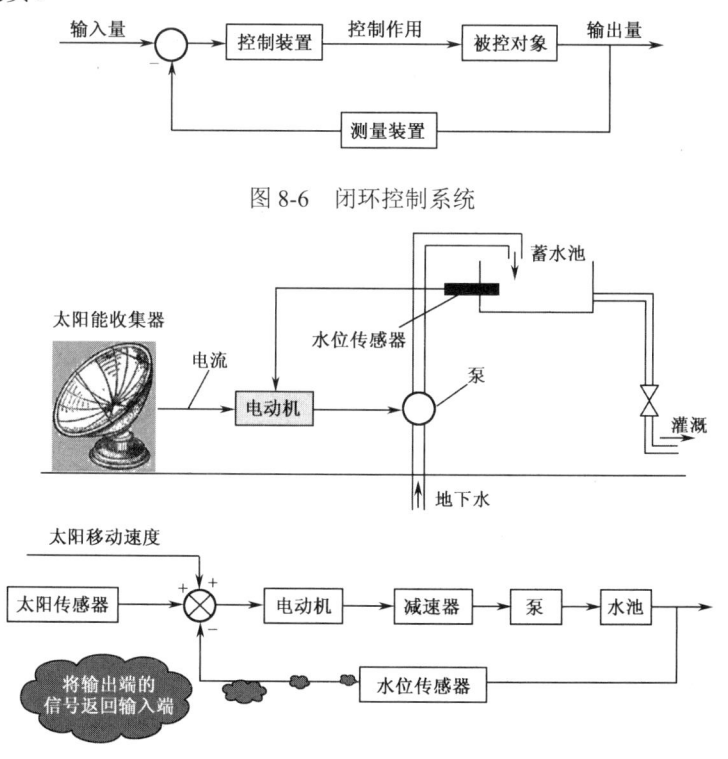

图 8-6　闭环控制系统

图 8-7　太阳能抽水机系统（闭环）

比较太阳能抽水机系统的两个方案。开环控制系统的优点是结构比较简单，成本较低；

缺点是不能自动修正被控量的偏离，控制精度低，抗干扰能力差，而且对系统参数变化比较敏感，一般用于可以不考虑外界影响或精度要求不高的场合，如洗衣机、步进电动机控制及水位调节等。

闭环控制系统的优点是具有自动修正被控量出现偏离的能力，可以修正元件参数变化及外界扰动引起的误差，控制精度高；缺点是被控量可能出现振荡，甚至发散。

3．复合控制系统

复合控制就是将开环控制和闭环控制相结合的一种控制方式。实质上，它是在闭环控制回路的基础上，附加一个对输入信号或对扰动作用的前馈通路，来提高系统的控制精度。前馈通路通常由对输入信号的补偿装置或对扰动作用的补偿装置组成，分别称为按输入信号补偿[见图8-8（a）]和按扰动作用补偿[见图8-8（b）]的复合控制系统。

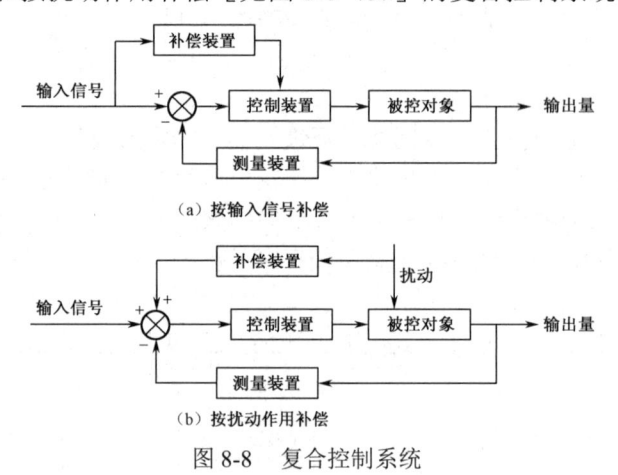

图 8-8　复合控制系统

8.1.2　自动控制系统的设计流程

在设计或实现一个自动控制系统时，其基本设计流程如图 8-9 所示。

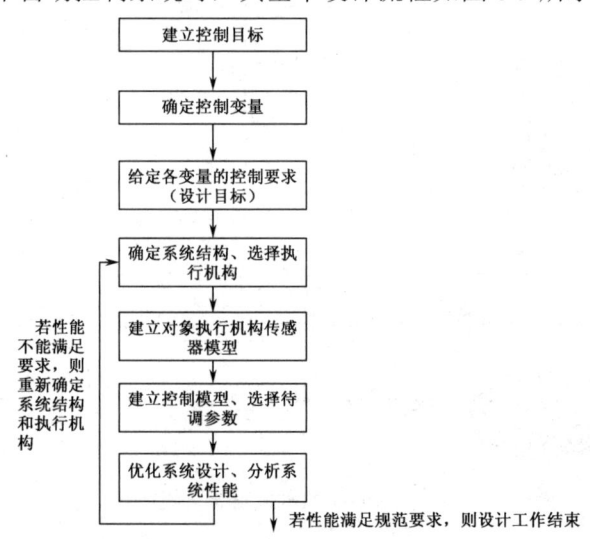

图 8-9　自动控制系统设计流程

8.2 自动控制系统的分类

由于控制技术的广泛应用及控制理论自身的发展，使得控制系统具有各种各样的形式，从不同的角度出发，分类的方式也不相同。本节仅介绍两种常见的分类方法。

8.2.1 按输入信号特征分类

1. 定值控制系统

给定信号（给定值）为一常值的控制系统称为定值控制系统。这类控制系统的任务是保证在扰动作用下使被控变量始终保持在给定值上。生产过程中的温度、压力、流量、液位高度等大量的控制系统都属于这一类系统。

图 8-10 为某工厂电阻炉微型计算机温度控制系统原理图。图中，电阻丝通过晶闸管主电路加热，炉温期望值用计算机键盘预先设置（不一定是常值），炉温实际值由热电偶检测，并转换成电压，经放大、滤波后，由 A/DL 转换器将模拟量变换为数字量送入计算机，在计算机中与所设置的温度期望值比较后产生偏差信号，计算机便根据预定的控制算法（控制规律）计算出相应的控制量，再经 D/A 转换器转换成电流，通过触发器控制晶闸管导通角，从而改变电阻丝中的电流大小，达到控制炉温的目的。

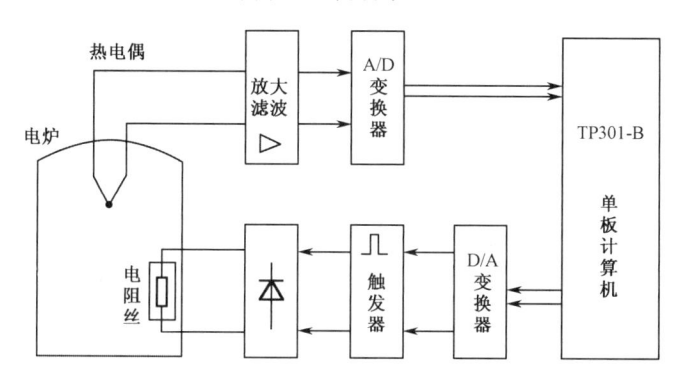

图 8-10 电阻炉微型计算机温度控制系统原理图

2. 随动控制系统

给定信号是一个未知变化量的闭环控制系统称为随动控制系统。这类控制系统的任务是保证在各种条件下系统的输出（被控变量）以一定精度跟随给定信号的变化而变化，所以这类控制系统又称跟踪控制系统。例，如雷达无线跟踪系统（见图 8-11），当被跟踪目标位置未知时属于这类系统。

3. 程序控制系统

给定信号是一个按一定时间程序变化的时间函数的闭环控制系统称为程序控制系统。例如，热处理炉温度控制系统的升温、保温、降温过程都是按照预先设定的规律进行控制的，所以该系统属于程序控制系统。

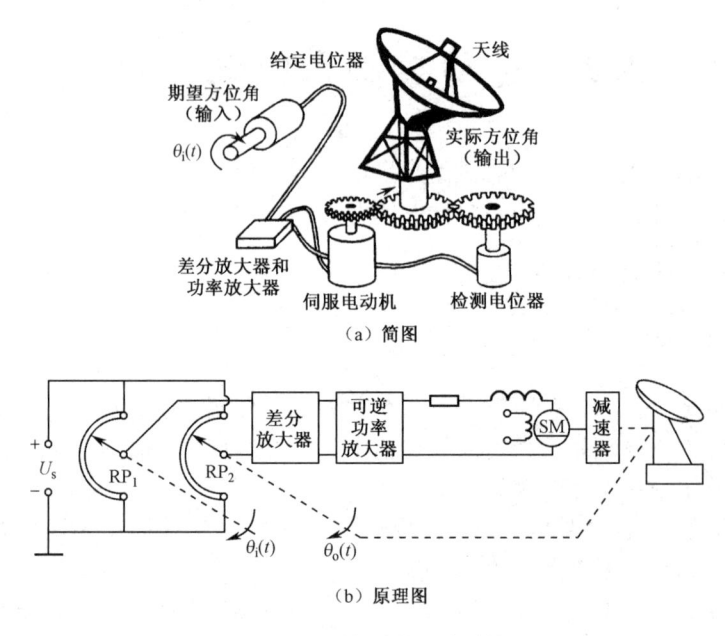

图 8-11 雷达无线跟踪系统

8.2.2 按所使用的数学方法分类

1. 线性控制系统和非线性控制系统

（1）线性控制系统

当系统中各组成环节的特性可以用线性微分方程（或差分方程）来描述时，该系统称为线性控制系统。线性控制系统的特点是可以运用叠加原理。

（2）非线性控制系统

当系统中存在非线性的组成环节时，系统的特征就由非线性微分方程来描述，这样的控制系统称为非线性控制系统。对于非线性系统，叠加原理是不适用的。

2. 连续控制系统与离散控制系统

（1）连续控制系统

当控制系统中各组成环节的输入和输出信号都是时间的连续函数时，称此类系统为连续控制系统。连续控制系统的特征一般是用微分方程来描述的，信号的时间函数允许有间断点（不连续点）。若系统是线性的而且又是连续的，则称为线性连续系统。

（2）离散控制系统

控制系统中只要有一个组成环节的输入信号或输出信号在时间上是离散的，就称为离散控制系统。离散系统与连续系统的区别仅在于信号只在特定离散的瞬时是时间的函数，而在两离散的瞬时点之间信号是不确定的。离散控制系统的特性可用差分方程来描述。若差分方程是线性的，则系统为线性离散控制系统。

3. 单变量控制系统与多变量控制系统

（1）单变量控制系统

在一个控制系统中，如果只有一个被控变量和一个控制作用来控制被控对象，则称该系统为单变量控制系统，又称单输入—单输出系统，如图 8-12 所示。目前大量的过程控制系统都属于这类系统。

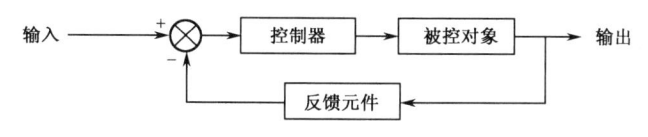

图 8-12　单变量控制系统

（2）多变量控制系统

如果一个控制系统中的被控变量多于一个，控制作用也多于一个，而且各控制回路相互之间有耦合关系，则称这类控制系统为多变量控制系统，也称多输入—多输出控制系统，如图 8-13 所示。

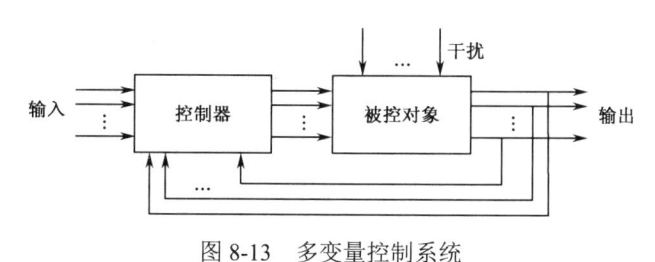

图 8-13　多变量控制系统

8.3　自动控制理论的研究内容及方法

8.3.1　研究内容

控制系统的类型很多，但研究的内容和方法是类似的。在研究控制系统时不是从具体控制系统的物理性质入手，而是从表征这些控制系统的数学模型出发，用数学（包括实验）的方法去构造一个人们所需要的数学模型，或是去研究这种系统的数学模型。自动控制理论的研究内容如图 8-14 所示。

8.3.2　研究方法

对于单变量线性控制系统，常采用经典的时域法、频域法和根轨迹法来进行研究。

1. 时域法

时域法是一种以微分方程为基础而构成的数学模型，通常采用求解微分方程的途径，直接在时间域中对控制系统进行研究的一种方法。

2. 频域法

对于一些不容易从理论推导得出系统微分方程的场合，可以通过频率响应求得系统的特性，这就是频域法。由于这种方法简便，物理概念明了，因而在实践中得到了广泛的应用。

3. 根轨迹法

根轨迹法是一种以作图法为基础研究控制系统的方法。由于它是从系统的开环特性出发去研究系统的闭环特性的，因此方法简单，特别是在系统设计时较为方便。

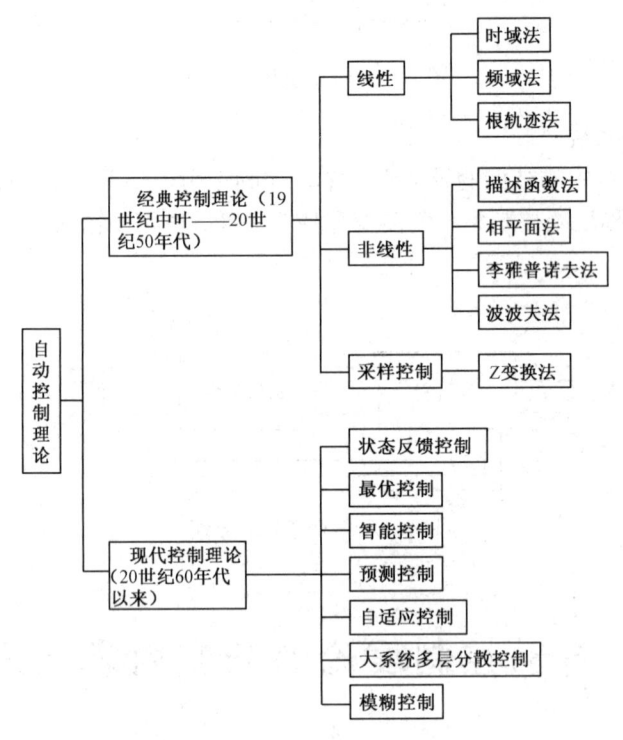

图 8-14 自动控制理论的研究内容

8.4 自动控制系统的性能指标

自动控制是使一个或一些被控制的物理量按照另一个物理量（控制量）的变化而变化或保持恒定。一般来说，如何使控制量按照给定量的变化规律变化，就是一个控制系统要解决的基本问题。根据系统的不同，其设计要求也不尽相同，但是从定性的角度讲，有三个基本的衡量指标：稳定性、准确性、快速性。

8.4.1 系统的稳定性

稳定系统：当扰动作用（或给定值发生变化）时，输出量将偏离原来的稳定值，这时，由于反馈环节的作用,通过系统内部的自动调节,系统可能回到(或接近)原来的稳定状态(或跟随给定值),稳定下来,如图 8-15(a)所示。

不稳定系统:由于内部的相互作用,使系统出现发散而处于不稳定状态,如图 8-15(b)所示。不稳定的系统是无法进行工作的。因此,对任何自动控制系统,首要的条件便是系统能稳定正常运行。

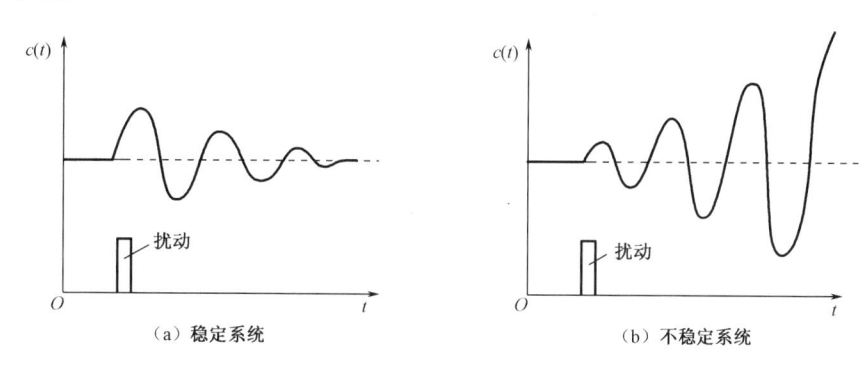

图 8-15 稳定系统和不稳定系统

8.4.2 系统的稳态性能指标

当系统从一个稳态过渡到新的稳态,或系统受扰动作用又重新平衡后,系统会出现偏差,这种偏差称为稳态误差,用 e_{ss}(Steady-State Error)表示。系统稳态误差的大小反映了系统的稳态精度(或静态精度,Static Accuracy),它表明了系统的准确程度。稳态误差 e_{ss} 越小,则系统的稳态精度越高。

(1)有静差系统:$e_{ss} \neq 0$,如图 8-16(a)所示。
(2)无静差系统:$e_{ss} = 0$,如图 8-16(b)所示。

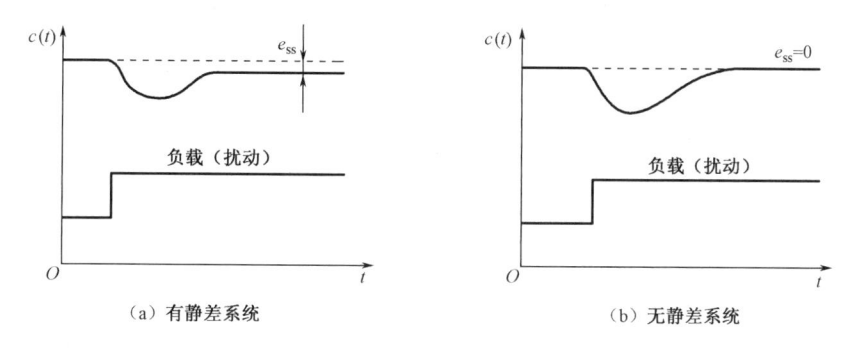

图 8-16 自动控制系统的稳态性能

8.4.3 系统的动态性能指标

控制系统从一个稳态过渡到新的稳态都需要经历一段时间,即需要经历一个过渡过程。表征这个过渡过程性能的指标叫作控制系统的动态性能指标。下面以系统对突加给定信号(阶跃信号)的动态响应来介绍动态指标。图 8-16 为系统对突加给定信号的动态响应曲线。动态指标通常用最大超调量(σ)、调整时间(t_s)和振荡次数(N)来衡量。

1. 最大超调量（σ）

最大超调量是输出量的最大偏差与输出稳态值之比。
即：

$$\sigma = \Delta c_{\max} / c(\infty) \times 100\%$$

最大超调量反映了系统的动态精度，最大超调量越小，说明系统过渡过程进行得越平稳。

2. 调整时间（t_s）

调整时间是指系统输出量进入并一直保持在离稳态值允许误差带内所需要的时间。

3. 振荡次数

振荡次数是指在调整时间内，输出量在稳态值上下摆动的次数。

在上述指标中，最大超调量和振荡次数反映了系统的稳定性能，调整时间反映了系统的快速性。稳态误差反映了系统的准确度。一般来说，我们总是希望最大超调量小一点，振荡次数少一点，调整时间短一些，稳态误差小一点。总之，希望系统能达到稳、快、准。

以后的分析将表明，这些指标要求在同一个系统中往往是相互矛盾的。这就需要根据具体对象所提出的要求，对其中的某些指标有所侧重，同时又要注意统筹兼顾。

8.5 自动控制技术的应用

在人类生产和科学技术的发展过程中，自动控制技术可谓无所不在。例如，工业生产中使用的机器人、数控机床、加热炉、发酵罐等控制系统；军事应用中的火炮自动点火、巡航导弹；日常生活中使用的微波炉、冰箱、洗衣机等；交通运输中实现的车辆运输管理、城市交通控制等；航天领域的卫星发射与回收、自动关机和点火系统，同步卫星与地面接收站直接对应，采用随动控制系统控制以减小偏差等。不仅如此，自动控制技术的应用范围已扩展到生物、医学、环境、经济管理和其他许多社会生活领域中，例如，农业领域中的病虫害防治、专家系统；社会科学领域中的计划生育，人口增长模型等。可以说，自动控制技术已成为现代社会活动中不可缺少的重要组成部分。下面举几个在工业生产中应用的例子。

1. 智能移动机器人

智能移动机器人集智能控制、人工智能、信息处理、图像处理、检测与转换等专业技术为一体，跨计算机、自动控制、机械、电子等多学科。

室外移动机器人不仅具有加速、减速、前进、后退及转弯等常规的汽车功能，还具有任务分析、路径规划、路径跟踪、信息感知、自主决策等类似人类智能行为的人工智能，是一个组成结构非常复杂的系统。室外移动机器人所涉及的关键技术主要包括机器人控制技术、路径规划与车体控制技术、车体的定位系统、机器人视觉信息的实时处理技术，以及多传感器信息的集成与融合等。

移动机器人将触觉、听觉、两维视觉、激光测距等传感器结合起来，使之能在未知环境中操作；能在未知的和动态环境中工作，将多传感器提供的数据进行融合，使环境信息得以快速被感知。图 8-17 为移动机器人及系统组成框图。

2. 数控机床

数控机床是采用了数控技术的机床，或者说是装备了数控系统的机床。国际信息处理联盟第五技术委员会对数控机床作了如下定义：数控机床是一种装了程序控制系统的机床。该系统能逻辑地处理具有使用号码或其他符号编码指令规定的程序。图 8-18 是数控机床的主要组成和基本工作流程，图 8-19 为一个实际的多功能型数控车床光机。目前，数控机床的发展趋势是向着更高的速度和精度、更高的可靠性和更完善的功能方向发展。

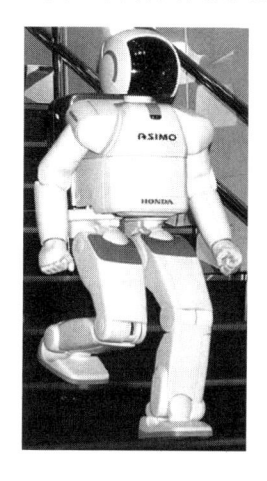

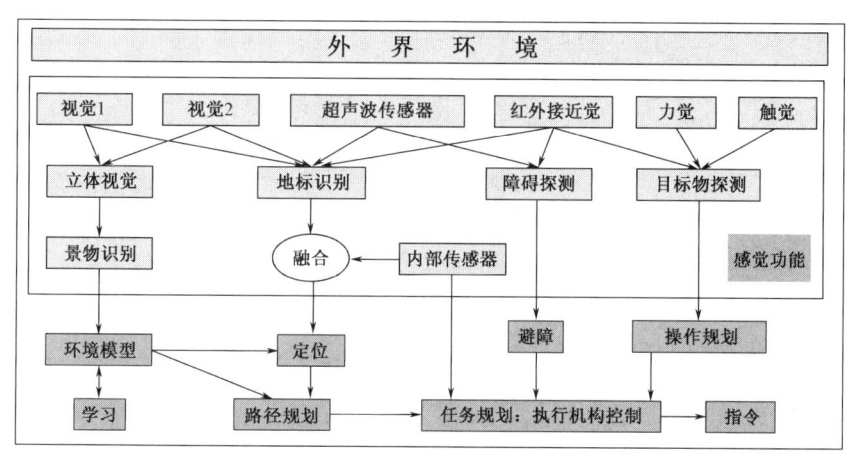

图 8-17 移动机器人及系统组成框图

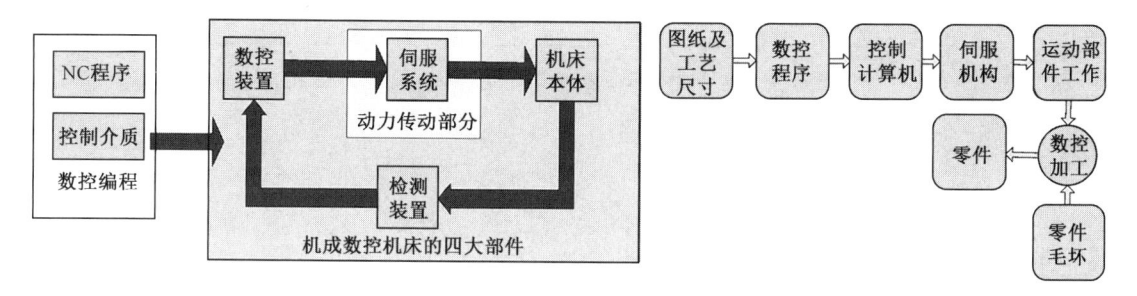

图 8-18 数控机床的主要组成和基本工作流程

图 8-19 多功能型数控车床光机

3. 集散控制系统

集散控制系统（Distributed Control System，DCS）是由若干台微处理器或微机分别承担部分任务，通过高速数据通道把各个分散点的信息集中起来，进行集中的监视和操作，并实现复杂的控制和优化。它主要由 DCS 控制站、DCS 操作站、数据通信及网络等部分组成。

控制站是整个 DCS 的基础，它的可靠性和安全性最为重要，死机和控制失灵的现象是绝对不允许的，而且冗余、掉电保护、抗干扰、防爆系统构成等方面都应有很高的可靠性，才能满足用户要求。多年的实践经验证明，绝大多数厂家的 DCS 控制站都能够胜任用户要求。

在实际应用中，如石化行业，DCS 一直用在一个生产装置范围内的多机通信系统中，而且控制站和操作站均集中放置在控制室内。在 DCS 中采用数字通信技术，在控制站内采用站内通信总线及远程 I/O 总线，有连接 PLC、分析仪和现场智能仪表的接口卡，并对现场仪表进行设备管理。图 8-20 是一个集散控制系统应用的例子。

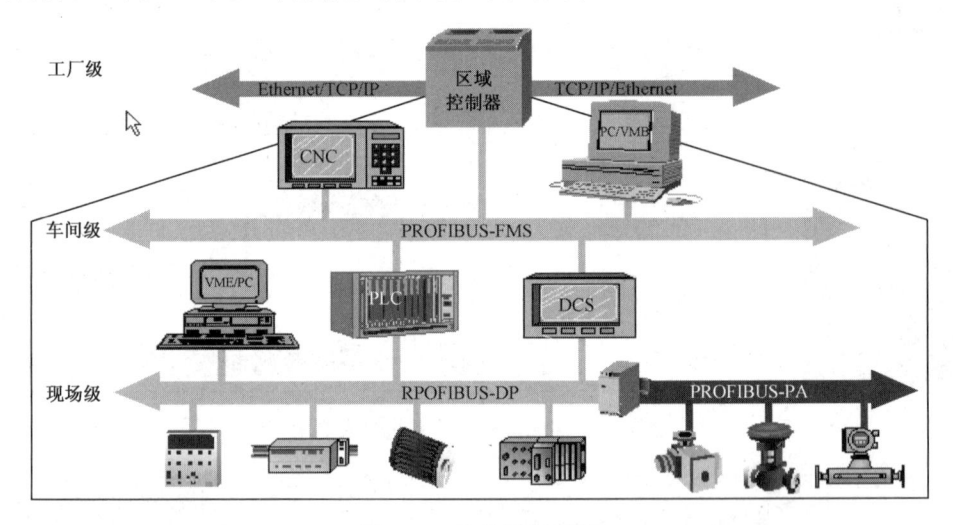

图 8-20 集散控制系统

本章结束语

自动控制技术的应用，推动了控制理论的发展；而自动控制理论的发展，又指导了控制技术的应用，使其进一步完善。随着科学技术的发展，自动控制技术及理论已经广泛应用于机械、冶金、石油、化工、电子、电力、航海、航空航天、核反应堆等各个学科领域，并扩展到生物、医学、环境、经济管理和其他许多社会生活领域，为各学科之间的相互渗透起到了促进作用。可以说，自动控制技术和理论已经成为现代化社会不可缺少的组成部分。

自动控制技术的应用，不仅促进了生产过程的自动化，提高了劳动生产率，改善了劳动条件，而且在人类探索自然规律、开发新能源、发展空间技术等方面发挥着重要作用。

第9章 新一代信息技术

我国国民经济和社会发展的历程始终伴随着信息产业的发展历程。2017年1月发布的《信息产业发展指南》中提到了九个发展重点，分别是集成电路、基础电子、基础软件和工业软件、关键应用软件和行业解决方案、智能硬件和应用电子、计算机与通信设备、大数据、云计算和物联网。信息化已从支撑经济发展向引领经济发展转变，信息技术创新应用将成为十三五规划战略推动力之一，新一代信息技术革命还可给社会、经济各方面发展带来更多的灵感。

9.1 概 述

新一代信息技术产业是当前国际新一轮产业竞争和抢占经济科技制高点的战略先导领域，不仅可以形成规模巨大的新兴增长点，而且构建了传统产业转型升级和其他战略性新兴产业发展的关键基础设施，是发展基于数据和知识的新兴支柱产业的重要抓手。

2015 年在我国政府实施制造强国战略第一个十年的行动纲领《中国制造 2025》中提出的五大工程，十个领域都强调了新一代信息技术的重要性。五大工程之一的智能制造工程要求紧密围绕重点制造领域关键环节，开展新一代信息技术与制造装备融合的集成创新和工程应用。支持政产学研用联合攻关，开发智能产品和自主可控的智能装置。而不论是"十二五"规划提出的"七大战略性新兴产业"还是现在的"十个领域"，都提到了要发展新一代信息技术产业。

新一代信息技术涵盖技术多、应用范围广，与传统产业结合的空间大，在经济发展和产业结构调整中的带动作用将远远超出行业范畴。一方面，作为重点领域之一，新一代信息技术是对当前计算机和信息网络技术的创新发展，将极大地促进经济社会的信息化发展；另一方面，新一代信息技术为其他九大重点领域提供基础和支撑，与其他重点领域融合得越深，促进作用也就越大。在一定程度上说，新一代信息技术是促进各行业发展的倍增器。

9.2 下一代通信网络

下一代通信网络是指建立在 IP 技术基础上的新型公共电信网络，它能够容纳各种形式的信息，在统一的管理平台下，实现音频、视频、数据信号的传输和管理，提供各种宽带应用和传统电信业务，是一个真正实现宽带窄带一体化、有线无线一体化、有源无源一体化、传输接入一体化的综合业务网络。

互联网技术发展迅速，走过了 3G 时代，4G 移动通信网络技术目前已经非常成熟，而随着需求的不断提高，下一代移动通信网络 5G 悄然问世。

与 4G 相比，随着用户需求的增加，5G 网络面临的挑战是要实现包括容量更高、数据速率更快、端到端时延更低、开销更低、大规模设备连接和始终如一的用户体验质量（QoE）等需求。5G 网络将融合多类现有或未来的无线接入传输技术和功能网络，包括传统蜂窝网络、大规模多天线网络、认知无线网络（CR）、无线局域网（WiFi）、无线传感器网络（WSN）、小型基站、可见光通信（VLC）和设备直连通信（D2D）等，并通过统一的核心网络进行管控，以提供超高速率和超低时延的用户体验和多场景的一致无缝服务。5G 网络架构如图 9-1 所示。

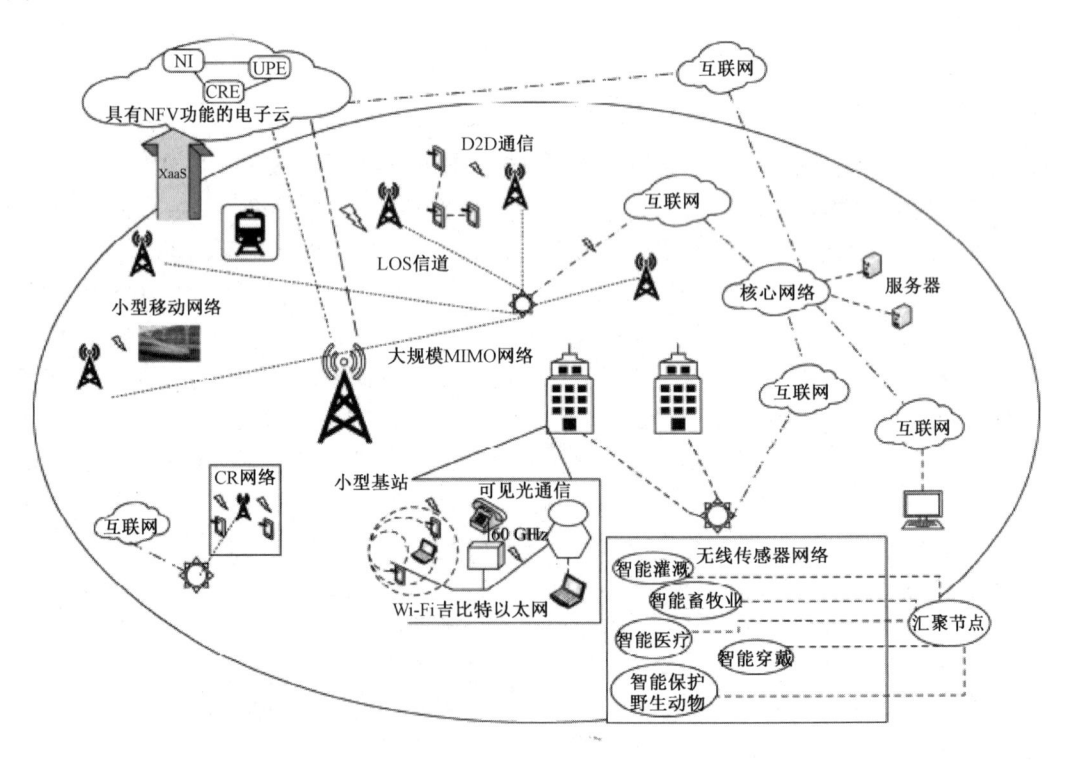

图 9-1　5G 网络架构

5G 的需求范围非常广泛，包括办公室、密集住宅区、城市热点，例如，CBD 和大型集会等移动性低、速率要求快、连接密度要求高的一类应用场景；高铁、快速公路，以及地铁等对移动性和覆盖面要求较高的地点；环境监测、智能报表和可穿戴设备等功耗低、连接数量大的一类应用场景；以及工业及医疗行业的自动控制类业务、交通行业的自动驾驶、智能电网等时延低，移动性和可靠性要求高的一类应用场景。可以说，5G 的诞生将大大提高人们的生活水平。

5G 技术将满足八大关键能力指标：峰值速率达到 10Gbps、频谱效率比 IMT-A 提升 3 倍、移动性达 500km/h、时延达到 1ms、用户体验数据率达到 100Mbps、连接密度达到 $10^6/km^2$、能效比 IMT-A 提升 100 倍、流量密度每平方米达到 10Mbps。

5G 实现了全球统一的标准和制式，不仅能解决全球漫游的问题，也将大幅度降低设备、终端的成本。随着 5G 标准的确定，频谱的选取、设备的研发、应用的开发以及更多垂直行业的模式创新将进入快速发展阶段，5G 商用正在加速到来。

根据我国 IMT-2020（5G）推进组的预测，2010—2020 年全球移动数据流量增长将超过 200 倍，2010—2030 年将增长近 20 000 倍，其中热点区域的增长速度更快，同时，到 2030 年，包括物联网设备在内的全球联网设备总数将达到 1 000 亿量级，其中我国超过 200 亿。可见，时代对通信网络技术的需求将会越来越大，要求也将会越来越高。

9.3　物联网技术

物联网（The Internet Of Things，IOT），顾名思义，就是把所有的"物"通过网络连接起来，实现任何物体、任何人、任何时间、任何地点（4A）的智能化识别、信息交换与管理。也有人将物联网理解为 Intelligent Interconnection Of Things（IIOT），体现出"智慧"和"泛在网络"的含义。图 9-2 为物联网示意图。

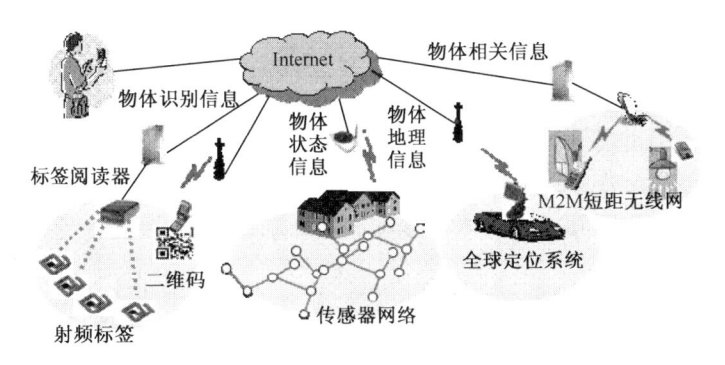

图 9-2　物联网示意图

这里的"物"要满足以下条件才能够被纳入"物联网"的范围：

（1）要有相应的信息接收器；
（2）要有数据传输通路；
（3）要有一定的存储功能；

(4) 要有CPU；
(5) 要有操作系统；
(6) 要有专门的应用程序；
(7) 要有数据发送器；
(8) 遵循物联网的通信协议；
(9) 在世界网络中有可被识别的唯一编码。

物联网的本质就是将IT基础设施融入物理基础设施中，也就是把感应器嵌入和装备到电网、铁路、桥梁、隧道、公路、建筑、供水系统、大坝、油气管道等各种物体中，并且被普遍连接，形成所谓"物联网"，实现实时的、智慧的、动态的管理和控制。

物联网用途广泛，遍及智能交通、环境保护、政府工作、公共安全、平安家居、智能消防、工业监测、环境监测、老人护理、个人健康、花卉栽培、水系监测、食品溯源、敌情侦察和情报收集等多个领域。图9-3为物联网应用示意图。

图9-3 物联网应用示意图

物联网产业是当今世界经济和科技发展的战略制高点之一，2016年我国物联网产业规模已经超过了9000亿元人民币。据了解，2016年全球具备联网及感测功能的物联网市场规模为700亿美元，2018年市场规模有望超过千亿美元，连接在物联网上的传感器等终端设备数量将超过手机，成为最大类别的连接设备。目前，全球40%的运营商在部署机器到机器物联网业务应用，每天有550万新设备加入物联网。预计到2021年，全球280亿台连接设备中将有近160亿台物联网设备。

1. 智能交通

智能交通的发展跟物联网的发展是离不开的，只有物联网技术概念的不断发展，智能交通系统才能越来越完善。智能交通是交通的物联化体现。

21世纪将是公路交通智能化的世纪，人们将要采用的智能交通系统，是一种先进的一体化交通综合管理系统。在该系统中，车辆靠自己的智能系统更便捷地了解路况、停车场等信息；相关的交管部门也能对道路情况、交通流量，以及在上面行驶的车辆等状况有更好的把握。

在 2016 云栖大会上，杭州市政府宣布，将安装"杭州城市数据大脑"，旨在利用科技智能来解决杭州交通拥堵等问题。目前，"城市大脑"已经成功帮助杭州市解决了许多依靠人脑无法解决的交通问题。以医院为例，急救中心收到急救电话后，"城市大脑"网络（见图 9-4）能够立刻为救护车规划出一条最优路线，车辆出发后，"城市大脑"精确预测各个路口到达的时间，提前把控红绿灯变化，清空车道，可以使救护车到达现场的时间比预计缩短一半。这充分体现了物联网与大数据结合的应用前景是无可限量的，它可以利用丰富的城市的数据资源，对城市全局进行及时分析，并且能够有效地调配公共资源。杭州市"城市大脑"网络图如图 9-4 所示。

图 9-4 杭州市"城市大脑"网络图

我们所说的智能交通系统往往包括先进的交通信息系统（ATIS）、交通管理系统（ATMS）、公共交通系统（APTS）、车辆控制系统（AVCS）、货运管理系统、电子收费系统（ETC），以及紧急救援系统（EMS）等子系统。

2. 智能家居

智能家居是在互联网影响之下物联化的体现。智能家居通过物联网技术将家中的各种设备，如音视频设备、照明系统、窗帘控制、空调控制、安防系统、数字影院系统、影音服务器、影柜系统、网络家电等连接到一起，提供家电控制、照明控制、电话远程控制、室内外遥控、防盗报警、环境监测、暖通控制、红外转发，以及可编程定时控制等多种功能和手段。与普通家居相比，智能家居不仅具有传统的居住功能，还兼备建筑、网络通信、信息家电、设备自动化，提供全方位的信息交互功能，甚至为各种能源节约成本。

提升用户舒适度是智能家居最初的目标。从 1987 年在美国出现的世界上第一幢智能建筑开始，世界各国都先后提出了各种智能家居方案，其中最著名的案例为比尔·盖茨的智能豪宅。当访客来访时，会领到一个电子胸针，访客可以预先设定自己偏好的温度、湿度、灯光、音乐、画作等条件，这些信息会被上传并存储，这样传感器感应到访客经过时，系统就可以根据其喜好对环境进行调整。这些智能家居方案都以信息的集中采集和设备的集中控制为特征，从家居设备便捷控制和家居安全性两方面提高用户舒适度。比尔·盖茨家的智能图书馆如图 9-5 所示。

3. 伦敦奥运会智能垃圾桶

2012 年伦敦奥运会期间，推出了一款"智能垃圾桶"，它也是物联网应用的典型代表。它配置了 LCD 显示屏，能够滚动播出热点新闻、股市走向、天气预报等各种资讯，并能实现自主供电，所需电能由顶部太阳能板提供。除此之外，它还是一个无线热点，可以为附近的手机用户提供无线网络信号。在垃圾满了之后，它可以主动向卫生清理部门发送信息，以便通知清洁人员。警察和情报部门甚至计划用它来承担一定的社会治安、反恐等任务。这些智能垃圾桶（见图 9-6）还具有自动报警功能，为需要帮助的路人提供紧急报警服务。

图 9-5　比尔·盖茨家的智能图书馆　　　　图 9-6　智能垃圾桶

9.4　新型平板显示技术

新型平板显示技术包含多个方面，不仅仅局限于显示技术本身，还包括与显示设备关系密切的其他技术。目前的关注热点主要有 AMOLED、电子纸、LED 背光、高端触摸屏和平板显示上游材料等。

1. OLED 与 AMOLED

OLED 即有机发光二极管（Organic Light-Emitting Diode），又称为有机电激光显示（Organic Electroluminesence Display）。OLED 的特性是自己发光，不像 TFT-LCD 那样需要背光，因此可视度和亮度都很高。而且其电压需求低，省电效率高，加上反应快、重量轻、厚度薄、构造简单、成本低等，被视为 21 世纪最具前途的产品之一。

AMOLED，即有源矩阵有机发光二极体或主动矩阵有机发光二极体（Active-matrix organic light emitting diode），被称为下一代显示技术，它属于 OLED 的一种。OLED 技术包括 PMOLED 和 AMOLED，PMOLED 不需 TFT 背板，但尺寸不能做得很大；AMOLED 尺寸可以做得很大。PMOLED 主要存在于早期的双屏手机上，用于小的外屏，目前的手机电视更偏向于采用 AMOLED 技术。

AMOLED 主要具有以下特点：
- AMOLED 是柔性屏幕，与玻璃基板的 LCD 屏幕相比，更加不易损坏。柔性 AMOLED 腕带显示如图 9-7 所示。
- AMOLED 屏幕非常薄，且可以在屏幕中集成触摸层，在减轻机身厚度这方面更有优势。
- 高分辨率 AMOLED 采用 pentile 屏幕。传统的 LCD 屏幕的像素点是由红绿蓝三原色合成的，而 AMOLED 则是将绿色和蓝红色以 1∶0.5 的比例搭配，增大了绿色的比重，可以使画面看起来更加鲜艳。
- AMOLED 可以自发光，当单个像素需要显示黑色时不工作，显示深色时采用低功耗，根据显色情况来分配功耗，可以很好地达到节能的目的。

柔性 AMOLED 腕带显示如图 9-7 所示。

图 9-7 柔性 AMOLED 腕带显示

经过多年的应用，AMOLED 技术越来越成熟，商业市场需求量也不断增大。尽管目前从全球情况来看，AMOLED 面板的大部分份额都被韩国的三星占据了，但随着位于成都的京东方公司的我国首条 6 代柔性 AMOLED 生产线投入生产，三星在柔性 AMOLED 屏幕方面的垄断也被一举打破。其实，京东方 AMOLED 生产线投入量产，只是中国大陆大举进军 AMOLED 的一个缩影。在拥有世界上最庞大的电子消费市场和最齐全下游产业链的情况下，"中国模式"中获得的任何技术突破，都能在一个整体的中国市场下，拥有全面开花的效益，充分利用规模红利。中国面板产业崛起，在技术上和商业上全面超越境外企业只是个时间问题。

2．LED 背光

LED 背光是指用 LED（发光二极管）来作为液晶显示屏的背光源。和传统的 CCFL（冷阴极管）背光源相比，LED 具有低功耗、低发热量、亮度高、寿命长等特点，有望于近年彻底取代传统背光系统。

随着技术的发展，背光源发展很快，不断有新技术、新产品推出，LED 背光逐步进入产业化，有了一定的规模，相比 CCFL，LED 有着明显的节能优势。但 LED 背光依然存在需要改进的地方，国内的上游配套工厂跟不上国际形势，技术交流与互动改进及试样产品的应用推广等是 LED 进入大尺寸液晶背光领域的最大障碍。在笔记本计算机、显示器及电视机等产品中，原来一直在使用 CCFL（冷阴极荧光灯）背光源，从 2008 年开始，笔记本计算机和显示器产品中 LED 背光的使用不断扩大。常见的 LED 背光显示屏如图 9-8 所示。

图 9-8　常见的 LED 背光显示屏

尽管 OLED 现在的发展势头迅猛，但想要完全取代液晶，还需要时间。二者的优势各不相同，单从电视来讲，液晶在亮度、刷新率及运动模糊处理、高动态范围、色域扩展、能耗及价格方面都略优于 OLED，而 OLED 在黑色水平、对比度、可视角度及均匀度则更胜一筹。

9.5　高性能集成电路技术

所谓集成电路（IC），就是在一块极小的硅单晶片上，利用半导体工艺制作许多晶体二极管、三极管及电阻、电容等元件，并连接成完成特定电子技术功能的电子电路。从外观上看，它已成为一个不可分割的完整器件。集成电路在体积、重量、耗电、寿命、可靠性及电性能方面远远优于晶体管元件组成的电路，到目前为止，已广泛应用于电子设备、仪器仪表及电视机、录像机等电子设备中。图 9-9 为新一代信息技术的集成电路。

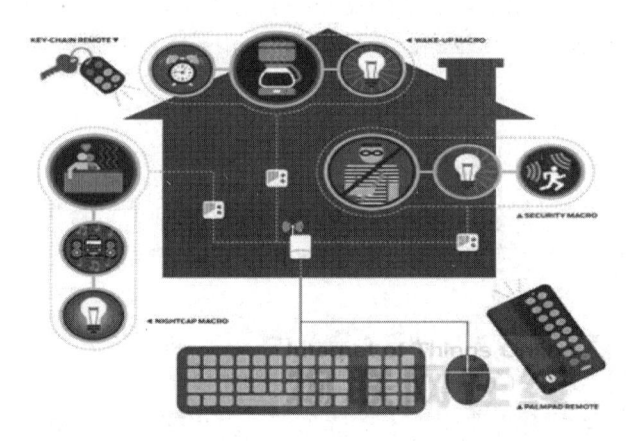

图 9-9　新一代信息技术的集成电路

集成电路的发展经历了一个漫长的过程：1906 年，第一个电子管诞生；1912 年前后，电子管的制作日趋成熟引发了无线电技术的发展；1918 年前后，逐步发现了半导体材料；1920 年，发现半导体材料所具有的光敏特性；1932 年前后，运用量子学说建立了能带理论研究半导体现象；1956 年，硅台面晶体管问世；1960 年 12 月，世界上第一块硅集成电路制造成功；1966 年，美国贝尔实验室使用比较完善的硅外延平面工艺制造成第一块公认的大规模集成电路；1988 年，16MB DRAM 问世，$1cm^2$ 大小的硅片上集成有 3500 万个晶体管，标志着进入超大规模集成电路阶段的更高阶段；1997 年 300MHz 奔腾 II 问世，采用了 $0.25\mu m$ 工艺，奔腾系列芯片的推出让计算机的发展如虎添翼，发展速度让人惊叹；2009 年，Intel 酷睿 I 系列全新推出，创纪录采用了领先的 32nm 工艺。

集成电路制作工艺的日益成熟和各集成电路厂商的不断竞争，使集成电路发挥了它更大的功能，更好地服务于社会。由此集成电路从产生到成熟大致经历了如下过程：

电子管—晶体管—集成电路—超大规模集成电路。

当前以移动互联网、物联网、大数据、云计算、智能电网、新能源汽车为代表的战略性新兴产业快速发展，新产品如智能手机、虚拟现实、可穿戴设备等，将成为继计算机、网络通信、消费电子之后，推动集成电路产业发展的新动力。预计国内集成电路市场销售额到 2021 年可以达到万亿元级别。

集成电路按其制作工艺不同，可分为半导体集成电路、膜集成电路和混合集成电路三类。半导体集成电路采用半导体工艺技术，在硅基片上制作包括电阻、电容、三极管、二极管等元器件并具有某种电路功能的集成电路。膜集成电路是在玻璃或陶瓷片等绝缘物体上，以"膜"的形式制作电阻、电容等无源器件。无源器件的数值范围可以很宽，精度可以很高。但目前的技术水平尚无法用"膜"的形式制作晶体二极管、三极管等有源器件，因而使膜集成电路的应用范围受到很大的限制。在实际应用中，多半是在无源膜电路上外加半导体集成电路或分立元件的二极管、三极管等有源器件，使之构成一个整体，这便是混合集成电路。根据膜的厚薄不同，膜集成电路又分为厚膜集成电路（膜厚 $1\mu m \sim 10\mu m$）和薄膜集成电路（膜厚 $1\mu m$ 以下）两种。在家电维修和一般性电子制作过程中遇到的主要是半导体集成电路、厚膜电路及少量的混合集成电路。如图 9-9 所示为膜集成电路，如图 9-10 所示为半导体集成电路。

图 9-9　膜集成电路　　　　图 9-10　半导体集成电路

随着集成了上千甚至上万个电子元件的大规模集成电路和超大规模集成电路的出现，电子计算机发展进入了第四代。第四代计算机的基本元件是大规模集成电路，甚至超大规模集成电路，集成度很高的半导体存储器替代了磁芯存储器，运算速度可达每秒几百万次，甚至上亿次基本运算。

计算机主要部分几乎都和集成电路有关，CPU、显卡、主板、内存、声卡、网卡、光驱等，无不与集成电路有关。通过最新技术把越来越多的元件集成到一块集成电路板上，使得计算机拥有了更多功能，在此基础上产生了许多新型计算机。并且随着智能设备的发展，集成电路的应用范围也越发广泛，也必将会有越来越多的高新计算机出现在我们面前。而且以现在智能手机的发展情况来讲，我们也几乎可以称之为一个小型的计算机了，其发展也对集成电路行业起到至关重要的作用。

图 9-11 为谷歌提出的模块化智能手机概念图，图 9-12 为神威太湖之光超级计算机，由我国国家并行计算机工程技术研究中心研制。

图 9-11　模块化智能手机　　　　　　图 9-12　神威太湖之光超级计算机

集成电路在通信中应用也十分广泛，诸如通信卫星、手机、雷达等，我国自主研发的"北斗"导航系统就是其中典型一例。

北斗导航系统是我国具有自主知识产权的卫星定位系统，与美国 GPS、俄罗斯格罗纳斯、欧盟伽利略系统并称为全球四大卫星导航系统。它的研究成功打破了卫星定位导航应用市场由国外 GPS 垄断的局面。北斗导航系统可广泛应用于海陆空交通运输、有线和无线通信、地质勘探、资源调查、森林防火、医疗急救、海上搜救、精密测量、目标监控等领域。我国北斗三号系统计划 2020 年完成全球组网。"北斗"三号系统预计比"北斗"二号系统性能提高 1～2 倍。

近年来，随着高新技术的迅猛发展，雷达技术有了较大的发展空间，雷达与反雷达的相对平衡状态不断被打破。有源相控阵是近年来正在迅速发展的雷达新技术，它将成为提高雷达在恶劣电磁环境下对付快速、机动及隐身目标的一项关键技术。有源相控阵雷达是集现代相控阵理论、超大规模集成电路、高速计算机、先进固态器件及光电子技术为一体的高新技术产物。

相比之下，毫米波雷达具有导引精度高、抗干扰能力强、多普勒分辨率高、等离子体穿透能力强等特点，因此其广泛的用于末制导、引信、工业、医疗等方面。无论是军用还是民用，都对毫米波雷达技术有广泛的需求，远程毫米波雷达在发展航天事业上有广泛地应用前景，是解决对远距离、多批、高速飞行的空间目标的精细观测和精确制导的关键手段。可以预料，各种战术、战略应用的毫米波雷达将逐渐增多。图 9-13 为有源相控阵雷达，图 9-14 为毫米波雷达。

图 9-13　有源相控阵雷达　　　　　图 9-14　毫米波雷达

9.6　大数据与云计算

1. 大数据

大数据这个概念早在 20 世纪 80 年代就出现了，但那时的发展水平还没有让人们意识到大数据的价值所在。而麦肯锡全球研究所在 2011 年发布的报告《大数据：创新、竞争和生产力的下一个前沿》把"大数据"这个词正式地拉回到人们的视线中，移动互联网和云计算的出现，也让人们渐渐意识到了大数据对这个时代发展的重大意义。

目前，对于大数据，人们还没有一个统一的定义，在麦肯锡全球研究所的报告中对大数据作出的定义是这样的：大数据是指无法在一定时间内用传统数据库软件工具对其内容进行抓取、管理和处理的数据集合。对大数据的一部分认知在于，它是如此之大，以至于分析它需要多个负载。IDC 对全球数据量的统计及预测如图 9-15 所示。

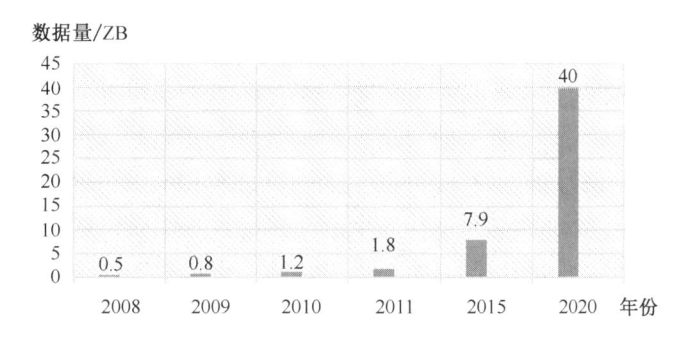

图 9-15　IDC 对全球数据量的统计及预测

我们正处在一个数据量飞速增长的时代，那么，全世界的数据究竟有多少？据 IDC（International Data Corporation）公司统计，2011 年，全球被创建和被复制的数据总量为 1.8ZB（1.8 万亿 GB），其中，75%来自个人。谷歌公司通过大规模集群和 MapReduce 软件，每个月处理的数据量超过 400PB；百度每天大约要处理几十 PB 数据；Facebook 用户月上传照片量超过 10 亿张，每日生成 300TB 以上的日志数据；淘宝每日交易数千万笔，产生约 20TB 数据。可能我们对这些数据并没有一个直观的概念，有人计算过，以 1.8ZB 举例，假如用 1TB、2.5 英寸硬盘来保存，那么这些硬盘叠加起来的高度超过 1.7 万 km，接近地球周长的一半，而且据预测，到 2020 年，这个数据有可能会攀升到 40ZB。

而光有数据是不够的，大数据研究机构 Gartner 指出，大数据的目标不在于掌握庞大的数据信息，而在于对这些含有意义的数据进行专业化处理。这也就是为什么当我们提到大数据时，云计算也同样不可或缺。

2．云计算

云计算是指将计算任务分布在由大规模数据中心或大量的计算机集群构成的资源池上，使各种应用系统能够根据需要获取计算能力、存储空间和各种软件服务，并通过互联网将计算资源免费或按需租用方式提供给使用者。它的本质就是将计算转变为一种公共服务。可以说大数据是云计算的基础，云计算是提取数据价值的工具。图 9-15 展现了云计算与大数据的关系。

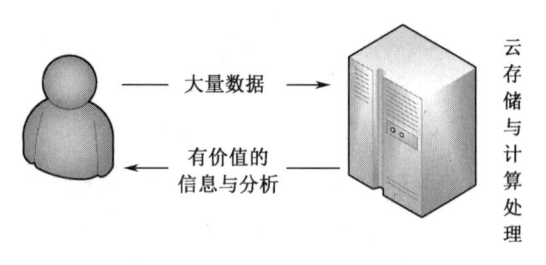

图 9-16　大数据与云计算

云计算将成为第四次 IT 产业革命。云计算是基于因特网的超级计算模式，由网格计算、公用计算、软件服务三个步骤发展演变而来，代表下一代的互联网计算和下一代的数据中心。云计算可以使互联网速度更快、容量更大、成本更低。

由于云计算的"云"中的资源在使用者看来是可以无限扩展的，并且可以随时获取，按需使用，随时扩展，按使用付费，这种特性经常被称为像水电一样使用 IT 基础设施。

随着云计算技术体系的逐步完善，其发展水平将得到大幅提升，也将有越来越多的制造企业构建私有云平台或依托公有云开展服务，以需求推动技术发展，进一步提升面向制造业的云计算服务水平。根据研究机构 IDC 预测，全球云计算相关 IT 发展速度是传统 IT 行业的 6 倍以上；而当前中国正处于移动互联网发展和两化融合（工业化和信息化融合）的初期，全球数据快速增长，云计算刚刚兴起，未来潜能巨大，可以说中国将迎来云计算发展的黄金十年。

3．应用

目前国外云计算主要推动者有亚马逊、IBM、谷歌、微软、甲骨文，在他们之中，亚马逊的 Amazon Web Services（AWS）暂时处于领先地位。而在国内，阿里、腾讯、百度，以及华为等公司的云计算产业发展都比较快。

说到亚马逊，我们往往会想到它功能强大的网络购物平台，但随着它的业务面不断扩展，从第三方开放平台（marketplace）到外包物流服务（FBA），以及 AWS 等，已经不再是单纯的网络零售商，而成为了一家综合服务提供商。

NASA Jet Propulsion Laboratory（JPL）是首屈一指的推进机器人太空探索项目的美国航

空航天局中心机构，其与 AWS 的合作项目是云计算的经典案例之一，在整个联邦政府内，NASA/JPL 率先采用了云计算服务。事实上，云计算是火星科学实验室任务的战略性操作流程的重要部分。NASA/JPL 正在从位于加利福尼亚州帕莎迪纳的控制室使用 AWS 来捕获和存储从火星探测漫游者号（见图 9-17）和火星科学实验室任务中收集的图像和原数据。

图 9-17　火星探测漫游者号

　　云计算、云存储、云笔记、云账本、云相册……未来的一切尽在"云"中。在业界看来，云计算有望成为继大型计算机、个人计算机、互联网之后的第四次 IT 产业革命。随着数据量的不断增长，云存储在未来将不断地发展，今天我们所依赖的 U 盘和移动硬盘等设备都有可能渐渐地退居二线，数据的存储、处理都有可能完全放在云上进行。

9.7　3D 打印技术

　　对于大众来说，如今的 3D 打印已经不再神秘，从最早零零星星几家 3D 打印体验馆，到现在主营 3D 打印的公司也已经渐渐多起来，人们开始发掘这种有别于平面印刷的打印技术的用途。事实上，3D 打印也是信息产业发展的产物。3D 打印技术涉及的软件、打印材料以及制造都离不开信息技术的支持。

　　3D 打印即快速成形技术的一种，它是一种以数字模型文件为基础，运用粉末状金属或塑料等可黏合材料，通过逐层打印的方式来构造物体的技术。3D 打印技术发明于 20 世纪 80 年代，但它并不是高科技实验室的产物，而是来自一位父亲的家用工作室。目前全球最大的 3D 打印设备商是美国的 Stratasys，其创始人斯科特·克伦普在 1988 年为他女儿做一个玩具青蛙，学过机械工程、做过焊接工作的克伦普决定把聚乙烯、烛蜡混合物装进喷胶枪，一层一层堆叠做出青蛙形状，Stratasys 3D 打印技术 FDM（熔融沉积成形）正是由此发展而来。

　　3D 打印流程如图 9-18 所示。

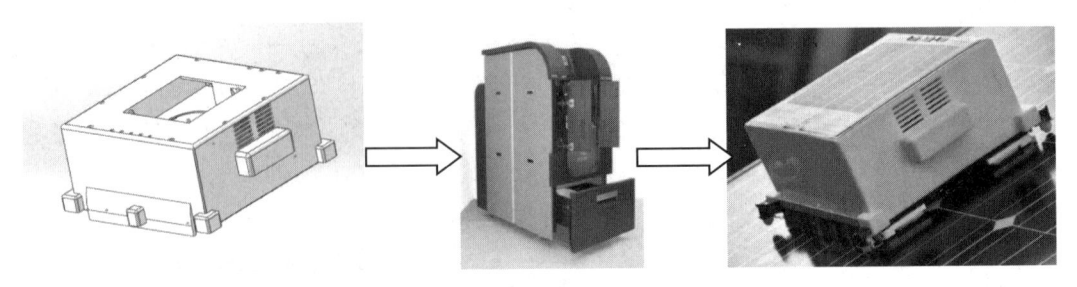

图 9-18 3D 打印流程

工程师使用 3D 辅助设计软件，如 Solidworks、3dMax、PROE 等，设计出一个模型或原型，继而检查图纸上是否有悬空的部分，对其补充支撑，然后将完善的图纸与设备链接，便可使用 3D 打印机打印出成品，对其再进行一定的加工即可。打印的原料可以是有机或无机的材料，如橡胶、塑料，甚至金属等。

虽然 3D 打印厂商运用的材料和技术各有不同，但工作原理大多是采用逐层打印、叠加成形的模式，一些 3D 打印机还运用了与传统打印机相同的喷墨原理，不同的是传统打印机喷出来的是墨水，而 3D 打印机喷出来的是光敏树脂，这种光敏树脂经特制灯照射后能够瞬间固化，精度能达到 28μm 甚至 16μm。根据 3D 打印所用材料的状态及成形方法，3D 打印技术可以分为熔融沉积成形、光固化立体成形、分层实体制造、电子束选区熔化、激光选区熔化、金属激光熔融沉积、电子束熔丝沉积成形。我们比较常见打印机的就属于熔融沉积成形。

3D 打印机应用广泛，在珠宝设计行业、超高精密铸造行业、电子产品开发、玩具、工业产品、建筑模型、医疗行业等行业中都有着不俗的表现。图 9-19 为 3D 打印机打印出来的成品。

其中，图（a）为来自设计师 Maria Eife 的耳饰作品；图（b）为工业零件；图（c）为 PCB 板打印；图（d）是来自新西兰维多利亚惠灵顿大学的概念作品，医疗器械（手臂支架）；图（d）是位于北京的 3D 打印实体建筑；图（f）为来自 3D systems 公司的 ChefJet 打印机打印的镂空糖果。

(a) 饰品　　(b) 工业零件　　(c) PCB 板打印

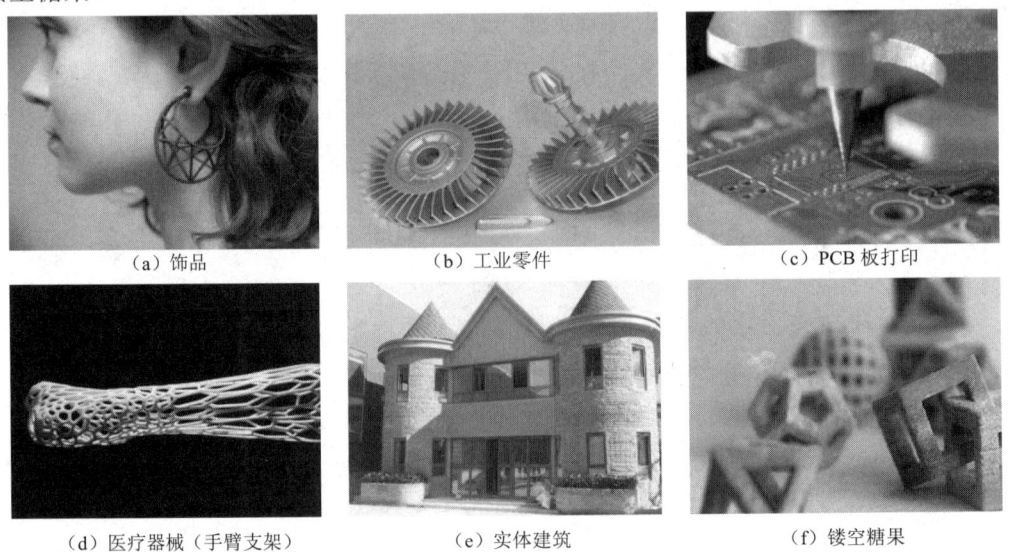

(d) 医疗器械（手臂支架）　　(e) 实体建筑　　(f) 镂空糖果

图 9-19 3D 打印成品

3D打印已经成为一种潮流，然而现阶段在普通家庭中的普及还存在着不少的困难。

（1）3D打印机价格昂贵，虽然现在部分国产的3D打印机的价格不算高，但从精度、质量各方面来说都较难保证。

（2）性价比问题。3D打印目前可以使用的材料和人们日常生活所需要的材料种类相比，还相差甚远，实用性较低。不仅如此，这些线材往往价格昂贵，便宜的几百元一千克，最贵的要4万元左右，如果想普及，性价比还需要提高。

（3）难以形成产业链。现在3D打印机生产厂家很多，却没有统一的标准。同一个3D模型用不同的打印机打印，其结果是大不相同的。此外，打印材料也缺乏标准，每个生产厂家生产的3D打印机都绑定了本厂家的打印材料，好比车不同轨、书不同文，无法实现通用，这也限制了3D打印机的普及。

9.8　机器人时代

战国时期的寓言《列子·汤问》中有这样一段话："领其颐，则歌合律；捧其手，则舞应节。千变万化，惟意所适。"描述的是西周匠人偃师所造的伶人，能歌舞，解人意，却是由皮革、木头、树脂等材料制成的。这可能是有史以来最早的机器人，虽然只存在于列子的想象之中，却也体现出人们对机器人的期待并非一朝一夕。猴年春晚伴舞机器人阿尔法如图9-20所示。

图9-20　猴年春晚伴舞机器人阿尔法

随着科技水平不断提高，做出一个能歌善舞的机器人已经不再是难事，机器人的概念也越来泛滥，那么怎样的设备我们才称为机器人呢？

国际标准化组织（ISO）对机器人的定义是这样的：

（1）机器人的动作机构具有类似于人或其他生物体的某些器官（肢体、感受等）的功能；

（2）机器人具有通用性，工作种类多样，动作程序灵活易变；

（3）机器人具有不同程度的智能性，如记忆、感知、推理、决策、学习等；

（4）机器人具有独立性，完整的机器人系统在工作中可以不依赖于人的干预。

从这个定义可以看出，人们对机器人的期待其实就是希望它不仅在外表上可以与人相似，还可以像人类一样工作甚至思考，而关于思考的能力，就是现在非常热门的人工智能。

这样一来，我们就很好理解人工智能的与机器人的区别了。日本科学家松尾丰是这样总结的：人工智能相当于机器人的大脑部分。比如接连打败了李世石和柯洁的阿法狗（Alphago），它不需要依托一个像人的外壳，人们研究对象仅仅是它的"大脑"，也就是对现有的信息进行进一步分析判断的能力。柯洁对战 Alphago 如图 9-21 所示。

图 9-21　柯洁对战 Alphago

随着大数据、机器学习、深度学习等技术的发展，如今的人工智能已经来到了第三次浪潮。科学家希望能够通过模拟神经网络，学习大脑处理信息的方式来使机器像人类一样去学习，在上一次浪潮，也就是以机器学习为主导的阶段，人们帮助机器标定好特征，人为地向机器灌输常识，然而人类世界的常识是无穷无尽的，这样的工作也是看不到终点的。意识到这一点之后，科学家想出了新办法，提出了深度学习的概念。到了这一阶段，人们倾向于将大量的材料交给机器，让机器通过自主学习总结出规律，从而获得知识。听起来从一个阶段到另一个阶段并不难，不过转换一下思路，但事实上，这其中包含了复杂的多学科交汇知识，从零到现在，人工智能这条路，科学家已经走了半个多世纪了。

当一部分人还在为机器人是否会取代人类担忧时，有的机器人已经悄然成为人类的一份子。2017 年 10 月，沙特阿拉伯授予了机器人索菲亚公民身份。机器人索菲亚由美国汉森机器人公司生产，她是全球第一个获得人类公民身份的机器人。当地时间 2018 年 3 月 21 日，机器人索菲亚参加了在加德满都举行的联合国可持续发展目标亚洲和太平洋地区创新大会。图 9-22 为索菲亚与大会主持人。

2017 世界机器人大会在北京召开，十大技术展望的发布也为机器人的发展方向提供了思路，包括柔性机器人、液态金属控制技术、生肌电控制技术、敏感触觉技术、会话式智能交互技术、情感识别技术、脑机接口技术、自动驾驶技术、虚拟现实机器人技术以及机器人云服务技术。其中的部分方向已经有相对成熟的产品问世。比如已经上岗央视主持的艾德声机器人，就是会话式智能交互技术的典型；获得了美国首个自动驾驶车辆许可证的谷歌的自动驾驶技术也是自动驾驶方向的先驱。图 9-23 为谷歌公司的无人驾驶汽车。

第 9 章 新一代信息技术

图 9-22 机器人索菲亚与大会主持人

图 9-23 谷歌无人驾驶汽车

诸如世界机器人大会一类的以机器人为主题的大型会议、赛事或是活动不在少数，如机器人世界杯、机器人挑战赛，迪拜甚至已经在计划一场机器人奥运会了。每次举办这样的比赛，都是前沿机器人技术的一场较量，每一个小小的机器人背后都有庞大的研发团队。

以 DARPA 机器人挑战赛为例，整个比赛过程中，机器人需要完成驾车抵达任务区、自主下车、打开房门、关闭阀门、借助工具在木墙上开洞、拼接水管、通过坍塌物散落的地面，以及登上楼梯八项任务。设计者与机器人利用 Wi-Fi 通信，他们不仅要为机器人配备丰富的传感器、视觉控制器、激光雷达、具备功率强大的电机或是液压等硬件装置，还要通过操作系统进行编程，用最合适的算法让机器人能够平稳地完成上下车、上楼梯、移动插头等任务，在不同的情况下做出合适的反应。控制者无法直接观看机器人的表现，只能通过传感器传回的数据来发出指令，这意味着要让机器人独立地完成许多复杂的任务，这对于软件自身的要求是比较高的。在比赛过程中，主办方还会强制压缩控制方与机器人的通信带宽，以此考验机器人在高延迟甚至断开联络时如何解决问题。图 9-24 为 DARPA 机器人挑战赛冠军 Hubo 正在完成打开阀门的任务。

图 9-24 DARPA 机器人挑战赛冠军 Hubo

作为衡量一个国家科技创新和高端制造业水平的重要标志，机器人产业发展越来越受到世界各国的高度关注，世界各大经济体纷纷将发展机器人产业上升为国家战略，并以此作为保持和重获制造业竞争优势的重要手段。比如，随着美国《国家机器人计划 2.0》的推出，北美机器人市场销量不断创造新高。欧盟成立了包括"地平线 2020 计划"在内的很多与机器人相关的协会。而澳大利亚机器人中心每年会有 1300 万美元的预算，用于政府和企业在机器人领域的合作。

霍金先生认为，完美的人工智能开发或许意味着人类的终结。但也许是因为完美本身是无法达到的，所以我们对机器人的探索从未停下脚步。毋庸置疑，我们正处在一个机器人技术飞速发展的时代，也是一个充满机遇与挑战的时代。

9.9 新一代信息技术的发展

1. 新一代信息技术产业的发展态势

当前信息技术创新进入新一轮加速期，全球电子信息产业格局面临新的调整，国家重大战略推进实施亟待产业新突破，要求我国电子信息产业必须把握产业发展新趋势、新热点，加快产业发展方式转变。

在"十二五"期间，我国软件和信息技术服务业规模、质量、效益全面跃升，综合实力进一步增强，在由大变强道路上迈出了坚实步伐，比较优势和竞争能力发生深刻变化。一是产业规模平稳较快增长。2015 年信息产业收入规模达到 17.1 万亿元。彩电、手机、微型计算机、网络通信设备等主要电子信息产品的产量居全球第一，电话用户和互联网用户规模居世界首位。二是结构优化升级取得实质进展。电子信息产品竞争力明显提升，对外贸易顺差稳步扩大。三是技术创新能力大幅提升。国内信息技术专利申请总量已超过 304.8 万件，具有自主知识产权的时分同步码分多址长期演进技术（TD-LTEAdvanced）成为第四代移动通信（4G）国际主流标准之一，并实现大规模商用。集成电路设计水平达到16～14nm，制造业实现28nm小批量生产。多条高世代平板显示生产线建成投产。安全可靠软硬件实现重要突破，一批骨干企业创新能力和竞争力大幅提升。四是信息基础设施加速升级。宽带接入实现从非对称数字用户线路（ADSL）向光纤入户（FTTH）的跨越，移动通信已经实现从3G向4G的升级。新增7个国家级骨干直联点建成开通，网间互通质量和效率大幅提升。五是信息产业支撑引领作用全面凸显。信息产业快速发展带动两化融合水平稳步提升，互联网对经济社会促进作用逐步显现。一批互联网龙头企业建立开放平台，成为带动大众创业、万众创新的新渠道、新推力。智慧城市、智慧交通、远程医疗、互联网金融等新业态不断涌现，加速经济社会运行模式深度变革。

新一轮技术创新引领产业新变革。全球信息产业技术创新进入新一轮加速期，云计算、大数据、物联网、移动互联网、人工智能、虚拟现实等新一代信息技术快速演进，单点技术和单一产品的创新正加速向多技术融合互动的系统化、集成化创新转变，创新周期大幅缩短，硬件、软件、服务等核心技术体系加速重构，新业态、新模式快速涌现，我国信息产业实现跨越式发展的战略机遇窗口正在打开。同时，信息技术与制造、材料、能源、生物等技术的交叉渗透日益深化，我国已形成的局部技术优势将面临新的挑战。

2．我国新一代信息技术产业的发展目标与前景

在"十三五"计划中，前半期的战略重点是快速夯实新一代信息技术产业的技术基础，同步进行多领域、多学科交叉的应用市场开拓，面向市场的重大需求，催生出成熟的产业化技术；后半期的战略重点是全面推进新一代信息技术产业各产业方向的跨越式发展，以创新应用进一步开拓市场，提升企业"造血功能"，进而支撑其对新兴技术和产业的更大投入。

"十三五"提出了新一代信息技术产业培育与发展的总体目标。一方面是抓住我国新一代信息技术产业发展的历史性机遇，提升信息技术领域的自主创新能力，支撑战略性新兴产业和经济的可持续性发展，另一方面则是探索出一条体制机制创新的示范型道路，破除制约我国战略性新兴产业技术突破和产业化发展的瓶颈。"十三五"期间，应着力构建"云—网—端"三位一体的信息产业生态系统，从集成电路、智能终端和可穿戴设备、移动互联网和社会网络服务、云计算及网络空间安全五个方向确定发展重点。

在2017年1月发布的《信息产业发展指南》中更加细化地提出了信息产业的发展目标，到2020年，我国将建立具有国际竞争力、安全可控的信息产业生态体系基础，在全球价值链中的地位进一步提升。突破一批制约产业发展的关键核心技术和标志性产品，我国主导的国际标准领域不断扩大；产业发展的协调性和协同性明显增强，产业布局进一步优化，形成一批具有全球品牌竞争优势的企业；电子产品能效不断提高，生产过程能源资源消耗进一步降低；信息产业安全保障体系不断健全，关键信息基础设施安全保障能力满足需求，安全产业链条更加完善；光网全面覆盖城乡，第五代移动通信（5G）启动商用服务，高速、移动、安全、泛在的新一代信息基础设施基本建成。

从产业发展基础看，我国的IT产业已经在世界上形成一定的竞争优势。从市场空间看，新应用不断涌现，产品升级换代速度加快，智能产品日益普及，这些仍将给IT产业带来巨大的成长空间。从产业关联角度看，IT 产业与节能环保、新材料、新能源、新能源汽车、高端装备制造等其他战略性新兴产业的关系十分密切。

本章结束语

新一代信息技术代表了当代社会最具有潜力的新的生产力，是国家大力扶持的产业。新一代信息技术的发展将有益于新能源、新材料、生物、高端设备制造、节能环保等众多领域的发展，同时还会调动各方资源，吸引多方投资，促进经济发展。随着信息技术的发展，各学科之间、各生产企业之间相互渗透、日趋融合，将会在国民经济和国防建设中发挥越来越大的作用。

第10章 电子信息工程专业的培养目标与人才素质要求

10.1 电子信息工程专业的历史演变

电子信息工程的历史可以追溯到19世纪上半叶，安培发现电流的磁效应和法拉第发现电磁感应定律。1838年莫尔斯电报和1876年电话的发明是电子信息工程学科发展历史上的重要里程碑。19世纪末到20世纪初，西方国家的大学陆续设置了电气工程系，电子信息工程是其中一个重要的教育方向。

我国电子信息工程专业高等教育开始的时间并不晚。1908年（清光绪三十三年）清朝邮传部侍郎（副部长）督官办学，担任了部属的上海高等实业学堂（上海交通大学的前身）的监督（校长），在中国首先创设了电机专科，含有电力门和电信门。中国电子信息教育至今已有一个世纪。

1923年东南大学成为中国第二个开办电子信息高等教育的大学，开设了电机工程系，下设电机制造门、荷电铁道门和无线电门，1927年首届学生毕业。

1931年，中央红军总部无线电队开办第一期无线电训练班，在江西宁都开学。这是人民军队通信教育史的开端，也可以说是西安电子科技大学等电子信息专门化学校的创立之始。

1932年，清华大学设置了电机系，下设电讯组，1934年清华大学又开始筹建无线电研究所。

1933年，位于天津的北洋大学设立电机工程学。电机工程学系下设电力、电讯两个组，电讯组既是目前天津大学电子信息工程学院的前身，也可以说是北京邮电大学、北京交通大学电子信息学院的前身。

新中国成立以后，1952年院校调整，电子信息类专业也有较大的调整。但是，整个教育体系照搬前苏联模式，不仅在专业设置上按行业细分，甚至将部分高校划归行业管理，成为专门化的行业学校。电子信息工程专业在不同的学校里出现了不同的设置模式。教育部所属的学校中多数设置为"无线电技术"专业，而在部委所属的专门化学校中则细分为"有线通信""无线通信""雷达""仪表""电视""红外"等与技术或产品直接对应的专业。

1977年恢复高考以后，各高校基本上恢复之前的专业设置。由于10年时间里技术发生了巨大的变化，相应地专业名称和数量也增加了许多，1980年目录中电子类专业有80个，1984年目录中电子类专业有28个（含试办专业）。随着社会发展对人才培养需求的变化，1998

年教育部颁布了新的专业目录，把信息工程方向的专业由 12 个归并为电子信息工程和通信工程两个专业。

10.2 电子信息工程专业的学科内涵

信息科学技术是指研究信息的产生、获取、度量、传输、变换、处理、识别和应用的科学技术。现代信息技术是以微电子技术、光电子技术为基础，以计算机技术为手段，以电子信息系统、通信系统、控制系统为主要应用的综合化技术。

电子信息工程作为信息技术领域中的主干专业，主要研究信息获取、信息传输、信息处理与信息应用等方面的理论、技术和工程实现问题，包括信息的传感与获取、信息的表达与度量、信息的存储、信号通过系统的响应、信息的传输、信息的识别与分离、信息的人机界面等。该专业培养从事电子设备与信息系统的设计、开发、应用和集成的工程技术人才。

支撑本专业的主干学科是信息与通信工程，与其密切相关的学科还有电子科学与技术、控制科学与工程、计算机科学与技术等。

本科专业目录中相关的专业主要有通信工程（080712）、信息工程（080609Y）、信息管理与信息系统（110102）、自动化（080602）、信息对抗技术（081606），以及计算机科学与技术（080605）。其中，通信工程（080712）、电子信息科学与技术（071201）和信息工程（080609Y）与电子信息工程属同一专业类，没有原则上的区别。原来由理科专业转变而来的电子信息科学与技术已经淡化了理工的差别，而通信工程和（电子）信息工程的专业内涵相互交融，通信工程侧重于通信系统和网络方面的技术，电子信息工程则更侧重于信息系统方面的技术。

10.3 电子信息工程专业的培养目标

10.3.1 培养目标

电子信息工程专业培养能为社会主义现代化建设服务的德、智、体、美全面发展的、具有较高文化素质修养、敬业精神和社会责任感、掌握坚实的电子信息工程及相关专业理论知识，具有较强的工程实践能力，能从事电子信息系统和设备的研发、维护、运营的高级工程技术人才。

10.3.2 培养要求

电子信息工程专业的学生主要学习信号的获取与处理、电子设备与信息系统等方面的基本理论和基本知识，接受电子与信息工程实践（包括生产实习和室内实验）的基本训练，应具备良好的科学素质，具备设计、开发、应用和集成电子设备和信息系统的基本能力，并具有较强的知识更新能力和广泛的科学适应能力。

10.3.3 学科与方向

本专业主干学科为信息与通信工程、电子科学与技术、计算机科学与技术，相近专业为电子信息工程。

主要专业方向包括：无线通信、光通信与传输、通信系统与交换、计算机通信与通信网、多媒体通信。

10.4 电子信息工程专业的知识体系

10.4.1 教育内容和知识体系

电子信息工程专业的教育内容和知识体系由通识教育、专业教育和综合教育三大教育模块组成。

通识教育内容包括：人文社会科学，数学与自然科学，经济管理，外语，计算机信息技术，体育，实践能力训练等知识体系。

电子信息工程专业知识体系包括：电子信息工程相关学科基础，电子信息工程专业方向，电子信息工程专业实践训练体系。

综合教育内容包括：思想教育，学术与科技活动，文艺活动，体育活动，自选活动（如创业培训）等。

电子信息工程专业知识体系如图 10-1 所示，实践教学体系如图 10-2 所示。

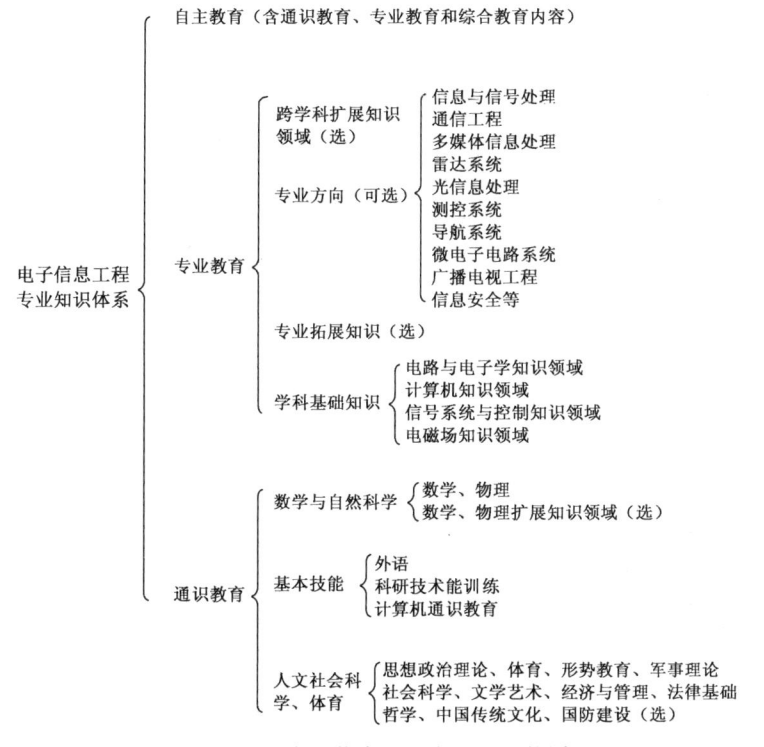

图 10-1　电子信息工程专业知识体系

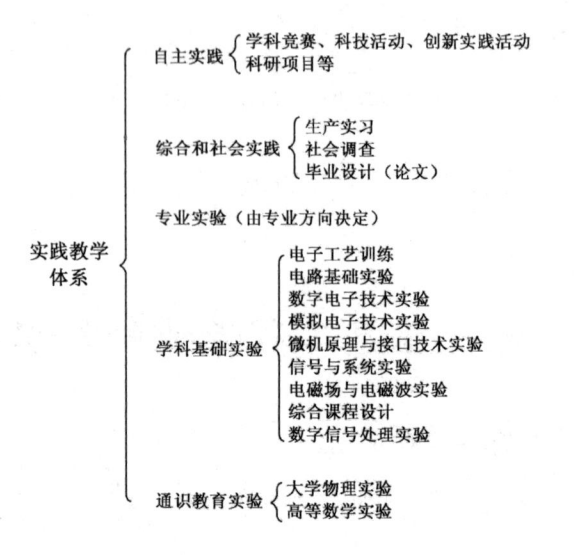

实践教学体系
- 自主实践 { 学科竞赛、科技活动、创新实践活动 / 科研项目等
- 综合和社会实践 { 生产实习 / 社会调查 / 毕业设计（论文）
- 专业实验（由专业方向决定）
- 学科基础实验 { 电子工艺训练 / 电路基础实验 / 数字电子技术实验 / 模拟电子技术实验 / 微机原理与接口技术实验 / 信号与系统实验 / 电磁场与电磁波实验 / 综合课程设计 / 数字信号处理实验
- 通识教育实验 { 大学物理实验 / 高等数学实验

图 10-2 实践教学体系

10.4.2 基础知识体系及内容

电子信息工程专业的学科基础知识体系涵盖四大知识领域，分别是电路与电子学知识领域、计算机知识领域、信号系统与控制知识领域和电磁场知识领域，如图 10-3 所示。

学科基础知识结构体系

- 电路与电子学知识领域
  - 电路分析基础
  - 模拟电子技术
  - 数字电子技术
  - 通信电子线路
  - VLSI设计基础
  - 专用集成电路
  - ⋮
- 信号系统与控制知识领域
  - 信号与系统
  - 自动控制原理
  - 数字信号处理
  - 随机信号处理
  - ⋮
- 计算机知识领域
  - 计算机基础
  - 数字逻辑
  - 计算机组成原理
  - 微机原理与接口技术
  - 计算机网络
  - ⋮
- 电磁场知识领域
  - 电磁场与电磁波
  - 电磁波工程
  - ⋮

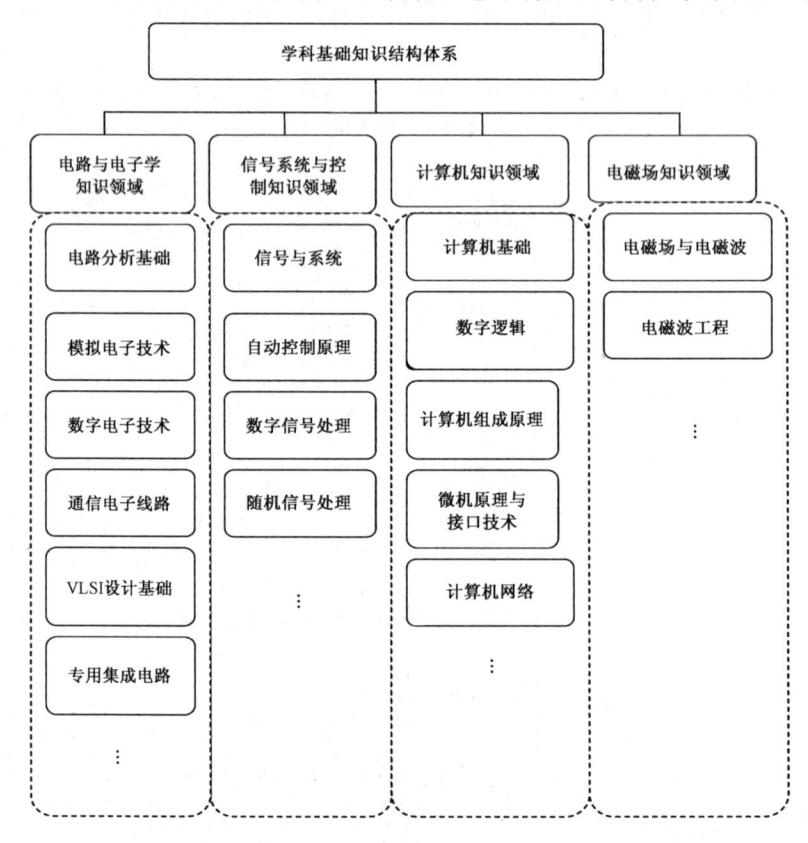

图 10-3 学科基础知识结构体系

（1）电路与电子学知识领域。该知识领域涵盖的主要知识单元：电路分析基础、模拟电子技术、数字电子技术、专用集成电路设计、通信电子线路、VLSI 设计基础、微波电路等。电路分析基础、模拟电子技术与数字电子技术为本知识领域中的核心知识单元，也是该知识领域中的基础知识单元。

（2）信号系统与控制知识领域。该知识领域涵盖的主要知识单元：信号与系统、自动控制原理、数字信号处理、随机信号处理、信息论基础。信号与系统为信号系统与控制知识领域中的核心知识单元，也是该知识领域中的基础知识单元。

（3）计算机知识领域。该知识领域涵盖的主要知识单元：计算机基础、数字逻辑、微机原理与接口技术、数据库、数据结构、操作系统、计算机组成与系统结构、单片机与嵌入式系统、DSP 处理器、计算机网络等。计算机基础、数字逻辑、微机原理与接口技术为计算机知识领域中的核心知识单元。

计算机基础是理工科类各专业通识教育知识单元，包含计算机文化、算法语言和程序设计等内容，教育部相关教学指导委员会对该知识单元知识点的教学内容已有非常明确的要求。

数字逻辑知识单元的知识点和电路与电子学知识领域中的数字电子技术的知识点会有一定的重复，数字逻辑知识单元的知识点侧重于计算机结构与逻辑设计，而数字电子技术知识单元的知识点侧重于数字电路，在制订计划时可以根据专业特色有不同的侧重点，但应避免重复。

（4）电磁场知识领域。该知识领域涵盖的主要知识单元：电磁场与电磁波、微波网络、天线技术、电磁波工程、微波电路与器件。电磁场与电磁波为电磁场知识领域中的核心知识单元，也是该知识领域中的基础知识单元。

10.4.3 主要课程

本专业学习的主要课程分为基础课程和专业课程。其中，基础课程包含主要基础课程和专业基础课程，有政治理论、数学、物理、外语、计算机技术系列课程、电路分析、低频电子线路、高频电子线路、数字电路与逻辑设计、电磁场理论、信号与系统、数字信号处理、通信原理等。主要专业课有电信传输原理、现代交换原理、移动通信、通信网络、光纤通信、数据通信、通信网与计算机网和多媒体技术等。毕业生应掌握电子技术、通信技术和计算机技术的基本理论与设计方法，以及程控交换技术、光纤通信、移动通信和计算机网络通信的基本原理及应用方法，具有各类通信系统的设计、研究及开发的工作能力。

10.4.4 主要实践性教学环节

实践性教学环节是指以实践为主，在课堂内外利用规定时间所完成的教学任务，包括计算机上机训练、电子工艺实习、电路综合实验、生产实习、课程设计、毕业实习、毕业设计等。

10.4.5 与相近专业的关系

与电子信息工程相近的专业有通信工程专业、电子信息科学与技术专业。这三个专业属于一个培养大类，其基础课程差别不大，主要的区别仅在于专业侧重点有所不同。

电子信息工程主要培养具备电子技术和信息系统的基础知识，能从事各类电子设备和信息系统的研究、设计、制造、应用和开发的高等工程技术人才。本专业学生主要学习信号的获取与处理、电子设备与信息系统等方面的专业知识，从而具备设计、开发、应用和集成电子设备和信息系统的基本能力。电子信息工程专业更侧重于"信号的分析与处理"，着眼点在"电路级"。

通信工程专业主要培养从事通信工程及计算机网络系统的研究、制造、开发和应用的高级人才。毕业生应掌握电子技术、通信技术和计算机技术的基本理论与设计方法，以及程控交换技术、光纤通信、移动通信和计算机网络通信的基本原理及应用方法，具有各类通信系统的设计、研究及开发的工作能力。通信工程专业侧重于"通信系统与网络"，着眼点在"系统级"。

电子信息科学与技术主要培养具备电子信息科学与技术的基本理论和基本知识，受到严格的科学实验训练和科学研究初步训练，能在电子信息科学与技术、计算机科学与技术及相关领域和行政部门从事科学研究、教学、科技开发、产品设计、生产技术管理工作的电子信息科学与技术高级专门人才。本专业学生主要学习电子信息科学与技术的基本理论和技术，受到科学实验与科学思维的训练，具有本学科及跨学科的应用研究与技术开发的基本能力。电子信息科学与技术专业侧重于"电子科学"。

10.5 电子信息工程专业对所培养人才的素质要求

随着科学技术的飞速发展，人类已经进入了崭新的 21 世纪。在新的世纪里，经济全球化、全球信息化正在极大地改变人们的生产、生活方式。人类在新材料、新工艺、新能源、生命科学、信息科学、系统科学、航空航天等高科技领域的新成就，也将给人类生活带来深远的影响。不断进步的计算机技术延伸和扩展了人类大脑的功能，而互联网缩短了人与人之间的距离，使人们的信息交换、信息交流变得无比的简单、快捷。不难设想，人们进行产品开发、系统设计和所有科研活动在工具、方式、形式和内容等方面都将和以前大不相同，国家和社会对专业人才的素质将会提出更高、更新的要求。

1. 素质结构要求

思想道德素质：具有坚定和正确的政治立场、观点和信仰，热爱祖国、热爱人民，国家利益至上；具有较高的思想道德和文化素质修养、敬业精神和强烈的社会责任感；具有良好的社会主义道德修养和品行，具有敬业精神和职业道德；遵纪守法，学习和了解国家宪法和法律常识，具有知法、守法的法制意识和观念；诚信做人，诚信做事，诚信做学问；具有良好的团队协作精神和能力，集体观念强，乐于助人。

文化素质：具有一定的人文科学知识，了解中国传统文化、人类文明史和科学发展史，了解西方文化的基本知识；具有一定的文学、艺术、美术等的欣赏能力；具有良好的接受新知识、新事物的意识和创新意识；具有正确、理性处理工作、生活中出现的各种复杂事件的能力；具有良好的人际交往意识和能力。

专业素质：包括科学素质和工程素质。

科学素质：具有逻辑思维、辩证思维、形象思维的能力；有一定的批判意识和尊重客观的、务实的科学思维方法；掌握一定的电子信息工程及其相关领域的科学研究方法；掌握本学科的基本理论和技能，具有一定的创新意识和能力；具有追求科学真理的精神和较强的批判意识，了解自然科学的重要发现和专业主要进展。

工程素质：具有较强的工程意识、实践意识和质量意识，以及节能意识和环保意识；具有一定的解决实际工程问题能力，以及分析和处理实际工作中遇到的相关技术问题的能力；在工程实践中具有较强的市场意识和价值效益意识；具有一定的勇于创新、敢于实践的精神。

身心素质：具有健康的身体并能适应紧张的工作环境；具有健康的心理、健全的人格和良好的交往能力，对社会有强烈责任感，具有不怕困难、不怕挫折、奋发向上的精神。

2．能力结构要求

获取知识能力：具有较扎实的基础理论知识，能顺利阅读本专业文献，具备自我知识更新的能力和掌握科学的学习方法；具备准确地用多种（文字、语言等）方式与同行交流学术思想的能力；具有多渠道检索所需知识文献的能力。

应用知识能力：具有综合应用本专业知识、分析和解决专业实际问题的能力；能熟练使用常用实验仪器；具有综合运用本专业知识和应用工具软件知识，进行仿真实验和硬件实验的能力；具有综合运用所学理论知识，分析和解决工程问题的能力。

创新能力：思路开阔，具有一定的创新意识和革新能力；通过本科阶段的实践训练，学生应具有探索和实践意识，具有举一反三的能力；通过本科阶段的教育与训练，学生应掌握科研开发的基本技能并具备初步的技术开发和研究能力。

3．知识结构要求

工具性知识：具备一定的外语听、说、读、写能力，能比较熟练地阅读本专业的外文文献资料和书籍；掌握本专业所需的各类计算机技术的相关知识，具有一定的计算机软、硬件应用能力；掌握利用互联网的相关技术知识；掌握文献检索的相关知识；了解科学研究和产品开发的基本过程和基本方法；具有一定的实验和模拟仿真的基本知识，并掌握常用的计算方法，演绎推理方法、归纳法等基本数学处理方法；能基本了解和掌握科技写作的特点、要素与方法。

人文社会科学：阅读一定数量的文学名著，具有一定的文学修养；了解国内外历史的基本知识，特别是中华民族的文明史和中国近代革命史；具有正确的世界观、人生观、价值观，掌握唯物辩证法的基本思想；学习马列主义、毛泽东思想、邓小平理论的主要内容，关心国家大事，了解国内外重大事件；具有艺术修养初步知识；学习法律基本知识，具备一定的法律意识、法制观念和知识；具有社会学的初步知识，了解社会，融入社会；具有心理学的基本知识和健康的心理状态。

数学与自然科学知识：按照高等学校高等数学教学基本要求，学习并掌握高等数学、工程数学等知识的基本内容；按照高等学校物理学教学基本要求，学习并掌握大学物理课程的基本内容，并具有一定的应用能力；具有化学的基本知识；了解生命科学的基本常识；具有节能减排、保护环境的意识和基本知识。

工程技术知识：具有机械工程制图的基本知识和能力，能看懂一般的机械工程图纸；熟练掌握电工电子学的基本知识，并具有一定的设计、调试和应用能力；能熟练掌握计算机基本知识，并具有一定的软件编程能力和硬件应用能力；了解工程设计、实施和检测的基本知识，具有一定的工程实践能力。

经济管理知识：具有初步的经济学知识和管理学知识。

专业知识：系统学习电路分析、电子技术、信号与系统、电磁场与电磁波、计算机原理与接口技术等方面的知识，理论基础扎实；在学习了学科基础以后，选择学习 1~2 个电子信息工程的专业方向知识，掌握专业方向课程的主要内容，且具有一定的应用能力。

10.6　高等院校的教学计划

经历了千军万马过独木桥的高考，同学们顺利地进入大学校园。大学的一切对同学们来说都是新鲜而神秘的，它与中学时代有着天壤之别。从宏观上来说，大学教育立足于基础教育，目的是培养社会主义现代化建设需要的各种专门人才，具体到工科大学教育来讲，主要目的就是培养善于将科学技术转化为直接生产力的工程师。因此，大学有相对完善的教学计划和配套设施，以保证教学目标的实现。

10.6.1　高等院校的培养任务

从进入高校开始到毕业离开校园，同学们所接受到的教育都来自培养方案的指导和要求。在培养方案中提出了具体的培养目标、培养要求、适用专业、培养方式、修业年限、主干学科与主要课程、学时与学分、培养进度表等各种细则。培养方案如同中学时代的高考指挥棒，一切的教学活动都必须围绕它展开。针对每一个专业都制订有培养方案，在培养方案的指导下又有详细的教学计划，教学计划必须反映教学的具体内容和所要完成的任务。

高等院校的培养计划必须完成以下几个方面的任务。

1．向学生传授知识

教学的首要任务是向学生传授系统的科学文化知识。高等教育是专业化教育，是立足于普通教育而进一步实施的专业基础教育，为国家建设培养各种专门型人才。因此，在传授知识方面，大学教学既要向学生传授一定专业所必需的基础知识，又要向学生传授专业知识。

2．培养学生的综合能力

具有丰富的文化知识固然重要，但能力比知识更重要。因此，大学教学在传授科学知识的同时，还要进行科学思维的训练，培养学生的自学能力、表达能力、实际操作能力、组织管理能力和创造能力等，把知识转化为能力，从根本上提高学生的综合素质。

3．引导学生健康成长

教学过程是传授知识、培养能力的过程，也是传播思想、培养品德的过程。对学生来讲，没有正确的人生观、世界观，就不可能对社会作出积极的贡献，也不可能正确处理人际关系，甚至无法承受挫折与痛苦等现实矛盾。如何结合学生实际，有目的地进行思想教育，培养科学的世界观，使思想教育寓于传授知识之中，是现代大学教学的一项重要任务。

为了把学生培养成为某一方向的专门人才，大学教学的内容是经过精心选择和组织的。一方面要让学生掌握坚实的理论基础，另一方面要让他们拥有深入的专门知识，同时还要为提高他们的实际动手能力提供必要的训练内容。所以大学设置的课程是一个有机的整体，不可偏废。

10.6.2 高等院校的教学特点

1．教学进度快、信息量大

教学进度快、信息量大这一特点很突出。在中学 6 年时间，一般只讲授十多门课程。课堂上，老师围绕着课本逐句逐页地向学生进行讲授。对所有内容，一般都要反复讲、反复练习。每堂课通常只覆盖课本上 2～3 页的内容，有时更少。大学老师在教学过程中不再是对照教材逐字逐句讲解，老师主要起引导作用，在课堂上老师主要是提纲性、概略性地把内容的思路讲清，重点和难点讲透；教科书上的内容，有的讲，有的也可能不讲，有时一次课就概括了书中 30～40 页的内容，许多具体的内容要同学自己去研读。另外，老师讲的内容与教科书的内容往往也并不完全吻合，老师常常会引用众多的参考资料和最新的理论观点，有时会讲述自己科研活动的经验、体会。

2．教学形式多种多样

在大学，课堂讲授不再是唯一形式。课堂教学还包括课堂讨论、辅导课、习题课、答疑课等。授课手段上还会采用电化教学，更多的是采用多媒体教学。此外，还有大量的课程实验、专题实验，课程设计、毕业设计，还有金工实习、生产实习、军事训练等。

3．教学内容有明确的方向性和系统性

中学教学的目的是向学生传授基础科学和普通文化知识，为广大学生将来继续深造或一般就业打好基础，基本上不考虑同学将来职业的具体要求。大学教育则不同，虽然大学教育仍不失为一种基础教育，但它是一种分专业的定向基础教育，具有明显的专业目的性。大学的教学活动是紧紧围绕着培养现代化建设所需要的专门人才而进行的，其教学内容除更加接近社会与科学实际外，知识学习的广度和深度较之中学都有了大的拓展。这就要求同学们在学习过程中，不仅学好课本上的知识，还要尽可能地扩大自己的知识面，弥补在中学时形成的知识面狭窄的不足，并关注与本专业有关的各种信息和资料，更透彻、更科学、更准确、更灵活地把握本专业的发展方向和规律。

高等院校的学生除了教学计划上的课程，课余时间很充足，享有的自由度很高。学生拥

有更多的自由时间和空间，但这也意味着学生的大部分学习要在课外依靠自觉性通过自学来完成。为了适应这一教学特点，同学们必须学会创造性地安排自己的课余时间，并根据学习任务，合理使用时间，安排好自己的学习，管理好自己，达到学习上的最高效率。另外，大学生还应该学会利用图书馆、实验室等教学设施，积极组织、参加各种课外活动，充分利用好属于自己的宝贵时间和空间，自主学习并掌握好课堂内外的相关文化知识。

本章结束语

　　电子信息专业的大学生将来主要从事的是电子信息领域的科学研究、工程设计、系统开发或组织生产等工作，大学阶段要特别重视动手能力的培养，包括对各种常用的电子元件和工具的使用，如示波器、信号发生器及电子元器件和集成电路等，熟练掌握和使用计算机，包括操作系统、编程语言、数据库、计算机网络。从全面发展人才的目标及社会对大学生的能力需要和大学生成长战略来考察，现代大学生的能力至少要包括系统学习的能力、研究创新能力、适应能力、审美鉴赏能力、政治识别能力、组织管理能力、社交共事能力、独立生活能力。在大学4年的学习中，应最大限度地调动自己的学习潜力，发挥自己的学习主动性，创造性地学习。

参 考 文 献

[1] 鄂大伟，庄鸿棉．信息技术基础．北京：高等教育出版社，2003．
[2] 电子信息学科基础教程研究组．电子信息学科基础教程．北京：清华大学出版社，2004．
[3] 李衍达，等．信息科学技术概论．北京：清华大学出版社，2005．
[4] 贾伯年，俞朴，等．传感器技术．南京：东南大学出版社，2007．
[5] 雨宫好文．传感器入门．北京：科学出版社，2000．
[6] 叶树江，古延峰．电子信息工程概论．北京：中国电力出版社，2008．
[7] 杨宝清．现代传感器技术基础．北京：中国铁道出版社，2001．
[8] 王煜东．传感器及应用．北京：机械工业出版社，2008．
[9] 万百五．自动化（专业）概论．武汉：武汉理工大学出版社，2002．
[10] 宋德生．电磁学发展史（修订版）．南宁：广西人民出版社，1996．
[11] http://wenku.baidu.com/view/b8595c3231126edb6fla1054.html．
[12] http://wenku.baidu.com/view/1db176eef8c75fbfc77db2a8.html．
[13] http://baike.baidu.com/view/22636．Htm?fr=ala0_1．
[14] http://wenku.baidu.com/view/d5770c0c844769eae009eda0.html．
[15] http://study.hhit.edu.cn/subject/CourseWare Detail.aspx?TeachCourseWareID=7396
[16] http://www.biosensor.org.cn/．
[17] http://ime.Pku.edu.cn/course/xxkxjsgl/．
[18] http://www.kepu.net.cn/gb/technology/telecom/index.html．
[19] http://baike.baidu.com/view/16431.htm?fr=ala0．
[20] http://www.sensor.com.cn/．
[21] http://blog.163.com/yezi_9@126/blog/static/39612742200943829 11491．
[22] 刘泉，江雪梅，等．信号与系统．北京：高等教育出版社，2006．
[23] 叶树江，古延峰，等．电子信息工程概论．北京：中国电力出版社，2008．
[24] 郑君里．信号与系统．北京：高等教育出版社，2000．
[25] 周昌雄．信号与系统．西安：西安电子科技大学出版社，2008．
[26] 张贤达．现代信号处理．北京：清华大学出版社，2002．
[27] 杨福生．随机信号分析．北京：清华大学出版社，1990．
[28] 郑方，徐明星．信号处理原理．北京：清华大学出版社，2003．
[29] 勒希，杨尔宾，赵玲．信号处理原理与应用．北京：清华大学出版社，2004．
[30] 潘祖善．数字信号处理导论．上海：上海科学技术出版社，2000．
[31] 周利清．数字信号处理基础．北京：北京邮电学院出版社，2005．
[32] 杨行峻．语音信号数字处理．北京：电子工业出版社，1995．

[33] 胡航．语音信号处理．哈尔滨工业大学出版社，2000.5

[34] 易克初．语音信号处理．北京：国防工业出版社，2002．

[35] 韩纪庆．语音信号处理．北京：清华大学出版社，2004．

[36] 冈萨雷斯．数字图像处理（第2版）．北京：电子工业出版社，2009．

[37] http://baike.Baidu.com/view/635019.htm

[38] http://baike.baidu.com/view/12462636.htm

[39] http://baike.baidu.com/view/134362.htm?fr=ala0_1_1

[40] http://baike.Baidu.com/view/900352.htm?fr=ala0_1_1

[41] http://baike.baidu.com/view/1355.htm

[42] http://baike.baidu.com/view/162096.htm

[43] http://baike.baidu.com/view/815314.htm?fr=alao_1

[44] http://baike.baidu.com/view/92404.htm

[45] 叶树江，古延峰，等．电子信息工程概论．北京：中国电力出版社，2008．

[46] 邱关源．电路（第5版）．北京：高等教育出版社，2005．

[47] 许信玉．电路分析．北京：机械工业出版社，2007．

[48] 康华光．电子技术基础．北京：高等教育出版社，1998．

[49] 阎石．数字电子技术．北京：高等教育出版社，1997．

[50] 黄国祥，刘芬，等．数字电子技术．湖北：湖北科学出版社，2008．

[51] 漆德宁．模拟电子技术．合肥：中国科学技术大学出版社，2007．

[52] 左权生，华容茂，等．电路与模拟电子技术教程．北京：电子工业出版社，2000．

[53] 池雪莲，邓宽林，等．模拟电子技术．武汉：湖北科学技术出版社，2008．

[54] 杨颂华，冯毛官，等．数字电子技术基础．西安：西安电子科技大学，2000．

[55] 哈尔滨工业大学电子学教研室．模拟电子技术基础．北京：高等教育出版社，2009．

[56] 福田务，向坂荣夫，等．图解电气理论．北京：科学出版社，2001．

[57] OHM社．图解电子学入门．北京：科学出版社，2001．

[58] 雨宫好文．图解数字电路．北京：科学出版社，2000．

[59] 福田务，向坂荣夫，等．图解电子电路．北京：科学出版社，2000．

[60] http://www.eaw.com.cn/nems/display/article/17295

[61] http://www.hellodsp.com/bbs/index.php

[62] 王福昌，熊兆飞，黄本熊．通信原理．北京：清华大学出版社，2006．

[63] 沈海娟．现代通信原理．武汉：武汉理工大学出版社，2006．

[64] 张毅，郭亚利．通信工程（专业）概论．武汉：武汉理工大学出版社，2007．

[65] 王新，陈学青，陈蕾，张轮，李颖洁．通信原理简明教程．北京：电子工业出版社，2005．

[66] 文元美，张树群，林家薇，黄爱华．现代通信原理．北京：科学出版社，2005．

[67] 苗长云，沈保锁，窦晋江．现代通信原理及应用．北京：电子工业出版社，2005．

[68] 魏更宇，孙岩，张冬梅．通信导论．北京：北京邮电大学出版社，2005．

[69] htttp://www.verycd.com/topics/114866/

[70] http://tech.qq.com/a/20090524/000025.htm
[71] http://www.net130.com/2004/5-28/20344.html
[72] http://baike.baidu.com/view/2358.htm#6_1
[73] http://www.gongkong001.com/News/3740.html
[74] 尤克,黄静华．现代交换技术与通信网．北京：电子工业出版社,2004．
[75] 桂海源．现代交换原理．北京：人民邮电出版社,2002．
[76] 金惠文,陈建亚,纪红,冯春燕．现代交换原理．北京：电子工业出版社,2005．
[77] 叶敏．程控数字交换与交换网．北京：北京邮电大学出版社,1993．
[78] 陈锡生,糜正锟．现代电信交换．北京：北京邮电大学出版社,1999．
[79] 吴小可．程控数字交换原理．北京：西南交通大学出版社,1990．
[80] 林福宗．多媒体技术教程．北京：清华大学出版社,2009．
[81] 李伟波,刘永祥,王庆春．软件工程．武汉：武汉大学出版社,2006．
[82] 赵一丁．软件工程基础．北京：北京邮电大学出版社,2006．
[83] 马成前．大学计算机基础教程．武汉：武汉理工大学出版社,2006．
[84] 董正雄．大学计算机基础教程．厦门：厦门大学出版社,2006．
[85] 顾春华．胡庆春等．软件工程技术与应用．北京：清华大学出版社,2007．
[86] 黄保和．计算机应用基础．厦门：厦门大学出版社,2005．
[87] 黄国兴,陶树平,丁岳伟．计算机导论．北京：清华大学出版社,2004．
[88] 王光伟．当代微电子产业和发展趋势综述．天津：天津工程师范学院,2007．
[89] 曹茂永．数字图像处理．北京：北京大学出版社,2007．
[90] 何东健．数字图像处理．西安：西安电子科技大学出版社,2003．
[91] 张弘．数字图像处理与分析．北京：机械工业出版社,2007．
[92] 霍宏涛．数字图像处理．北京：北京理工大学出版社,2002．
[93] 李朝晖．数字图像处理及应用．北京：机械工业出版社,2004．
[94] 刘禾．数字图像处理及应用．北京：中国电力出版社,2005．
[95] 黎红松．数字通信原理．西安：电子科技大学出版社,2005．
[96] 王秉钧．现代通信原理．北京：人民邮电出版社,2006．
[97] 袁国良．光前通信原理课件．北京：清华大学出版社,2004．
[98] 张维玺．现代通信概论．北京：科学出版社,2006．
[99] 陈岩,乔继红．通信原理与数据通信．北京：机械工业出版社,2007．
[100] 王新,陈学青,陈蕾,张轮,李颖洁．通信原理简明教程．北京：电子工业出版社,2005．
[101] 魏更宇,孙岩,张冬梅．通信导论．北京：北京邮电大学出版社,2005．
[102] 吴义生．现代科学技术基础．北京：中共中央党校出版社,2001．
[103] http://www.sat118114.com/weixingwangluo/0812101140262372_2.html
[104] 张继荣．现代交换技术．西安：西安电子科技大学出版社,2004．
[105] http://cs.nju.edu.cn/yangxc/dcc2003.files/benke_jxjg.htm
[106] 刘国锋．论移动通信技术的最新发展趋势．移动通信2000年第2期

[107] 世界电信编辑部. 全球移动蜂窝通信的革命. 世界电信 2000 年第 1 期
[108] http://tech.sina.com.cn/h/2008-12-10/0606906990.shtml
[109] 郑方, 徐明星. 信号处理原理. 北京：清华大学出版社，2003.
[110] 勒希, 杨尔宾, 赵玲. 信号处理原理与应用. 北京：清华大学出版社，2004.
[111] 潘祖善. 数字信号处理导论. 上海：上海科学技术出版社，2000.
[112] 周利清. 数字信号处理基础. 北京：北京邮电学院出版社，2005.
[113] 杨行峻等. 语音信号数字处理. 北京：电子工业出版社. 1995.
[114] 胡航. 语音信号处理. 哈尔滨：哈尔滨工业大学出版社，2000.
[115] 张雄伟, 陈亮, 杨吉斌. 现代语音处理技术及应用. 北京：机械工业出版社，2003.
[116] 韩纪庆, 张磊, 郑铁然. 语音信号处理. 北京：清华大学出版社，2004.
[117] 赵力. 语音信号处理. 北京：机械工业出版社，2003.
[118] 赵胜辉. 离散时间语音信号处理. 北京：电子工业出版社，2004.
[119] 韩纪庆. 语音信号处理. 北京：清华大学出版社，2004.
[120] 孙兴, 黄如, 刘晓彦. 微电子学概论. 北京：北京大学出版社，2004.
[121] 常青, 陶华敏, 肖山竹, 卢焕章. 微电子技术概论. 北京：国防工业出版社，2006.
[122] 吴茂钧, 黄锦斐. 微电子机械系统综述. 上海：复旦大学出版社，2005.
[123] 康志坚. 系统单片（SoC）技术发展现状与趋势. 台湾工研院系统芯片技术发展中心，2004.
[124] 赵春红. 现代科技发展概论. 南京：南京大学出版社，2008.
[125] 黄德修. 信息科学导论. 北京：中国电力出版社，2001.
[126] http://www.pcpop.com/doc/App/353253/000937872.html
[127] http://china.nikkeibp.co.jp/china/news/mech/200308/mech200308040110.html
[128] http://amuseum.cdstm.cn/Amuseum/ic/index_02_20_01.html
[129] http://www.cnieee.com/Article/MD/200805/3782.html
[130] 郭辉萍等. 电磁场与电磁波. 西安：西安电子科技大学出版社，2005.
[131] 宋铮. 天线与电波传播. 西安：西安电子科技大学出版社，2003.
[132] http://www.xhedu.sh.cn/cms/data/html/doc/2005-11/09/68565/
[133] 王划一, 杨西侠, 林家恒, 等. 自动控制原理. 北京：国防工业出版社，2001.
[134] 张晋格, 王广雄. 自动控制原理. 哈尔滨：哈尔滨工业大学出版社，2002.
[135] Dorf RichardC,Bishop Robert H. 现代控制系统. 谢红卫等译．8 版．北京：高等教育出版社，2001.
[136] 胡寿松. 自动控制原理（第 5 版）. 北京：科学出版社，2007.
[137] 李素玲, 胡建. 自动控制原理. 西安：西安电子科技大学出版社，2007.
[138] 潘丰, 张开如, 等. 自动控制原理. 北京：北京大学出版社，2006.
[139] 冯巧玲, 吴娟, 等. 自动控制原理. 北京：北京航空航天大学出版社，2007.
[140] 谢克明, 王柏林. 自动控制原理. 北京：电子工业出版社，2007.
[141] 佚名. 国家信息化发展战略纲要[J]. 科技创新与生产力，2017(1).

[142] 中华人民共和国国务院. 促进大数据发展行动纲要[J]. 成组技术与生产现代化, 2015, 32(3):51-58.

[143] 省农委农产品质量安全监管处. 国务院关于积极推进"互联网+"行动的指导意见[J]. 实验室科学, 2015, 28(4):8-10.

[144] 佚名. 国务院关于深化制造业与互联网融合发展的指导意见[J]. 中华人民共和国国务院公报, 2016(16):5-9.

[145] 中华人民共和国工业和信息化部规划司. 《软件和信息技术服务业发展规划(2016～2020年)》发布[J]. 军民两用技术与产品, 2017(3):5-5.

[146] 中华人民共和国工业和信息化部规划司. 《信息产业发展指南》正式发布[J]. 军民两用技术与产品, 2017(3):4-5.

[147] 梁智昊, 许守任. "十三五"新一代信息技术产业发展策略研究[J]. 中国工程科学, 2016, 18(4):32-37.

[148] 中国电子信息博览会. 新一代信息技术产业发展高峰论坛专家观点精选[J]. 中国电子商情(基础电子), 2017(5):43-45.

[149] 邬贺铨. 新一代信息技术的发展机遇与挑战[J]. 中国发展观察, 2016(4):11-13.

[150] 佚名. 新一代信息技术发展新趋势[J]. 中国建设信息化, 2017(17):6-7.

[151] 张平, 陶运铮, 张治. 5G若干关键技术评述[J]. 通信学报, 2016, 37(7):15-29.

[152] 赵国锋, 陈婧, 韩远兵, 等. 5G移动通信网络关键技术综述[J]. 重庆邮电大学学报(自然科学版), 2015, 27(4):441-452.

[153] 黄宇红, 王晓云, 刘光毅. 5G移动通信系统概述[J]. 电子技术应用, 2017, 43(8):3-7.

[154] 杨桃. 浅谈5G通信及其发展[J]. 数字化用户, 2017, 23(26).

[155] 曹诚. 5G网络架构和关键技术[J]. 无线互联科技, 2015(9):16-17.

[156] 张雷, 代红. 面向5G的大规模MIMO技术综述[J]. 电讯技术, 2017, 57(5):608-614.

[157] 宋进. 无线通信网络发展趋势分析[J]. 通讯世界, 2017(13):97-97.

[158] 丁岩. 下一代通信网络的无线传输技术研究[J]. 中小企业管理与科技(下旬刊), 2015(8):238-238.

[159] 陈思运, 刘烃, 沈超, 等. 基于可穿戴设备感知的智能家居能源优化[J]. 计算机研究与发展, 2016, 53(3):704-715.

[160] 钱志鸿, 王义君. 物联网技术与应用研究[J]. 电子学报, 2012, 40(5):1023-1029.

[161] 张望. 智能交通对城市空间的影响[J]. 规划师, 2017, 33(a01):78-82.

[162] 刘艳玲, 胡坤, 党鹏乐, 等. 柔性显示器件机械试验方法研究[J]. 信息技术与标准化, 2017(6).

[163] 佚名. "中国造"光量子计算机问世[J]. 环境经济, 2017(9):6-6.

[164] 佚名. 2017年集成电路发展稳步向前[J]. 中国电子商情(基础电子), 2017(5):49-50.

[165] 马世童. 当前集成电路的发展现状及未来趋势[J]. 通讯世界, 2017(7):300-300.

[166] 佚名. 光量子计算机何时走向实用化[J]. 光通信技术, 2017(5).

[167] 佚名. 光量子计算机将大大造福于人类[J]. 光通信技术, 2017(5).

[168] 佚名. 光学量子计算机实现新突破[J]. 光电工程, 2017(5):474-474.

[169] 佚名. 世界首台光量子计算机:真正中国造![J]. 光通信技术, 2017(5).

[170] 张学军, 唐思熠, 肇恒跃, 等. 3D 打印技术研究现状和关键技术[J]. 材料工程, 2016, 44(2):122-128.

[171] 钟世镇. 医用 3D 打印技术的探索[J]. 中华创伤骨科杂志, 2017, 19(2):138-139.

[172] 佚名. DARPA 机器人挑战赛的深刻经验总结[J]. 科技纵览, 2015(8):9-11.

[173] 佚名. 机器人的构成[J]. 制造技术与机床, 2016(12):148-148.

[174] 王天然. 机器人技术的发展[J]. 机器人, 2017, 39(4):385-386.

[175] 佚名. "机器人"一词的由来[J]. 制造技术与机床, 2016(12):142-142.

[176] 本刊综合. 机器人总动员!——解读 2017 世界机器人大会[J]. 发明与创新(大科技), 2017(10):42-43.

[177] 蒋树强, 闵巍庆, 王树徽. 面向智能交互的图像识别技术综述与展望[J]. 计算机研究与发展, 2016, 53(1):113-122.

[178] 钟义信. 人工智能:概念·方法·机遇[J]. 科学通报, 2017(22):2473-2479.

[179] 王清锐. 我,机器人:《华盛顿邮报》机器人写稿的实践综述[J]. 中国记者, 2017(6).

[180] Jun Ho Oh. 我们从 Darpa 机器人挑战赛中学到了什么[J]. 科技导报, 2015, 33(23):27-28.

[181] 詹媛, 刘江伟, 刘坤, 等. 准备好与机器人共处了吗[J]. 晚霞, 2017(20):29-29.

[182] 阮彤, 王昊奋, 陈为. 大数据技术前沿[M]. 北京:电子工业出版社, 2016.

[183] 陈明. 大数据概论[M]. 北京:科学出版社, 2015.

[184] 松尾丰, 赵函宏, 高华彬. 人工智能狂潮:机器人会超越人类吗?[M]. 机械工业出版社, 2016.

[185] 松尾丰,江裕真.了解人工智慧的第一本书[M]. 经济新潮社,2016.

[186] 黎丽, 谢伟, 魏书传, 等. 中国制造 2025[J]. 金融经济, 2015(13).

[187] 陈思运, 刘烃, 沈超, 等. 基于可穿戴设备感知的智能家居能源优化[J]. 计算机研究与发展, 2016, 53(3):704-715.

[188] http://tech.sina.com.cn/i/2017-12-04/doc-ifyphkhm0217163.shtml (世界互联网大会)

[189] http://blog.sina.com.cn/s/blog_645a5e810102w88i.html   (机器人挑战赛)

[190] http://zj.zjol.com.cn/news/771594.html   (杭州城市大脑浙江新闻)

[191] http://news.163.com/photoview/00AO0001/2291805.html#p=DDGF2JTV00AO0001NOS (机器人索菲亚参加联合国大会新闻